Clemens Range

Die Generale und Admirale der Bundeswehr

Clemens Range

Die Generale und Admirale der Bundeswehr

SEIT 1789

Verlag E. S. Mittler & Sohn · Herford und Bonn

Abbildungsnachweis:

Bundesministerium der Verteidigung, Informations- und Pressestab, Bonn (10)
Headquarters Allied Forces Central Europe, Brunssum (NL) (1)
Keystone-Bildarchiv, Hamburg (1)
Presse- und Informationsamt der Bundesregierung, Bonn (1)
Privatbesitz von Clemens Range (13)

CIP-Titelaufnahme der Deutschen Bibliothek

Range, Clemens:
Die Generale und Admirale der Bundeswehr/
Clemens Range. – Herford: Mittler, 1990
ISBN 3-8132-0350-6

ISBN 3 8132 0350 6; Warengruppe Nr. 21

Schutzumschlaggestaltung: Erwin Wirth, Grafik-Design, Bielefeld 15,
unter Verwendung dreier Dias von Original-Generals- und
Admiralsemblemen
Produktion: Christine Detring und Heinz Kameier
Gesamtherstellung: Ilmgaudruckerei, Pfaffenhofen
Printed in Germany

Inhalt

Vorwort

Die Bundeswehr besteht seit nunmehr 35 Jahren. Sie ist damit weit älter als die beiden früheren deutschen Armeen, Reichswehr und Wehrmacht, zusammen. Dennoch fällt es den westdeutschen Streitkräften bis jetzt außerordentlich schwer, sich zu Traditionen zu bekennen oder gar eigene zu schaffen oder zu pflegen. So wird bisher auch dem geistigen Erbe und Wirken ihrer höchsten militärischen Führer nur wenig Beachtung geschenkt. Es ist aber ein gutes Stück Kultur unseres Volkes, sich seiner Geschichte und ihrer Persönlichkeiten zu erinnern.

In diesem Buch werden erstmals die 26 ranghöchsten Soldaten der Bundeswehr, die seit 1955 den Dienstgrad General oder Admiral erreicht haben, porträtiert, so daß ihre Einflußnahme auf die Verteidigungspolitik der Bundesrepublik Deutschland und der NATO kritisch gewürdigt werden kann. Es werden Hintergründe von Entscheidungen und Affären dargelegt, womit verdeutlicht wird, daß viele Dinge nicht so geradlinig verliefen, wie es heute gerne geschildert wird. Über die biografischen Beschreibungen hinaus wird durch die chronologische Reihenfolge ihrer Beförderung zugleich versucht, nicht nur die Bundeswehr-Geschichte zu dokumentieren, sondern auch Einblick in die allgemeinen sicherheitspolitischen Entwicklungen in der Bundesrepublik und dem Bündnis zu geben.

Durch die politischen Umwälzungsprozesse in Osteuropa und speziell in Deutschland neigt sich 35 Jahre nach Gründung der westdeutschen Armee auch das Kapitel der »ersten Bundeswehr« dem Ende zu. Denn soviel scheint bereits jetzt schon sicher: Nach der Wiedervereinigung Deutschlands wird die Bundeswehr, sofern diese Bezeichnung für die gesamtdeutschen Streitkräfte beibehalten werden sollte, sich in ihrer Struktur, ihrem Auftrag und wohl auch in ihrem Erscheinungsbild von der bisherigen Bundeswehr grundlegend unterscheiden. Dieses Buch skizziert somit eine Epoche der jüngsten deutschen Militärgeschichte, die mit den 26 Generalen und Admiralen untrennbar verbunden ist.

Der Autor hat mit Ausnahme der schon vor mehreren Jahren verstorbenen Generalinspekteure Foertsch und Zimmermann sämtliche beschriebenen Generale und Admirale in ausführlichen Gesprächen zu diesem Buchthema interviewt. Für die sachbezogenen wie persönlichen Darlegungen entbiete ich ihnen allen, ebenso wie der großen Zahl von Offizieren, Politikern und Journalisten, die zu diesem Werk beigetragen haben, meinen aufrichtigen Dank. Insbesondere den Herren Oberst Christian Meyer-Plath, Wolfram von Raven, Generalleutnant a. D. Dr. Franz Uhle-Wettler und Heinz-Peter Würzenthal möchte ich für ihre wertvollen Anregungen und Ratschläge Dank sagen.

Königswinter, im Herbst 1990 *Clemens Range*

Einleitung

Als am 12. November 1955, dem 200. Geburtstag des großen preußischen Heeresreformers Scharnhorst, die Bundeswehr gegründet wurde, begann damit eine neue Epoche in der Geschichte des deutschen Wehrwesens. Seither trugen mehr als fünf Millionen deutscher Männer die Uniform der Bundeswehr; knapp 1200 rückten in die höchste Rangklasse der Offiziere, die der Generalität und Admiralität, auf. Doch nur 26 von ihnen erreichten den höchsten Dienstgrad eines Generals oder Admirals.

Mit der Aufstellung der neuen westdeutschen Armee verband sich zugleich auch die Feststellung, diese sei aus dem Nichts aufgebaut worden, wodurch die Zäsur mit der Vergangenheit betont werden sollte. Allerdings ist die Behauptung nur teilweise zutreffend. Gewiß hatte es in der langen Geschichte des deutschen Volkes bisher noch niemals einen Zeitraum wie jene zehn Jahre von 1945 bis 1955 gegeben, in dem nicht ein einziger deutscher Soldat die Souveränität des Staates repräsentierte. Weder während des Dreißigjährigen Krieges, noch nach der Niederlage gegen Napoleon, noch nach dem Ersten Weltkrieg war die Entwicklung des Soldatentums unterbrochen worden. Nach dem in der Geschichte Deutschlands beispiellosen Kollaps vom 8. Mai 1945 wurden vor allem die Soldaten geachtet, und es hieß, nie wieder dürfe es ein deutsches Militär geben. Das von den Siegermächten im Dezember 1949 erlassene Kontrollratsgesetz Nr. 16 verbot bei Androhung schwerer Strafen sogar jede Beschäftigung, »die sich damit befaßte, die Theorie oder die Technik des Krieges zu lehren oder kriegerische Tätigkeiten vorzuführen«.

Die sich dramatisch verschlechternden Beziehungen zwischen den westalliierten Siegernationen und der Sowjetunion führten aber schießlich zu dem – allerdings unter alliierter Kontrolle stehenden – Wehrbeitrag der Bundesrepublik Deutschland. Um eine schlagkräftige Armee schaffen zu können, benötigte man jedoch eine professionelle Führungsorganisation, und so wurde deshalb, wenn auch eingeschränkt, auf überlieferte Strukturen und bewährte Personen zurückgegriffen. Wie keiner anderen Führungsgruppe im Staatswesen wurde jedoch diesen Offizieren die Überprüfung ihrer politischen und charakterlichen Zuverlässigkeit zugemutet.

Die Organisation der in die nordatlantische Verteidigungsallianz fest eingebundenen neuen westdeutschen Armee wurde in nicht unerheblichen Teilen von angelsächsischen Vorstellungen bestimmt. Die Militärphilosophie, die Doktrin und die Operationspläne der Bundeswehr sind ebenso wie die Ausrüstung und Uniform alle vom Bündnis bezogen. So führte die Bundeswehr eilfertig auch als unterste Stufe von vier Generaldienstgraden den Titel »Brigadegeneral« ein und vollzog damit einen Bruch Jahrhunderte währender deutscher Tradition. Denn der Dienstgrad »Generalmajor« wurde dadurch vom Obristen getrennt und nunmehr auf die zweite Position in der Generalshierarchie verschoben, was wiederum zur Folge hatte, daß der frühere »General der Infanterie«, jener allgewaltige »Kommandierende«, dem Dienstgrad »Generalleutnant« weichen mußte. Dessen aber nicht genug: Den höchsten in Friedenszeiten in der deutschen Armee zu erreichenden Dienstgrad »Generaloberst« ersetzte man – erneut in Anlehnung an die amerikanische und britische Militärhierarchie – durch die Bezeichnung »General«, der wegen der vier goldenen Sterne auf den Schulterstücken seitdem volkstümlich »Vier-Sterne-General« genannt wird.

In der Bundeswehr-Hierarchie gibt es nur drei Positionen, die ständig von den sogenannten Vier-Sterne-Generalen eingenommen werden. Es sind dies das Amt des Generalinspekteurs der Bundeswehr, des Oberbefehlshabers der alliierten Streitkräfte in Mitteleuropa und des Stellvertreters des NATO-Oberbefehlshabers Europa. Darüber hinaus wurden im Laufe der Jahre die Stellen des Vorsitzenden des NATO-Militärauschusses dreimal und die des Inspekteurs der Luftwaffe als Ausnahmefall einmal mit »Vier-Sterne-Generalen« besetzt.

Die früheren Wehrmacht-Generale Heusinger und Speidel waren die ersten Offiziere, denen, nachdem die Bundeswehr allerdings bereits knapp eineinhalb Jahre bestand, dieser höchste Generalsrang verliehen wurde. Zusammen mit weiteren 42 ehemaligen Wehrmacht-Generalen und -Admiralen bildeten sie den Grundstock der neuen militärischen Führungselite. Die Mehrzahl dieser Offiziere hatte ihr Rüstzeug noch in der Monarchie erhalten, den Ersten Weltkrieg als Frontsoldat erlebt, die fundierte Reichswehr-Ausbildung durchlaufen und stand während des Zweiten Weltkrieges auf hohen Kommandeursposten und in Führungsstäben.

Mitte der sechziger Jahre wurde diese erste Generals-Generation der Bundeswehr durch die ehemaligen Frontkämpfer, die sich als Zugführer, Bootskommandanten, Staffelkapitäne, Bataillonskommandeure und Generalstabsoffiziere bewährt hatten, abgelöst. Sowohl für sie als auch für die erste Generals-Generation war das Erlebnis des Zweiten Weltkrieges, insbesondere des Kampfes an der Ostfront, das bestimmende Kriterium ihres Handelns in der Bundeswehr. Beide Generationen waren durch den verlorenen Krieg, die Gefangenschaft und die entbehrungsreichen Nachkriegsjahre gekennzeichnet und zum Teil gebrochen. Dieses führte dazu, daß die Generalität keinen »monolitischen Block« wie in früheren Zeiten mehr bildete. Zu unterschiedlich waren mittlerweile Herkunft, Erziehung, Traditionsverständnis und politische Anschauungen.

Was diese beiden Kriegsgenerationen jedoch verband, war die geradezu leidenschaftliche Hingabe, mit der sie sich insbesondere dem Aufbau der Bundeswehr widmeten. Dabei brachten sie ihre reichhaltigen Fronterfahrungen und organisatorischen Fähigkeiten sowie wertvolle Improvisationstechniken wirkungsvoll ein, schenkten aber erstaunlicherweise dem inneren Gefüge der Truppe zu wenig Beachtung. Wohl unbewußt, übernahmen sie jedoch auch ein verhängnisvolles Erbe der militärischen Führung aus dem Zweiten Weltkrieg: die Diskrepanz zwischen Auftrag und Mittel. Sie vermochten es nicht, den politischen Führungskräften Grenzen zu verdeutlichen. Und sie verstanden es auch nicht, die Politiker zu einer Revision der viel zu hoch gesteckten Ziele zu bewegen, sondern bemühten sich statt dessen, diese Vorgaben unter allen Umständen zu erreichen und muteten der Truppe auf diese Weise eine permanente Überforderung zu. Die negativen Folgen der überhasteten Aufstellung wurden von der Mehrheit der Generalität widerspruchslos hingenommen.

Zweifellos war die Haltung dieser Generale starken Pressionen unterworfen, denn recht unverblümt machten Beamte der Wehrbürokratie und eine neue Politiker-Generation, die den Militärs äußerst distanziert gegenüberstanden, den Soldaten deutlich, daß sie nur ein »notwendiges Übel« seien und keine nennenswerten Machtansprüche stellen dürften. Dennoch gab es immer wieder Generale und Admirale, die ohne persönliche Scheu und fern von Karrieregedanken ihre Überzeugung, so wie sie es als Offizier gelernt hatten, nicht nur freimütig zum Ausdruck brachten, sondern diese auch in die Tat umsetzten. Diese beiden kriegsgedienten Generals-Generationen, in denen es eine Vielzahl von »Originalen« gab, vermittelten fast 25 Bundeswehr-Jahrgängen Erfahrungen und Werte, die die Truppe zu einer international respektierten und schlagkräftigen Armee formten.

Mitte der siebziger Jahre erhielten schließlich die ersten Soldaten, die als Rekruten in die Bundeswehr eingerückt waren, die roten Spiegel mit dem Goldgespinst und die Schulterklappen mit den goldenen Sternen. Diese dritte Generals-Generation, die Nachkriegsgeneration, erlebte den letzten Krieg teilweise noch als Luftwaffenhelfer, in der Mehrzahl jedoch als Junge im Luftschutzkeller. Nicht wenige von ihnen begannen als Grenzjäger beim Bundesgrenzschutz oder meldeten sich direkt nach ihrem Schulabschluß zur Bundeswehr. In dieser Zeit, in der das Soldatentum verpönt war, entschieden sie sich aber bewußt für den Soldatenberuf. Geschult und geprägt wurde diese Generation von kriegserfahrenen Soldaten, denen sie mitunter allerdings äußerst kritisch begegneten. Die Zeit formte sie jedoch mehr als die beiden vorangegangenen Generals-Generationen. Sie paßten sich zunehmend den opportun erscheinenden Zeitströmungen an. War es einst in deutschen Armeen und auch noch in der Bundeswehr-Aufbauphase für die Beurteilung von militärischen Vorgesetzten ein ungeschriebenes Gesetz gewesen, daß an erster Stelle Herz und Charakter, und erst an zweiter der Intellekt bewertet wurde, so hatte sich bei diesen Auswahlkriterien inzwischen ein gravierender Wandel vollzogen. Bei gleicher fachlicher Leistung, so scheint es, kam mittlerweile der sich flexibel gebende »Clevere« besser vorwärts als der geradlinig auftretende »Charaktervolle«. Hinzu kam, daß immer häufiger von höheren Offizieren ein großes Maß an politischem Fingerspitzengefühl erwartet wurde. Nur wenige sind noch mitreißende Troupiers mit Charisma. Die Mehrzahl der neuen Generals-Generation erweist sich als Stabsarbeiter, Technokraten, qualifizierte Detailkenner in einem Planquadrat und vereinzelt als uniformierte Diplomaten. Als unbequem gelten nur noch wenige. Viele von ihnen sind solide, angepaßte, karrierebewußte und austauschbare Verwalter eines hochkomplizierten militärischen Instrumentariums. Nur wenige schwimmen der Sache willen »gegen den Strom«. – Auch die 26 höchsten Generale und Admirale der Bundeswehr unterscheiden sich in ihren Stärken und Schwächen nur geringfügig von ihren Kameraden der drei Führungsgenerationen. Durch die Berufung in den höchsten Dienstgrad stellten sie jedoch an der Spitze der westdeutschen Streitkräfte und im Nordatlantischen Bündnis maßgeblich die verteidigungspolitischen Weichen. Von der Klugheit und Umsicht ihrer Ernennung konnte, auch wenn dies nur ungern eingestanden wird, Wohl und Wehe nicht nur der Armee, sondern auch des Staates abhängen.

Alle Positionen, die »Vier-Sterne-Generale« innehaben, gehören bereits in eine hochpolitische Ebene, und so verwundert es nicht, daß die Mehrzahl der militärischen Amtsinhaber in die jeweils bestimmmende politische Landschaft paßte. Vor allem für den Generalinspekteurs-Posten wählten die Politiker vorzugsweise leichter beeinflußbare und vor allem politisch nicht unbequeme Persönlichkeiten aus, die weniger Oberbefehlshaber als vielmehr Kabinettchefs sein sollten.

Bei der Auswahl zum General oder Admiral findet wohl immer in einer pluralistischen Parteienlandschaft neben zahlreichen anderen Kriterien auch der Teilstreitkräfte-Proporz Berücksichtigung. So stellte das Heer bislang 19, die Luftwaffe vier und die Marine drei der höchsten Bundeswehr-Offiziere. Nicht jeder war aber bei objektiver Betrachtung gleichermaßen befähigt für die Übernahme einer Spitzenfunktion, sondern gelangte dorthin, weil Kompromisse ausgehandelt wurden, zumal dann, wenn die Alliierten bei NATO-Posten betroffen waren. Es standen mitunter aber auch keine geeigneteren Kandidaten zur Verfügung. Es ist systembedingt, daß die Auswahl eines Aspiranten für Spitzenverwendungen schon etwa 15 Jahre vor Einführung in ein solches Amt in Erwägung gezogen und eingefädelt wird, also zu einer Zeit, in der der Auserwählte noch auf der Ebene eines Bataillonskommandeurs wirkt. Im Laufe der Jahre kann der einst hervorragend Beurteilte möglicherweise aber qualitativ oder auch politisch nicht mehr die Persona grata sein, aber dennoch ein Spitzenamt erhalten, weil eine besser geeignete Persönlichkeit gerade nicht zur Verfügung steht oder nicht »gewünscht« wird. So kam es, daß manch einer die Erwartungen auf dem ihm zugewiesenen Posten nicht erfüllte, doch lag dies nicht immer an der Person des Amtsinhabers, sondern oft an der unglücklichen politischen Auswahl. Andere hingegen wuchsen mit der Aufgabe und meisterten diese souverän.

Bemerkenswert ist, daß es unter den kriegsgedienten Generalen, von denen allein acht spätere »Vier-Sterne-Generale« im »Amt Blank«, der Keimzelle der Bundeswehr, Dienst getan hatten, mehr Persönlichkeiten mit Ecken und Kanten gab, als in den nachfolgenden Jahrgängen. Und einige von ihnen waren nicht nur in der Truppe, sondern sogar in der Öffentlichkeit ein Begriff. Die mittlerweile extrem kurzen »Stehzeiten« in wichtigen Verwendungen machen es der Nachkriegs-Generals-Generation indes schwer, wirkliche Impulse zu geben und prägend zu wirken. So kommt es, daß sie, wie aber auch ein Großteil der beiden vorigen Generationen, bereits zehn Jahre nach ihrem Ausscheiden weitestgehend vergessen sind. Nur wenigen ist es vergönnt, einen Platz in der Geschichte einzunehmen. Ihnen allen ist jedoch gemein, daß sie bemüht waren, ihrem schwierigen Vaterland zu dienen.

Adolf Heusinger

Generalinspekteur der Bundeswehr
von 1957 bis 1961

Vorsitzender des NATO-Militärausschusses
von 1961 bis 1964

Adolf Heusinger

Mit nüchterner Sachlichkeit und ruhiger Stimme trug Generalleutnant Heusinger in der »Lagebaracke« des Rastenburger Führerhauptquartiers Hitler und seinen militärischen Beratern die dramatische Situation der in Rußland kämpfenden Heeresgruppe Nord vor. Der Chef der Operationsabteilung machte auf die immer bedrohlicher werdende Gefahr aufmerksam. Hitler, der links von Heusinger stand, fiel ihm mit der Bemerkung ins Wort, dies hätte die Heeresgruppe sich selbst zuzuschreiben. Dann beugte sich der Diktator mit seinem Oberkörper weit über den sechs Meter langen Kartentisch aus Eiche, um am oberen Ende der Landkarte einen Punkt zu suchen. Heusinger indes fuhr unbeirrt in seinem Lagevortrag fort. Nur einen Augenblick später schnitt eine gewaltige Detonation ihm das Wort ab. Die zwei Dutzend Anwesenden wurden zu Boden geschleudert. Dem rechts von Heusinger stehenden Oberst Brandt wurde ein Bein abgerissen; Trommelfelle waren geplatzt; an den Haaren und zerfetzten Uniformteilen züngelten Flammen. Auch Heusinger wurde am Kopf sowie an den Armen und Beinen verletzt. Die Uhren zeigten 12.42 Uhr. Es war der 20. Juli 1944, jener Tag, an dem der Oberst Graf von Stauffenberg mit einer in seiner Aktentasche versteckten Sprengladung die Tyrannei in Deutschland beenden wollte. Hitler aber überlebte – die massive Eichenplatte hatte den Explosionsdruck abgefangen.

Bereits drei Tage nach dem gescheiterten Attentat wurde General Heusinger im Lazarett Rastenburg von Gestapo-Beamten verhaftet und sofort in die Zentrale nach Berlin gebracht. Doch die Zeugenvernehmungen und Gegenüberstellungen, Verhöre und Drohungen führten zu keinem Geständnis, was sich die Gestapo erhofft hatte. Zwei Monate später wurde Heusinger aus Mangel an Beweisen aus der Haft entlassen. Allerdings wurde ihm die weitere Ausübung seines Berufes verwehrt und die Auflage gemacht, sich an seinem Behelfswohnsitz in Walkenried aufzuhalten. So kam es, daß dieser hochbegabte, zur Untätigkeit gezwungene Offizier den totalen Zusammenbruch des Deutschen Reiches im Harz erleben mußte.

Für Heusinger bedeutete das Kriegsende zugleich auch den Abbruch einer außergewöhnlich erfolgreichen Laufbahn. Bereits als Abiturient wurde dem am 4. August 1897 in Holzminden als Sohn des Gymnasial-Professors Ludwig

Heusinger geborenen Adolf Heusinger eine überdurchschnittliche Begabung attestiert. Den Spuren seiner väterlichen Vorfahren folgend, die Philologen und Forstmeister waren, strebte der naturverbundene Junge den Beruf des Försters an. Die Geschehnisse des Ersten Weltkrieges veranlaßten ihn dann jedoch, am 17. Juni 1915 freiwillig als Fahnenjunker in das Infanterieregiment 96 in Gera einzutreten. Er folgte damit der Linie seiner schon 1913 verstorbenen Mutter Charlotte, geborene von Alten, der Offiziere, Gutsbesitzer und Juristen aus der hannoversch-braunschweigischen Gegend entstammten.

Als Infanterieoffizier kämpfte er vor Verdun, an der Somme, bei Arras, wurde zweimal verwundet und mit beiden Klassen des Eisernen Kreuzes ausgezeichnet. Ende 1917 geriet Adolf Heusinger bei der Flandern-Schlacht in britische Gefangenschaft. Es kennzeichnet die Weitsicht des erst 20jährigen, daß er angesichts der Nachrichten über die Oktoberrevolution in Rußland sogleich die Gelegenheit nutzte, noch im Gefangenenlager von Yorkshire die russische Sprache zu erlernen.

Im November 1919 in die Heimat entlassen, scheiterte seine alte Absicht, Förster zu werden, aufgrund der schlechten Wirtschaftslage an finanziellen Gründen. So entschloß sich Heusinger, weiterhin Soldat zu bleiben, und wurde als Leutnant in das Infanterieregiment 15 der Reichswehr übernommen. Nach sieben Jahren Truppendienst legte er 1927 als Bester aller Teilnehmer die Wehrkreisprüfung ab, der eine dreijährige Generalstabsausbildung folgte, die wegen des Versailler Vertrages aus Tarngründen »Führergehilfenausbildung« genannt wurde.

Mit dieser erfolgreich abgeschlossenen Ausbildung begann dann Heusingers eigentliche Karriere. Noch als Oberleutnant wurde er in das Truppenamt, das die Aufgaben des einstigen und durch Versailles verbotenen »Großen Generalstabes« fortsetzte, kommandiert. Dort war der junge Generalstabsoffizier in der Operationsabteilung tätig. Der spätere Generalfeldmarschall von Manstein, der nach dem Urteil des britischen Militärhistorikers Liddel Hart »der fähigste unter allen deutschen Generalen« war, wurde für die nächsten drei Jahre Heusingers direkter Vorgesetzter und für ihn zum prägenden Lehrmeister.

Unter Manstein wurde er in die Geheimnisse der beweglichen Operation, die von alters her als die vollendete Form der Heerführung angesehen wird, eingeführt. Inzwischen auch zum Hauptmann befördert – seit seiner Ernennung zum Leutnant waren mittlerweile 17 Jahre vergangen –, erwies sich Heusinger zunehmend als peinlich genauer Planer, dessen Akribie mitunter fast schon pedantische Züge aufwies. Schon in dieser Zeit zeichnete sich ab, daß das schwierige Metier der Operationsführung den schmächtigen, nachdenklichen Offizier gefesselt hatte und für seinen weiteren Werdegang schicksalhaft werden sollte.

Seine Tätigkeit im Herzstück des Generalstabes sollte lediglich noch einmal durch zwei kurze Truppenkommandos unterbrochen werden. Nach einem einjährigen Intermezzo als Kompaniechef im Paderborner Infanterieregiment 18 führte er von Oktober 1935 an für eineinhalb Jahre als Erster Generalstabsoffizier (Ia) in entscheidendem Maße die Aufstellung der 11. Infanteriedivision in Allenstein durch.

Als Major und Gruppenleiter kehrte er im April 1937 in die Operationsabteilung zurück, in der er nun sieben schicksalsvolle Jahre verbringen sollte. Dort wirkte Heusinger an den Vorbereitungen für die Unternehmungen gegen Österreich, das Sudetenland und die Tschechoslowakei sowie maßgeblich an den Planungen für den Polen- und den Westfeldzug mit. Gerade 43 Jahre alt, übernahm der unterdessen zum Oberst avancierte Heusinger auf Vorschlag Mansteins am 1. Oktober 1940 die Leitung der Abteilung. Er war nunmehr der erste Berater des sehr eigenen, völlig emotionslosen Generalstabschefs Halder, der seine Berechnungen und Planungen mit einer geradezu sensuellen Methodik handhabte.

Heusingers Position verlangte wie kaum eine andere die Fähigkeit der untrüglichen Übersicht, der mathematischen Präzision sowie fast hellseherische Eigenschaften hinsichtlich der Planungen. Denn den Schwerpunkt der Arbeiten bildeten die Aufmärsche und Versammlungen der großen Heeresverbände für die Feldzüge sowie ihre Operationsführung. Die Angriffspfeile, die Heusinger ad hoc in die Karten einzeichnete, waren meistens auf Anhieb so exakt, daß sie bei den folgenden, oft wochenlangen Beratungen meist nur noch in Nuancen verändert zu werden brauchten. Heusinger, der stets Ruhe und Gelassenheit ausstrahlte, war darüber hinaus imstande, innerhalb einer Viertelstunde eine Lage erschöpfend und mit allen wesentlichen Kriterien vorzutragen. In allen seinen Analysen trat stets das Wesentliche klar hervor.

Obwohl Hitler im Dezember 1941, auf dem Höhepunkt der Schlacht vor Moskau, das Heer enthauptet hatte, indem er sich selbst als Oberbefehlshaber an die Spitze setzte und nun oftmals bis in die Bataillonsebene hineinregierte, gelang es Heusinger, die inzwischen nur noch auf den russischen Kriegsschauplatz ausgerichtete Operationsabteilung als ein außerordentlich leistungsfähiges Instrument des Heeres zu bewahren. Generalmajor Heusinger, er war dies seit 1. Dezember 1941, trug dabei als Chef die Hauptlast der Arbeit, die täglich um acht Uhr mit der Entgegennahme der Feindlagemeldungen begann und zwischen ein und drei Uhr nachts mit den Tagesabschlußmeldungen der Heeresgruppen endete.

Nach schwersten Meinungsverschiedenheiten mit dem »Führer« wurde Generaloberst Halder im September 1942 durch den als hitlerfreundlich geltenden General Zeitzler abgelöst. Doch auch »Kugelblitz« Zeitzler konnte recht bald Hitler in seinen jeder militärischen Vernunft widersprechenden operativen Entscheidungen nicht mehr folgen. So geriet Heusinger, der durch sein Anpassungsvermögen besser mit Hitler auszukommen schien, mehr und mehr in die Rolle des Vermittlers zwischen den Wehrmachtsstäben und Hitler. Mehrfach verlangte Heusinger in dieser Zeit seine Versetzung zur Truppe, doch wurde dies stets kategorisch abgelehnt. Der am 1. Januar 1943 zum Generalleutnant beförderte Heusinger indes wurde nach der Stalingrad-Tragödie und der krisenvollen Kaukasus-Operation zu einem konsequenten Vertreter des Protestes gegen die unqualifizierte Bevormundung der Heeresführung durch Hitler. Als Fachmann hohen Grades blieb er für diesen dennoch unentbehrlich, der, wenn auch nicht erfreut, Heusingers nüchternes Urteil schätzte und manchen Widerspruch hinnahm.

Vom April bis zum 20. Juli 1944 hatte Generalleutnant Heusinger schließlich, nachdem auch Zeitzler endgültig mit dem Diktator gebrochen hatte, die ganze Last der Verantwortung als ständiger Mitarbeiter Hitlers in dessen ostpreußischem Hauptquartier zu übernehmen. Nach dem mißglückten Attentat – in dessen Zusammenhang Heusinger aufgrund dienstlicher Kontakte zu einigen Verschwörern nur als Mitwisser, keinesfalls aber als Akteur zu sehen war –, der Gestapo-Haft und anschließenden Abschiebung in die sogenannte Führerreserve wurde Heusinger nach der Kapitulation von Amerikanern gefangengenommen. Wie andere hochrangige Militärs, wurde auch der bis 1948 festgehaltene General als Gutachter über den Verlauf des Krieges und als Zeuge in den Nürnberger Prozessen herangezogen. Während dieser Zeit schrieb er sein Buch »Befehl im Widerstreit, Schicksalsstunden der deutschen Armee 1923–1945«.

Bei seiner Ehefrau Gerda, einer promovierten Kunsthistorikerin, und seinen beiden 1932 und 1939 geborenen Töchtern Ruth und Ada fand Heusinger nach den entbehrungsreichen Jahren zunächst Geborgenheit. Doch schon bald erwies sich dem fast mittellosen Wehrmachtgeneral eine Freundschaft als hilfreich, die ihren Ursprung in der Jahreswende 1941/42 hatte. Damals suchte Generaloberst Halder für die desolate Abteilung »Fremde Heere Ost« (FHO) einen effizienten Chef und fragte Heusinger, ob dieser ihm einen Generalstabsoffizier benennen könne. Ohne zu zögern, schlug Heusinger seinen fähigsten Gruppenleiter, den Oberstleutnant Reinhard Gehlen, für diesen Posten vor. Als dieser nun von Heusingers Nachkriegsschicksal erfuhr, suchte er seinen einstigen Chef auf, um ihn zu fragen, ob er zur Mitarbeit in der »Organisation Gehlen«, jener über die Kriegswirren hinweg intakt gebliebenen Generalstabsabteilung FHO, bereit sei. Heusinger stimmte sofort zu und arbeitete fortan bis Ende 1950 in Pullach.

Der Ausbruch des Korea-Krieges am 25. Juni 1950 führte zu einer weltweiten Krise, die vor allem das amerikanische Engagement von Europa weg nach Ostasien verlagerte. In dieser Lage gewann die seit dem Herbst 1949 geführte Diskussion der westlichen Länder über einen militärischen Beitrag der gerade neugeschaffenen Bundesrepublik Deutschland zur Verteidigung Westeuropas gegen einen kommunistischen Angriff erhöhte Bedeutung. Denn man befürchtete, daß die seit Frühjahr 1948 existierende, über 50000 Mann starke »Bereitschaftspolizei« der sowjetischen Zone – ebenso wie es die Nordkoreaner getan hatten – zum Marsch nach Westen aufbrechen würde und daß ihr auf westlicher Seite nichts Adäquates entgegengestellt werden könne.

So kam es, daß bereits Ende Mai 1950, während die Restbestände deutscher Industriewerke demontiert und Zigtausende deutscher Soldaten noch in Gefangenenlagern festgehalten wurden, Bundeskanzler Adenauer mit Billigung der Alliierten Hohen Kommissare, in deren Händen das Schicksal Deutschlands lag, den General der Panzertruppen a. D. Graf Schwerin zu seinem »Berater in technischen Fragen der Sicherheit« berief. Unter der Leitung des späteren Botschafters Blankenhorn entstand zeitgleich im Bundeskanzleramt ein militärischer Planungsstab mit der zivil klingenden Bezeichnung »Zentrale für Heimatdienst«, deren Aufgabe die Schaffung einer westdeutschen Bundespolizeitruppe war.

Bereits am 5. Oktober 1950 fand auf Einladung der »Dienststelle Schwerin« im Eifelkloster Himmerod unweit von Bonn unter strengster Geheimhaltung ein für die weitere Planung neuer deutscher Streitkräfte bedeutsames Treffen von 16 Militärexperten der einstigen Wehrmacht statt. Einer dieser früheren Offiziere war Heusinger. In knapper Form skizzierte er die Lage und kam in seiner Bedrohungsanalyse zu dem Schluß, daß »nur ein Gleichgewicht der militärischen Kräfte das Fundament für eine stabile politische Ordnung bilden« könne. Die operativen Forderungen, die dieser Kreis als »Himmeroder Denkschrift« innerhalb kürzester Zeit erarbeitet hatte, lauteten im Kern: Die Verteidigung der Bundesrepublik muß mit präsenten Truppen durch einen beweglichen, offensiven Abwehrkampf so weit ostwärts wie irgend möglich geführt werden. Heusingers Handschrift in diesem Papier war deutlich erkennbar.

Und wieder war es Gehlen, der Schicksal spielte. Er war es, der Adenauer General Heusinger für den Posten eines neuen militärischen Beraters der Bundesregierung vorschlug. Denn der Kanzler hatte den Grafen Schwerin am 28. Oktober aus seinem Amt entlassen, weil dieser ausgeplaudert hatte, daß die Bundesregierung ein Wehrpflichtgesetz vorbereite. Doch Heusinger war nur unter zwei Bedingungen bereit, Adenauers Berufung zu folgen: Erstens wünschte der Generalleutnant a. D. kein Vertragsverhältnis als Regierungsangestellter, sondern eine Tätigkeit als freier Mitarbeiter mit weitestgehenden Vollmachten für diesen Aufgabenbereich. Und zweitens wollte er kein Gehalt, sondern nur ein Anerkennungshonorar von maximal 400 Deutschen Mark, solange seine ehemaligen Soldaten-Kameraden noch in deutschen Gefängnissen inhaftiert waren.

Der Alte aus Rhöndorf, wie Bundeskanzler Adenauer genannt wurde, willigte ein, und so trat Heusinger in die Dienststelle des zum Nachfolger von Schwerin bestellten CDU-Politikers Blank ein. Dort wurde er zum Leiter der im Aufbau begriffenen »Militärischen Abteilung« ernannt und bildete gemeinsam mit Generalleutnant a.D. Dr. Speidel eine Art Planungszentrum, in dem die ersten Weichen für die Organisation der späteren Bundeswehr gestellt wurden.

Der Beginn dieser Tätigkeit im »Amt Blank« stand in zeitlicher Nachbarschaft zu der gerade vollzogenen strategischen atomaren Evolution der beiden Großmächte USA und UdSSR. Diese veränderte das weltweite Kräftebild drastisch. In Anbetracht dieser einschneidenden Vorgänge verfaßte Heusinger die »Grundlegenden Betrachtungen zur operativen Lage der Bundesrepublik Deutschland« – ein Papier, das zur geistigen Grundlage der Wiederbewaffnung werden sollte. Im Mittelpunkt seiner Überlegungen stand die These, eine atomare lineare Verteidigung des westlichen Deutschlands verbiete sich von selbst. Deshalb müsse das Konzept der Sicherheit auf einer beweglichen Verteidigung basieren. Östlich des Rheins waren nach Heusingers Auffassung operative Eckpfeiler zu bilden, von denen aus Gegenoperationen in die Flanken eines vorstoßenden Feindes einzuleiten wären.

Während seiner Tätigkeit im »Amt Blank« hatte Heusinger seinen Mitarbeitern, zu denen unter anderen die späteren Bundeswehrgenerale Kielmansegg, Baudissin, de Maizière und Brandt gehörten, äußerste Zurückhaltung gegenüber den Westalliierten empfohlen. Der General bevorzugte eine unaufdringliche Militärpolitik und behutsame Annäherung. Das Hineinwachsen in ein Bündnis, das aus einstigen Feinden bestand, sollte durch bescheidenes Auftreten in der Allianz gefestigt werden.

Am 9. Januar 1951 begannen auf dem Petersberg bei Bonn die ersten offiziellen Gespräche über Voraussetzungen, Planungen und Terminfestlegungen für den Aufbau einer westdeutschen Armee. Blank, Heusinger, Speidel und Graf Kielmansegg unterbreiteten dem amerikanischen General Harp, dem britischen Botschafter Ward und dem französischen Botschafter Bérard die deutschen Vorschläge. Diese Verhandlungen wurden allerdings schon nach sechs Monaten ohne konkrete Beschlußfassung beendet. Parallel zu den Petersberger Gesprächen fand seit dem 15. Februar 1951 in Paris die Konferenz über den Pleven-Plan statt. Heusinger nahm zeitweilig an diesen vorbereitenden Verhandlungen zur Bildung einer Europäischen Verteidigungsgemeinschaft (EVG), die später an der mangelnden Integrationsbereitschaft Frankreichs scheitern sollte, teil. Die zunehmend komplexer werdenden Wiederbewaffnungsfragen im »Amt Blank« banden Heusinger jedoch immer stärker an Bonn. Denn aufgrund seiner früheren Tätigkeit in der Operationsabteilung hatte er wie kaum ein anderer seiner Offizierskameraden, die in den frühen fünfziger Jahren für den Aufbau einer westdeutschen Armee in Frage kamen, einen außergewöhnlich tiefen Einblick in das Räderwerk einer Militärmaschinerie erhalten.

Zu einer Zerreißprobe führte dann eine Debatte, die nicht zuletzt auch durch die sogenannte Stalin-Note vom 10. März 1952 entfacht worden war. Darin forderte der sowjetische Diktator den Abschluß eines Friedensvertrages mit einem bis zur Oder und Neiße verkleinerten, aus den Militärblöcken ausgeklammerten, »neutralisierten« Gesamtdeutschland, dem nach Abzug aller Besatzungstruppen innerhalb eines Jahres »eigene nationale Streitkräfte«

zugestanden werden sollten. Obwohl der rheinische Separatist Adenauer von der Ernsthaftigkeit des Kreml-Angebots überzeugt war, lehnte er wie bisher eine Wiedervereinigung Deutschlands um den Preis einer »Neutralisierung« kategorisch ab, weil er ein allmähliches Hineingleiten Gesamtdeutschlands in den sowjetischen Machtbereich befürchtete. Adenauer setzte die Westbindung vor die Wiedervereinigung.

Im »Amt Blank« kam es darüber zu grundsätzlichen Meinungsverschiedenheiten vor allem zwischen Heusinger und dem Leiter der »Militärischen Planungsabteilung«, Oberst a. D. von Bonin. Dieser furchtlose Preuße, der nach dem 20. Juli 1944 Heusingers Position als Chef der Operationsabteilung übernehmen mußte und später infolge der Mißachtung eines Hitler-Befehls 1945, nachdem er die Räumung Warschaus veranlaßt hatte, ins KZ kam, hielt Westintegration und Wiedervereinigung für unvereinbar. Bonin, der als Gegenpart der Reformgruppe um den Grafen Baudissin galt, plädierte für eine kleine deutsche Freiwilligentruppe, die, unterstützt durch einen 50 Kilometer tiefen Sperriegel, unmittelbar an der Zonengrenze eine bewegliche Verteidigung führen sollte, ein Konzept, das dem später von der NATO übernommenen Prinzip der »Vorneverteidigung« weitestgehend entsprach.

Doch Bonins Plan berücksichtigte auch das Ziel der Wiedervereinigung, da er davon ausging, daß die automatisch erfolgende Einbeziehung einer westdeutschen Armee in die NATO-Streitkräfte die Wiederherstellung der deutschen Einheit erschweren werde. Zugleich machte Bonin mit seinen Thesen deutlich, daß im »Amt Blank« bislang zwar die Aufstellung einer Armee geplant, aber eine wirkliche Klarheit über ihren Zweck nicht geschaffen worden sei. Heusinger fühlte sich wohl durch die in allen wesentlichen Punkten einwandfrei durchgearbeitete Denkschrift brüskiert und hielt zudem Bonins Plan aufgrund der politischen Vorgaben durch Adenauer für absurd. Als der Abweichler dann mit seiner Studie noch an die Öffentlichkeit trat, hatte man schließlich einen Grund gefunden, Bonin wegen »Illoyalität« zu entlassen.

Nachdem die EVG-Bemühungen am 30. August 1954 gescheitert waren, wurde nun fieberhaft nach einer militärischen Ersatzlösung gesucht. Nach kurzer Zeit wurde die Aufnahme der Bundesrepublik Deutschland in die NATO, die Aufstellung westdeutscher Divisionen in ihrem Rahmen und die Einbeziehung der Bundesrepublik in den zur »Westeuropäischen Union« (WEU) erweiterten Brüsseler Pakt vereinbart. Die »Europäisierung« des Saarlandes sollte der Preis dafür sein. Am 25. Oktober 1954 wurden dann die

Pariser Verträge unterzeichnet, die in einem komplizierten System von Zusagen und Bindungen der Bundesrepublik die »Souveränität« zugestanden. Mit der Unterzeichnung der Westverträge wurde die Bundesrepublik am 5. Mai 1955 offiziell ein souveräner, freier Staat und am 9. Mai als 15. Mitglied gleichberechtigt in die Nordatlantik-Pakt-Organisation aufgenommen. Daß dieses Datum, zehn Jahre und einen Tag nach der bedingungslosen Kapitulation der deutschen Wehrmacht gewählt wurde, geschah gewiß nicht ohne symbolische Bedeutung.

Am 15. Juli 1955 verabschiedete der Deutsche Bundestag gegen die Stimmen der SPD ein Gesetz, das die Einstellung von 6000 freiwilligen Soldaten vorsah. Trotz der »Ohne-mich«-Kampagne, die nicht nur von SPD und KPD, sondern auch von vielen Konservativen unterstützt worden war, gingen allein bis zum 1. August mehr als 152000 Bewerbungen von Freiwilligen ein. Theodor Blank, seit 7. Juni nunmehr erster Verteidigungsminister der Bundesrepublik, hob dann am 12. November 1955, dem 200. Geburtstag des preußischen Militärreformers Scharnhorst, die Bundeswehr aus der Taufe.

Mit Heusinger und Speidel erhielten die beiden ersten Soldaten die Ernennungsurkunden als Generalleutnante der Bundeswehr. Heusinger wurde Leiter der »Militärischen Abteilung«, Speidel Chef der »Abteilung Streitkräfte«. Zuvor hatte Heusinger bereits den von der Regierung berufenen Personalgutachterausschuß, der alle Einstellungen vom Oberst aufwärts zu prüfen hatte, mit dem höchsten Prädikat passiert.

Schon sehr bald nach Heusingers Ernennung entbrannte jedoch eine heftige Diskussion darüber, wer an der Spitze der Armee als Generalinspekteur stehen sollte. Schon vor der Bundeswehrgründung waren kurzzeitig die Namen des Feldmarschalls von Manstein, der die Bundesregierung in Wehrfragen beriet, und des im Afrikakrieg bewährten Panzergenerals Crüwell genannt worden. Die größten Chancen allerdings wurden dem 55jährigen früheren Panzergeneral Wenck eingeräumt, der sich vor allem in den letzten Kriegswochen mit einer beispiellosen Rettungsaktion über die Elbe nicht nur bei Soldaten, sondern auch bei der Zivilbevölkerung einen Namen gemacht hatte. Heusinger, der seinen Beitrag stets in der Zentrale des Generalstabes geleistet hatte und bereits für einen NATO-Posten favorisiert wurde, fehlte ganz offensichtlich das Charisma eines Truppenführers. Den ehemaligen Soldaten, die für eine Reaktivierung in Frage kamen, war er weitestgehend unbekannt, hatte er doch nie ein Bataillon, ein Regiment oder eine Division befehligt. Immer wieder suchte wohl auch deshalb Franz Josef Strauß, der Blank am 21. Oktober 1956 als Verteidigungsminister abgelöst hatte, Wenck auf. Doch Wenck lehnte nicht nur die von vielen Soldaten als diskriminierend empfundene Überprüfung durch den Personalgutachterausschuß ab, er stellte auch Bedingungen für das geplante Amt des Generalinspekteurs. So forderte der einstige Panzergeneral beispielsweise die Unterstellung des Personalamtes und der Militärverwaltung.

Schließlich entschied sich Strauß doch für Heusinger, der schon am 1. März 1956 die bis dahin von Speidel geleitete Abteilung »Streitkräfte« übernommen hatte und somit zum ministeriellen Vorsitzenden der Abteilungen Heer, Marine und Luftwaffe wurde. Generalleutnant Heusinger nahm damit die Stelle des »Ersten Soldaten« im Ministerium ein und übte die Funktion des vorgesehenen Generalinspekteurs aus, auch wenn dieser Posten formell erst am 1. Juni 1957 geschaffen wurde. Heusinger behielt auch den Vorsitz im Militärischen Führungsrat bei und erarbeitete nun eine Spitzengliederung des Ministeriums. Denn auch ein Jahr nach der offiziellen Bundeswehrgründung existierte noch immer kein Gesetz, welches die militärische Spitzenorganisation festschrieb. Es war die Zeit, aus der von Adenauer jener Satz kolportiert wird, mit dem er den späteren Hardthöhen-Verwaltungschef in das im Aufbau begriffene Verteidigungsministerium geschickt haben soll: »Wirmer, gehn Se hin und sorgen Se dafür, daß nichts draus wird.«

Die bewußt verfälschte Interpretation des angelsächsischen Begriffs »civil control«, welche als »zivile Kontrolle«, als Kontrolle durch zivile Beamte und nicht – wie es richtig gewesen wäre – als »politische Kontrolle« verstanden wurde, sollte sich später für die Spitzengliederung als äußerst hemmend erweisen. So wuchsen nebeneinander zwei Moloche auf: die Organisation des Militärs und die autonomen Behörden der Bundeswehrverwaltung. Für die neue Militärabteilung sah Heusinger die vielsagende Bezeichnung »Führungsstab« vor. Ihr Leiter sollte den Titel eines »Chef des Führungsstabes« erhalten; diesem sollten fünf Inspekteure unterstehen, nämlich die des Heeres, der Marine, der Luftwaffe, des Sanitätswesens und der Heimatverteidigung. Der Verteidigungsminister selbst sollte das Amt des Oberbefehlshabers innehaben. Ihm unmittelbar nachgeordnet waren auch die Kommandierenden Generale.

Am 1. April 1957 erhielt Heusinger den Titel »Leiter der Streitkräfte« und wurde zum General befördert. Zwei Monate später erfolgte schließlich offiziell die Ernennung zum Generalinspekteur der Bundeswehr. Er wurde damit oberster Soldat der neuen Armee, doch gegenüber den drei wichtigsten Inspekteuren – die, durch Röttiger (Heer), Kammhuber (Luftwaffe) und Ruge (Marine) gestellt, ein Dreigestirn bildeten, welches in seiner Effizienz und Harmonie unübertroffen bleiben sollte – besaß Heusinger keine Weisungsbefugnis. Er war Primus inter pares.

Als Strauß von Heusinger dann forderte, eine Truppe der Qualität anstelle der Quantität aufzubauen, reagierte der General wie schon so oft mit äußerster Geschmeidigkeit, die selbst Strauß beeindruckte. Ohne viel Aufhebens warf Heusinger seine bisherige Planung völlig um und fügte sich dem Wunsch, statt 500000 Mann in drei Jahren, nun nur noch 350000 Mann in sechs Jahren aufzustellen. Diese Kehrtwendung brachte Heusinger jedoch auch heftige Kritik ein. Zahlreiche Offiziere warfen ihm vor, wankelmütig zu sein und ohne jedes Rückgrat zu handeln. Auch das von ihm geförderte Konzept der »Inneren Führung« stieß auf Kritik. Heusinger versuchte die Gegner zu beschwichtigen, indem er die Reformer vor allzu großen Ansprüchen warnte. So achtete er streng darauf, daß die Tradition, soweit sie sinnvoll und ehrenhaft war, Geltung behielt.

General Heusingers Wirken konzentrierte sich jedoch fast ausschließlich auf das Ziehen von Fäden im Hintergrund. Publicity, große Gesten waren nicht die Sache dieses auch äußerlich Zurückhaltung übenden, stillen Mannes, der bei Auftritten häufig distanziert wirkte. Die Stärke Heusingers, dessen auch in Details nie versagendes Gedächtnis seine Mitarbeiter in Erstaunen versetzte, lag in seiner leisen, behutsamen Art, Mißerfolge nahezu undramatisch und Erfolge als eben ohnehin sich bereits abzeichnende Glücksumstände darzustellen. Der General, der mit Lob wie mit Tadel gleichermaßen sparsam umging und dessen sibyllinisches Lächeln manchen in seiner Umgebung verunsicherte, war ein Offizier des klugen, vorsichtigen Abwägens. Tollkühne Entschlüsse lagen ihm fern. Heusinger galt als ein brillanter Stratege.

Diese Eigenschaften waren auch der NATO nicht verborgen geblieben. Und so kam es, daß am 13. Dezember 1960 die NATO-Generalstabschefs Heusinger als Nachfolger des niederländischen Generals Hasselman einstimmig zum Vorsitzenden des Militärausschusses wählten. Diese Berufung war – auch wenn der Weggang Heusingers für die im Aufbau befindliche Bundeswehr ein herber Verlust war – ein Ausdruck des Respekts vor echten Bündnisleistungen. Heusinger hatte damit als erster deutscher Offizier die höchste militärische Sprosse der Atlantischen Allianz erklommen, die zugleich die Krönung seiner Soldatenlaufbahn bedeutete.

Am 31. März 1961 übergab Heusinger sein Amt als Generalinspekteur an General Foertsch. Mit einem Großen Zapfenstreich ehrte die nunmehr 291 000 Soldaten umfassende Armee ihren ersten Generalinspekteur, der die Bundeswehr bündnisfähig gemacht hatte. Am darauffolgenden Tag übernahm er in Washington sein neues Amt. Heusingers Erfahrungen auf strategisch-operativem Gebiet, seine Zuverlässigkeit und seine angelsächsisch geprägte Weltoffenheit brachten ihm schnell Vertrauen, Anerkennung und Freunde in der ganzen Allianz. Auch wenn er auf Reformen drängte, erwarb er sich die uneingeschränkte Achtung und meist auch das erforderliche Verständnis dafür. Als Heusinger sogar empfahl, die »Standing Group«, den Stab des Militärausschusses, durch einen Chef des Stabes, Direktor genannt, zu ergänzen, der weder Amerikaner noch Franzose oder Brite sein dürfe, fand er auch hierfür die Zustimmung zur notwendigen Reform. Auf der Pariser NATO-Tagung im Dezember 1963 trug er ein letztes Mal vor allen Außen- und Verteidigungsministern des Bündnisses, der Generalität und den diplomatischen Beratern seine militärischen Analysen vor. Die anwesenden Konferenzteilnehmer erwiesen ihm anschießend ihre Reverenz durch stehende Ovationen.

Nach 49 Dienstjahren, in denen er vier verschiedene Uniformen getragen, vier Eide geleistet und zwei katastrophale politische Niederlagen erlebt hatte, übergab Adolf Heusinger, dessen Amtszeit bereits einmal verlängert worden war, sein Amt am 29. Februar 1964 an den belgischen General Baron de Cumont. Ein halbes Jahr vor seinem 67. Geburtstag trat Heusinger endgültig in den wohlverdienten Ruhestand. Nach seinen Worten hatte er »alle Höhen und Tiefen unseres Berufes auskosten müssen und trotzdem nie den Glauben an unseren Beruf verloren«.

Der pensionierte General zog sich nach Köln zurück und beobachtete weiter mit regem Interesse die Entwicklung der Bundeswehr. Memoiren allerdings schrieb er keine – so kühn, »die Geschichte korrigieren zu wollen«, wollte er nicht sein. In der Nacht zum 1. Dezember 1982 verstarb Adolf Heusinger im Alter von 85 Jahren an Herzversagen. In der Bundeswehr wird sein Andenken durch einen nach ihm benannten Bestenpreis für Generalstabsabsolventen und in Hammelburg durch die Namensgebung einer Infanteriekaserne gewahrt.

DR. HANS SPEIDEL

Oberbefehlshaber der NATO-Landstreitkräfte Mitteleuropa
von 1957 bis 1963

Hans Speidel

Um das abgesperrte Karree auf dem Ulmer Münsterplatz drängten sich die Menschen. Tausende waren an diesem winterlichen Märzabend 1964 gekommen, um einem besonderen Ereignis beizuwohnen. Die Ehrenformation der Bundeswehr, der amerikanischen und der französischen Armee waren angetreten, Kommandos ertönten. Das Murmeln der Menschenmenge verstummte. Das feierliche Schauspiel des Großen Zapfenstreichs begann. Anlaß der Zeremonie war die Verabschiedung des aus dem aktiven Dienst scheidenden Generals Dr. Hans Speidel, der vor fast einem halben Jahrhundert in dieser schwäbisch-württembergischen Stadt seine glanzvolle soldatische Laufbahn begonnen hatte.

Die Familie Speidel, die ihren Stammbaum bis in das Jahr 1368 zurückverfolgen kann, ist tief im Schwabenland verwurzelt. Dort, in der Kleinstadt Metzingen, kam Hans Speidel als Sohn des Oberförsters und außerordentlichen Professors an der Universität Tübingen, Dr. Emil Speidel, und dessen Ehefrau Amalie, einer geborenen von Klipstein, am 28. Oktober 1897 zur Welt. Zusammen mit seinem Bruder Wilhelm, der es später bis zum Luftwaffengeneral brachte, wuchs der Junge in einer großbürgerlichen, von geistiger Bildung bestimmten Umwelt heran, in der Redlichkeit an lebendiges Christentum gebunden und jedwedes Handeln auf das Allgemeinwohl gerichtet war. So verstand es sich auch, daß der 17jährige Primaner nach dem Ausbruch des Ersten Weltkrieges am 1. August 1914 mit dem Notabitur in der Tasche wie alle jungen Männer seiner Generation zu den Fahnen eilte.

Von April 1915 bis November 1918 kämpfte er dann in den Reihen des Ulmer Grenadierregiments »König Karl« an der Somme, in Flandern, vor Verdun und an der Maas. Aus der Hand von Kaiser Wilhelm II. erhielt der Leutnant 1917 das Eiserne Kreuz I. Klasse verliehen. Durch seine Verwendungen als Bataillons- und Regimentsadjutant, in denen er seine Kommandeure ständig zu begleiten hatte, erhielt Hans Speidel schon in jungen Jahren Einblicke, wie auf höheren Ebenen gedacht, geplant und geführt wird.

Nach dem Ersten Weltkrieg und dem Zusammenbruch der Monarchie kehrte der 21jährige am 18. Dezember 1918 in seine Garnison Ulm zurück. In die

Reichswehr übernommen, erlebte er in den folgenden Jahren auch die Niederschlagung der Münchner Räterepublik, den Kapp-Putsch und die kommunistischen Aufstände in Sachsen-Thüringen mit. Von großer Bedeutung für Speidels weitere Entwicklung war dabei die Stabsverwendung bei dem »roten« General Reinhardt, der zusammen mit dem sozialdemokratischen Minister Noske in Berlin die Grundlage für die Aufstellung der Reichswehr geschaffen hatte. Das zur Routine werdende Reichswehr-Leben allein bot jedoch dem bildungshungrigen jungen Offizier keine genügende Befriedigung. Verständnisvolle Vorgesetzte gestatteten ihm, neben seinem Dienst in Tübingen und Berlin sowie an der Technischen Hochschule Stuttgart das Studium der Geschichte und Volkswirtschaft aufzunehmen. Im Alter von 27 Jahren promovierte Hans Speidel dann mit »magna cum laude« zum Doktor der Philosophie.

Am 1. April 1925 zum Oberleutnant befördert, erhielt der promovierte Historiker nach weiteren vier Jahren die langersehnte Generalstabsausbildung, die aufgrund des Versailler Friedensdiktats aber schlicht »Führergehilfen«-Lehrgang hieß. Zu seinen Hörsaal-Kameraden gehörte auch Adolf Heusinger, dem er in seiner Laufbahn noch häufiger begegnen sollte. Von dem Kriegsgeschichtslehrer, Major Model, der später Generalfeldmarschall werden sollte, lernte er vor allem die Kunst der blitzartigen Entschlußfassung und Befehlsgebung. Aber erst nach mehreren Stationen in der Truppe wurde Oberleutnant Dr. Speidel dann in die angestrebte Stabsverwendung kommandiert. Er kam in das Frankreich-Referat des Reichswehr-Truppenamtes, das die Aufgaben des einstigen und jetzt offiziell verbotenen Generalstabes fortsetzte, und traf dort auch wieder auf seinen Kameraden Heusinger. Bei der Besetzung dieses Referats dürften sicher Speidels außergewöhnliche Französischkenntnisse eine wichtige Rolle gespielt haben, denn er hatte die Sprache und Mentalität der Franzosen während eines Studienaufenthaltes gründlich und einfühlsam kennengelernt. Schon sehr bald zog der selbstbewußt auftretende Schwabe die Aufmerksamkeit des Truppenamt-Chefs, General Beck, auf sich, woraus sich ein enger Kontakt entwickelte.

Im Herbst 1933 wurde der inzwischen zum Hauptmann beförderte Dr. Speidel als Gehilfe des Militärattachés an die deutsche Botschaft nach Paris beordert und erhielt Gelegenheit, im September 1935 das erste französische Panzermanöver zu beobachten. Es schloß sich ein einjähriges Truppenkommando als Kompaniechef und Bataillonsführer im Ulmer Infanterieregiment 56 an, ehe er als Leiter der Abteilung »Fremde Heere West« in den nun offiziell so genannten Generalstab des Heeres zurückkehrte. Am 1. Oktober 1937 wurde Speidel der für die Operationsplanung zuständige Erste Generalstabsoffizier (Ia) der 33. Infanteriedivision in Mannheim.

Der Ausbruch des Zweiten Weltkrieges am 1. September 1939 verhinderte, daß Oberstleutnant Speidel seine neue Verwendung als Militärattaché in Madrid antreten konnte, und so blieb er zunächst bei seiner am Westwall eingesetzten Division. Doch schon am 15. Oktober erfolgte seine Versetzung als Ia zum IX. Armeekorps, mit dem er im Rahmen der 6. Armee den Vormarsch in den Niederlanden und Belgien sowie den Angriff auf Dünkirchen mitkonzipierte. Auf Weisung von Generaloberst von Bock fuhr Speidel schließlich als erster deutscher Soldat nach Paris, um die Kommandogewalt in der Hauptstadt des besiegten Frankreichs zu übernehmen. Fast zwei Jahre blieb Speidel, in dessen Stab sich auch der Dichter und Pour-le-mérite-Träger Ernst Jünger befand, in der Seine-Metropole. Speidels Position als Generalstabschef beim Militärbefehlshaber von Frankreich stellte an seine diplomatischen Gaben höchste Anforderungen, brachte den intellektuellen Oberst aber auch mit einem Zirkel literarisch und philosophisch interessierter Menschen zusammen. Zunehmend mußten Dr. Speidel und sein Befehlshaber, General von Stülpnagel, der später im Zusammenhang mit den Ereignissen des 20. Juli 1944 hingerichtet wurde, registrieren, wie sich Heydrichs Staatssicherheitsdienst und Himmlers SS-Leute immer stärker in die Kompetenzen der Wehrmacht einmischten und mehr und mehr die Exekutive an sich zogen. Speidel bat deshalb um seine Versetzung zur Front und kam im März 1942 als Generalstabschef des V. Armeekorps nach Rußland.

Dort war er an den operativen Vorbereitungen der großen Sommeroffensive von 1942 beteiligt, die bis in den Kaukasus und zu einer Teileroberung Stalingrads führte. In weiser Voraussicht sagte Speidel bereits im September in einem Lagevortrag Phase für Phase des Dramas an der Wolga voraus und schloß seine Ausführungen mit der Hoffnung: »Es muß da noch irgendwo eine Armee in Reserve stehen, von der ich nichts weiß. Wäre es anders, so wäre es Wahnsinn!«

Am Neujahrstag 1943 wurde Speidel zum Generalmajor befördert und für kurze Zeit zur 8. italienischen Armee abgestellt, bei der die Russen ihren entscheidenden Durchbruch erzielt hatten, um die deutsche 6. Armee in Stalingrad einzukesseln. Daran anschließend koordinierte der Generalmajor als Stabschef der »Armee-Abteilung« Lanz, die später in der 8. deutschen

Armee aufging, an der Seite seiner Oberbefehlshaber die Rückzugsoperationen über den Don und Donez bis Poltawa. Als bei Charkow zwei Korps der 8. Armee ein »kleines Stalingrad« drohte, hielt sich indes Speidel strikt an Hitlers Weisungen und zögerte, den Ausbruchsbefehl vorzubereiten. So räumte schließlich der alte Waffen-SS-Haudegen »Papa« Hausser eigenmächtig die Stadt, um sie bald darauf mit seinem aus der Umklammerung geretteten Panzerkorps noch einmal kurz zurückzuerobern.

Bei den Vorarbeiten zur Sommeroffensive »Zitadelle« stellte sich Speidel dann vehement gegen Hitlers ständiges Verschieben des Angriffs, denn der Generalmajor befürchtete, die Rote Armee könne durch den Zeitgewinn ein tiefgestaffeltes Verteidigungssystem ausbauen und somit einen Durchbruch verhindern. Speidel behielt recht. In die folgende Abwehrschlacht platzte nun auch noch die ihn persönlich beunruhigende Nachricht, daß seine Frau Ruth, eine Tochter des Generals Stahl, mit den drei Kindern in Mannheim ausgebombt worden war, in Freudenstadt aber eine Bleibe gefunden hatte. Währenddessen tobten die Rückzugskämpfe im Osten weiter. Speidel, seit Januar 1944 Generalleutnant, war dann maßgeblich an dem gelungenen, aber sehr verlustreichen Ausbruch zweier Korps mit 56000 Mann aus dem Kessel von Tscherkassy Mitte Februar beteiligt. Seine aufopferungsvolle Generalstabsarbeit wurde am 1. April 1944 mit der Verleihung des Ritterkreuzes gewürdigt.

Vierzehn Tage später wurde Generalleutnant Dr. Speidel als Stabschef zur Heeresgruppe B nach Frankreich versetzt. Ihr Oberbefehlshaber war Generalfeldmarschall Rommel, Schwabe wie Speidel. Dort arbeitete er nun fieberhaft an den Vorbereitungen zur Abwehr einer drohenden angloamerikanischen Invasion. Denn seit geraumer Zeit kannten die Deutschen durch die Berichte »Ciceros«, des Kammerdieners des britischen Botschafters in Ankara, einen Teil der alliierten Pläne. In der Nacht vom 5. zum 6. Juni 1944 begann der Absprung britischer und amerikanischer Fallschirmjäger über der Normandie, und am nächsten Morgen erschien vor der Küste eine gewaltige Armada, von der ein nicht enden wollender Strom von Soldaten und Waffen an Land floß. Mit dem größten Invasionsunternehmen der Geschichte begann nun auch der Krieg an der Westfront.

Die deutschen Verteidiger wichen unter dem massiven Druck mehr und mehr zurück, zumal der von dem Panzerstrategen Guderian geprägte Grundsatz »Klotzen, nicht kleckern« sträflich mißachtet wurde. Unglücklicherweise fiel auch noch am 17. Juli Rommel durch eine schwere Verwundung aus, so daß Feldmarschall von Kluge die Führung übernehmen mußte. Nach dem gescheiterten Attentat auf Hitler am 20. Juli wurden beide Männer in den Selbstmord gedrängt. An die Stelle Kluges trat der in Abwehrschlachten erprobte Generalfeldmarschall Model. Nun versuchte Speidel, wie zuvor bei Rommel und Kluge, auch seinen einstigen und ihm vertrauten Kriegsgeschichtslehrer dazu zu bewegen, sich im Westen mit den Alliierten zu arrangieren, um freie Hand im Osten zu bekommen. Model indes wollte von Politik nichts wissen. Später allerdings gab er seinem Stabschef den Freiraum, in stillem Einvernehmen mit dem Befehlshaber von Paris, General von Choltitz, die Nichtbefolgung von Hitlers »Trümmerfeld«-Befehl, wonach Paris hätte völlig zerstört werden sollen, zu regeln.

Im Zuge der hektischen Verfolgung möglicher Mitwisser des Attentats auf Hitler wurde auch Generalleutnant Speidel am 7. September auf Veranlassung des Reichsführers SS, Himmler, verhaftet. Speidels Kontakte und Bekanntschaften zu Persönlichkeiten wie General von Stülpnagel, der in Paris als einzige Stelle die für den Putsch erforderlichen »Walküre«-Befehle reibungslos durchgeführt hatte, insbesondere aber zu Generaloberst a. D. Beck, dem militärischen Führer des Widerstandes, schienen nun Speidel zum Verhängnis zu werden. Bei den Gestapo-Verhören in Berlin bestritt er konsequent jede Kenntnis des Attentatsplanes. Und in der Tat gehörte Dr. Speidel nur zur Peripherie eines größeren Kreises des Widerstandes.

Während der Gestapo-Haft fand in Speidels Abwesenheit unter Vorsitz von Feldmarschall Keitel eine »Ehrenhof«-Sitzung statt, in der über Speidels »unehrenhafte« Ausstoßung aus der Wehrmacht und über seine Auslieferung an Freislers »Volksgerichtshof« beraten wurde. Der »Ehrenhof« kam zu dem Schluß, daß die Vorwürfe gegen Speidel nicht aufrechterhalten bleiben konnten. Dennoch wurde der Generalleutnant in Haft gehalten und erst am 29. April 1945 durch Truppen der 1. französischen Armee aus einem Gefängnis am Bodensee befreit.

In den folgenden Jahren gewann Speidels bescheidener Part im militärischen Widerstand, nicht ohne sein eigenes Zutun, immer mehr Gewicht und bildete, wenn auch überbewertet, den Ausgangspunkt für seine Nachkriegskarriere. Sein guter Freund und Landsmann Theodor Heuss war es, der als Kultusminister der »vorläufigen Staatsregierung des vorläufigen Landes Württemberg-Hohenzollern« dem ehemaligen General und Historiker 1948 einen Forschungsauftrag erteilte und ihn in den Wissenschaftlichen Beirat des Münchner Instituts für Zeitgeschichte zur Erforschung der NS-Politik entsandte. Im Wintersemester 1949 berief dann die Universität Tübingen ihren ehemaligen Doktoranden zum Lehrbeauftragten für Neueste Geschichte. In diesem Rahmen hielt Dr. Speidel Colloquien über das Thema »Bündnisprobleme in der jüngsten Geschichte« und publizierte sein Buch »Invasion 1944 – Ein Beitrag zu Rommels und des Reiches Schicksal«.

Währenddessen wuchsen bei den drei westlichen Siegermächten die Sorgen angesichts der sowjetischen Expansionspolitik unter Stalin. Als Bollwerk gegen die Bedrohung aus dem Osten wurde schließlich 1949 die NATO gegründet. Gleichzeitig dachte man über einen deutschen Wehrbeitrag nach. Als am 25. Juni 1950 der Korea-Krieg ausbrach, befürchteten die Westalliierten einen ähnlichen Konflikt auch im geteilten Deutschland, und so schlug der britische Oppositionspolitiker Churchill die Schaffung einer europäischen Armee unter Beteiligung der Deutschen vor. Unabhängig davon erarbeitete Speidel eine Wehrstudie, und ehemalige Wehrmachtsoffiziere faßten ihre Gedanken zur Verteidigung Westeuropas im Eifelkloster Himmerod in einer Denkschrift zusammen. Wenige Tage später legte auch Frankreichs Ministerpräsident Pleven der Nationalversammlung einen Plan zur Schaffung einer Europa-Armee vor.

Wieder war es der mittlerweile zum Bundespräsidenten gewählte Heuss, der, zusammen mit dem Wohnungsbauminister und Ritterkreuzträger Wildermuth, Speidel diesmal als Gutachter für Verteidigungsfragen Bundeskanzler Adenauer empfahl. Gemeinsam mit Adenauers Verteidigungsbeauftragtem Blank, Generalleutnant a. D. Heusinger und Oberst a. D. Graf Kielmansegg nahm Speidel ab Januar 1951 an den Petersberger Wehrverhandlungen mit den Westmächten teil, die allerdings bereits nach sechs Wochen ohne Ergebnis beendet wurden.

Parallel zu diesen Unterredungen fanden in Paris Beratungen über den Pleven-Plan statt. Danach sollte der deutsche Anteil der Europäischen Verteidigungsgemeinschaft, kurz EVG genannt, sich möglichst nur aus bataillonsstarken Verbänden zusammensetzen, während die bereits bestehenden übrigen nationalen Streitkräfte nur zum Teil eingegliedert werden sollten. Angesichts dieser diskriminierenden Vorschläge wurden die Pariser Gespräche zunächst nur mit einer rangniederen Delegation geführt. Anfang Juli übernahm dann Blank, dessen Bonner Dienststelle den Aufbau der späteren

Bundeswehr plante, die Leitung der westdeutschen EVG-Delegation und erreichte, daß die Veranstaltung nicht nur zu einer bloßen Erörterung über die deutsche Durchführung alliierter Vorstellungen wurde. Er konnte unter anderem durchsetzen, daß die personelle Integration nun bei den Korpsstäben begann. Die Blank-Abordnung bestand aus einem Wirtschafts- und Rüstungsausschuß sowie einem Finanz-, Juristen- und Militärgremium, an dessen Spitze Generalleutnant a. D. Dr. Speidel stand. Als aber Speidel nach Paris geschickt werden sollte, verweigerte die Hohe Kommission ihm das Visum. Außenminister François-Poncet meinte gegenüber Adenauer lapidar, ein Oberst als militärischer Chefdelegierter genüge. Blank rief daraufhin alle in Paris tätigen früheren Soldaten nach Bonn zurück und erreichte damit, daß Speidel die Einreise gewährt wurde.

Das Klima der Konferenz wurde erst allmählich harmonischer, wozu auch der frankophil eingestellte und gewandt auftretende Hans Speidel viel beitrug. So wurde er bald, obwohl bis vor kurzem noch deutsche Soldaten aller Ränge nahezu ungestraft beschimpft werden durften, offiziell mit seinem alten Dienstgrad angesprochen. In den Verhandlungen mußte er schließlich aber akzeptieren, daß die Zahl der für notwendig erachteten zwölf Panzerdivisionen in der als Grundlage der westdeutschen Militärplanung geltenden »Himmeroder Denkschrift« nicht zu halten war. So wurde aus Sorge vor dem Kräftepotential einer deutschen Offensiv-Armee dieser Plan auf acht mechanisierte Infanterie- und vier Panzerdivisionen herabgestuft. Als am 30. August 1954 die EVG am Widerstand Frankreichs, das die Ratifizierung der Verträge abgelehnt hatte, scheiterte, war dies ein ungeheurer Schock. Vier Jahre mühseliger, von Kontroversen begleiteter und schließlich doch erfolgreicher Aufbauarbeit eines westdeutschen Kontingents in der Europa-Armee schienen mit einem Schlag ihren Sinn verloren zu haben. Doch Adenauer wollte um jeden Preis die zum Greifen nahe »Souveränität« für die Bundesrepublik Deutschland erwirken, und so war ihm die auf dem Reißbrett fertige westdeutsche Armee ein wertvolles Tauschobjekt. Innerhalb weniger Wochen wurden auf den folgenden Konferenzen von London und Paris die Weichen für die Bundesrepublik gestellt, die ihr schließlich auch den Weg zum NATO-Beitritt am 9. Mai 1955 öffneten. Speidel übte als militärischer Chefunterhändler auch auf diesen Prozeß weiterhin maßgeblichen Einfluß aus.

Mit Gründung der Bundeswehr im November war Dr. Hans Speidel unter den ersten 101 Offizieren und Unteroffizieren, denen Verteidigungsminister Blank die Ernennungsurkunden überreichte. Zusammen mit Heusinger wurde er zum zweiten Mal in seiner Laufbahn zum Generalleutnant befördert. Wohl aufgrund des Personalgutachtervotums, das sich überraschenderweise gegen eine Verwendung des in der unmittelbaren Truppenführung unerfahrenen Heusinger als ranghöchsten Offizier der Bundeswehr aussprach, wurde Speidel notgedrungenermaßen am 22. November zum Chef der Abteilung »Streitkräfte« im Verteidigungsministerium ernannt. Heusinger, der bislang den kompletten Aufbau geführt hatte, wurde zum Vorsitzenden des Militärischen Führungsrates bestellt. Diese nebeneinanderstehenden, gleichrangigen Posten führten jedoch intern zu Reibereien. Auch wenn Heusinger und Speidel von der Truppe in Anlehnung an die Wilhelm-Busch-Figuren »Plisch und Plum« genannt wurden, so täuschte doch dieses traute Bild. Denn zu verschieden waren diese beiden Männer, die sich seit ihrer gemeinsamen Reichswehrzeit als Konkurrenten betrachteten und einander mit größter Vorsicht begegneten. Diese persönlichen Eifersüchteleien gingen indes weniger von dem eher bescheidenen und sehr zurückhaltenden Heusinger, als vielmehr von Speidel aus, der einen starken Geltungsdrang und einen ausgeprägten Hang zur pompösen Selbstdarstellung erkennen ließ. Was beide Generale allerdings verband, war die Tatsache, daß sie weder zupackende, noch charismatische Truppenführer waren.

Erst nach einiger Zeit wurde Blanks unverständliche Personalentscheidung etwas deutlicher. Speidels Ernennung war eine zeitlich begrenzte Verlegenheitslösung, denn nach Beendigung aller internationalen Verhandlungen hatte man zunächst in Bonn für ihn keine adäquate Stelle, und für einen NATO-Posten war der deutsche Wehrbeitrag noch nicht erbracht. Speidel aber, der auf den Konferenzen geschickt frühzeitig enge persönliche Verbindungen zu den Franzosen und dem NATO-Hauptquartier SHAPE geknüpft hatte, fühlte sich für den höchsten zu erwartenden Bündnisposten schon deshalb prädestiniert, weil er von den Bundeswehr-Spitzengeneralen der einzige mit Auslandserfahrung war.

Schon am 1. März 1956 nahm Verteidigungsminister Blank neuerlich eine Umbesetzung vor und machte nun Heusinger zum Chef der Streitkräfte, der damit praktisch Generalinspekteur war, auch wenn dieser Posten formell erst am 1. Juni 1957 geschaffen wurde. Kurz darauf ersuchten der amerikanische Stabschef von NATO-Oberbefehlshaber Norstad und der französische Oberbefehlshaber für Mitteleuropa, Armeegeneral Valluy, den neuen Verteidigungsminister Strauß, der Blank abgelöst hatte, Speidel zum Oberbefehlshaber der Landstreitkräfte in Zentraleuropa zu berufen. Als Strauß zögerte, wurde Valluy deutlicher und erklärte, entweder erhalte Speidel den Posten oder überhaupt kein Deutscher. So wurde Speidel am 1. April 1957, zu einem Zeitpunkt, als noch kein einziger deutscher Verband der NATO unterstellt war, Oberbefehlshaber der verbündeten Heeresverbände in Mitteleuropa und erhielt den vierten goldenen Stern auf den Schulterklappen.

Damit verließ General Speidel die kärglich eingerichtete Ermekeilkaserne in Bonn und residierte von nun an in dem Königsschloß von Fontainebleau. Würdevoll wachte er darüber, daß fortan die operativen Planungen der deutschen, französischen, britischen, amerikanischen, kanadischen, belgischen, niederländischen und luxemburgischen Heerestruppen in das Gesamt-Verteidigungskonzept eingepaßt wurden. Der sehr ehrgeizige und egozentrische General gehörte auf dem operativ-strategischen Sektor zweifellos zur Spitzengarnitur des Nordatlantischen Bündnisses. Nicht mit Detailfragen, sondern mit der großen Linie befaßte er sich und verstand es, Aufgaben zu delegieren. Das Verhältnis zu seinen Mitarbeitern war von Liebenswürdigkeit und Charme geprägt, solange diese ihm nützlich waren. Der überaus vielseitig veranlagte und auch musisch begabte General machte sich in Frankreich rasch bekannt und beliebt. Dabei verstand er es vortrefflich, sich in Szene zu setzen. Rote Teppiche, Spaliere, Musikkapellen und Eskorten gehörten zu seinen Auftritten.

Einem darin nicht unähnlichen Mann indes gefiel Speidels Repräsentanz in Frankreich nicht: General de Gaulle. Der große Franzose, der im Sommer 1958 an die Macht gekommen war und nun seine Idee von der »Grande Nation« verwirklichen wollte, sah in dem deutschen General einen persönlichen Feind. Der Grund dafür war Speidels Buch über die Invasion 1944, in dem er wahrheitsgemäß die Rolle der französischen Résistance als militärisch völlig unbedeutend beschrieb. Gerade aber auf den Leistungen der Widerstandsbewegung baute de Gaulle den Mythos der neuen französischen Armee auf. Sehr bald forderte der sich gekränkt fühlende Staatspräsident von seinem Freund Adenauer die Abberufung Speidels, doch der Bundeskanzler reagierte darauf nicht.

Inzwischen hatte Generalinspekteur Heusinger einen für Allianzverhältnisse völlig regelwidrigen Vorstoß unternommen. Er bat den amerikanischen NATO-Oberbefehlshaber Norstad um eine schrittweise Umstellung der Verteidigungsplanungen in Mitteleuropa und erhielt sogar Norstads Zustimmung. Somit rückte die ursprünglich am Rhein geplante Verteidigungslinie weiter ostwärts. Zugleich wandelte sich mit dem Aufwuchs der Bundeswehr das strategische Konzept weg von der massiven atomaren Vergeltung hin zu der allerdings noch nicht gültigen Strategie der »flexible response«. Als Speidel diese Pläne auch seinen französischen Kameraden darlegte, griff de Gaulle ein und ließ verlauten, Frankreichs Truppen würden sich nicht an der »Vorwärtsstrategie« beteiligen. Am 2. Juli 1962 empfing dann de Gaulle Bundeskanzler Adenauer zu einem Staatsbesuch. Als de Gaulle an die deutsche Delegation, zu der auch Speidel gehörte, herantrat, sah er starr geradeaus und ging an dem deutschen General vorbei, ohne dessen schon ausgestreckte Hand zu ergreifen. Der Bruch war da und für jedermann sichtbar vollzogen.

Adenauer mochte jedoch sein großes Versöhnungswerk mit Frankreich nicht wegen der Person Speidels gefährden und gab ihn deshalb nun kampflos auf. Dazu erfuhr der General von seiner Ablösung, die de Gaulle nach Adenauers Zögern jetzt sogar in ultimativer Form verlangt hatte, nicht etwa durch Adenauer persönlich, sondern durch den Staatssekretär im Verteidigungsministerium, Gumbel. Speidel schaltete noch Bundespräsident Lübke ein, doch es nutzte nichts mehr. Tief gekränkt und enttäuscht übergab der General am 31. August 1963 seinen Posten an General Graf Kielmansegg. Zuvor konnte er allerdings noch seinen Namen unter jene Weisung setzen, die zum offiziellen Zankapfel geworden war und die jene von Westdeutschland geforderte »Vorwärtsstrategie« anordnete; doch dauerte es noch Jahre bis zu ihrer Umsetzung.

Um General Dr. Speidel nicht vollends zu demütigen, wurde er nicht sogleich pensioniert, sondern erhielt für das letzte Jahr seiner Dienstzeit den vielsagenden Titel eines »Sonderbeauftragten der Bundesregierung für Fragen der atlantischen Verteidigung«. Nach fast 50 Jahren wurde der 66jährige General dann am 31. März 1964 in seiner alten Garnison Ulm mit allen militärischen Ehren feierlich verabschiedet. Noch einmal genoß er es, im Mittelpunkt zu stehen. Dann wurde es still um ihn. Der General a. D. übte noch für einige Zeit eine intensive Vortragstätigkeit aus, so daß ihm auch ein spanischer Professoren-Titel verliehen wurde, und veröffentlichte 1969 sein Buch »Zeitbetrachtungen«. Schließlich drängte es ihn, auch seine Memoiren »Aus unserer Zeit« zu schreiben, die allerdings zu einem höchst umstrittenen Rechtfertigungswerk wurden. Ein 1977 erlittener Schlaganfall fesselte dann Speidel, dessen Sohn Hans als Oberst die Familientradition fortsetzt, bis an sein Lebensende an den Rollstuhl. Am 28. November 1984 endete das Leben dieses für die Bundeswehr bedeutenden Soldaten.

Friedrich Foertsch

Generalinspekteur der Bundeswehr
von 1961 bis 1963

Friedrich Foertsch

Genau um 14.00 Uhr des 8. Mai 1945 überschritten in Lettland an der Straße nach Pampali die deutschen Parlamentäre der Heeresgruppe Kurland, ein Oberst, ein Hornist, ein Dolmetscher und ein Unteroffizier mit weißer Fahne die Hauptkampflinie und boten den sowjetischen Truppen die Kapitulation an. Seit 203 Tagen hatte der im Westteil Lettlands kämpfende Großverband, wissend um die Ausweglosigkeit, noch einmal den Beweis für soldatische Standhaftigkeit und Disziplin erbracht und in sechs großen Schlachten alle russischen Angriffe erfolgreich abgewehrt. So fühlten sich die mehr als 189000 deutschen Soldaten und die etwa 14000 lettischen Freiwilligen als Angehörige einer »im Felde unbesiegten« Armee.

Ritterlich und soldatisch war denn auch das erste Auftreten der Sowjets. Sie forderten, daß sich der Oberbefehlshaber der Heeresgruppe, Generaloberst Hilpert, als erster deutscher Soldat in Gefangenschaft zu begeben habe, und akzeptierten, daß vielerorts die Regimenter und Bataillone ein letztes Mal an ihren Kommandeuren vorbeimarschierten. Doch dann begann für die feldgrauen Kolonnen ein endloser Marsch in die Weite des Ostens. Zusammen mit Generaloberst Hilpert, der, wie viele seiner Untergebenen, nicht mehr heimkehren sollte, ging auch Generalleutnant Friedrich Foertsch den Weg in eine unbarmherzige, langjährige Gefangenschaft.

Am 29. Juni 1950 verurteilte ein sowjetisches Militärtribunal den einstigen Chef des Stabes der Heeresgruppe Kurland als »Kriegsverbrecher« zu 25 Jahren Gefängnis. Die Anklagepunkte unterschieden sich nicht von den Hunderten anderen Fällen seiner Kameraden und enthielten meist pauschale Vorwürfe. So wurde Foertsch der Beschießung Leningrads, der Zerstörung historischer Kunstdenkmäler und anderer »Massenvernichtungen« bezichtigt. Es folgten weitere harte, von Hoffnung und Bedrückung beherrschte Jahre. Auch der Tod Stalins am 2. März 1953 änderte nichts an dem Nervenkrieg, und sogar die Ereignisse des 17. Juni in der sowjetischen Besatzungszone schienen ebenso wie die Verurteilung des für alle Strafgefangenenlager zuständigen Ministers Berija eine baldige Heimkehr weiter zu verzögern.

In einer äußerst gespannten Atmosphäre gelang es Bundeskanzler Adenauer dann am 13. September 1955 in Moskau, nachdem er der Aufnahme diplomatischer Beziehungen zugestimmt hatte, der Kremlführung die Zusage abzuringen, die 9628 noch gefangengehaltenen deutschen Soldaten freizulassen. Zusammen mit 54 »amnestierten« Generalen wurde auch Foertsch, völlig neu eingekleidet, von einem sowjetischen Generaloberst und einem Musikkorps der Roten Armee verabschiedet, um sodann im Salonwagen nach Deutschland zu fahren. Am 9. Oktober kehrte Friedrich Foertsch nach mehr als zehn Jahren hinter Stacheldraht und Kerkermauern endlich in die Heimat zurück. Der 55jährige war auf 92 Pfund abgemagert; seine Physiognomie wirkte verändert. Doch trotz der Mißhandlungen, die zu langanhaltenden gesundheitlichen Schäden führten, schien er eines nicht verloren zu haben: seinen auf Zuversicht gestützten Humor.

Im westpreußischen Drahnow, Kreis Deutsch-Krone, als Sohn eines Landwirts am 19. Mai 1900 geboren, verbrachte Friedrich Foertsch seine Jugendzeit im Posener Raum. Wie sein 15 Jahre älterer Bruder Hermann, der später als General der Infanterie ein bekannter Truppenkommandeur wurde, wählte er als 18jähriger den Soldatenberuf, erlebte das Ende des Ersten Weltkrieges als Infanterist mit und wurde am 7. Juli 1919 als Angehöriger des Freikorps »Feldmarschall Hindenburg« mit dem Eisernen Kreuz II. Klasse dekoriert. Anschließend in die Reichswehr übernommen, tat er als Offizier im Goslarer Infanterieregiment 17 Dienst. Der spätere Schöpfer der Panzerwaffe, Heinz Guderian, und der als »Wüstenfuchs« in die Kriegsgeschichte eingegangene Erwin Rommel waren hier als Kompaniechef und Bataillonskommandeure seine unmittelbaren Vorgesetzten.

Nach der Generalstabsausbildung fand Foertsch, mittlerweile Major, Verwendungen als Zweiter Generalstabsoffizier (Ib) beim III. Armeekorps in Berlin und hernach als Erster Generalstabsoffizier (Ia) bei der 60. Infanteriedivision, mit der er auch am Frankreich-Feldzug teilnahm. Im Juni 1942 kam der inzwischen zum Oberst avancierte Foertsch als Ia der 18. Armee an die Ostfront. Mit den operativen wie organisatorischen Fragen der Armee, die entlang der Ostsee und am Finnischen Meerbusen an der Nordflanke des deutschen Ostheeres schwerste Kämpfe bestand, engstens vertraut, wurde er bereits nach eineinhalb Jahren Chef des Generalstabes dieser Armee. Aufgrund seiner gewissenhaften und umsichtigen Arbeit wurde Foertsch im Juni 1944 zum Generalmajor befördert und im September mit dem Ritterkreuz des Eisernen Kreuzes ausgezeichnet.

Von Januar 1945 an fungierte er dann als Generalleutnant und Chef des Generalstabes der Heeresgruppe Kurland und nahm damit eine Schlüsselposition während der Abwehrschlachten ein. Trotz der sich abzeichnenden allgemeinen Niederlage, der bitteren Erkennnis »umsonst«, stellte Foertsch und mit ihm alle Kurlandkämpfer die soldatische Pflicht über alles. In der Schlußphase des Kampfes ordnete Generaloberst Hilpert an, in sechs Geleitzügen 25700 Mann – meist Verwundete und Väter von kinderreichen Familien – aus der Umklammerung über die nur noch bis zum 9. Mai 0.00 Uhr freie Ostsee gen Westen abzutransportieren. Auch Foertsch wurde die Möglichkeit angeboten, den Kessel zu verlassen. Der Generalleutnant lehnte allerdings einen solchen Schritt strikt ab, denn er hielt es für seine Pflicht, das schwere Schicksal seiner Soldaten weiterhin zu teilen und mit ihnen in Kriegsgefangenschaft zu gehen.

Gut ein Jahr benötigte der Rußland-Spätheimkehrer, um die gesundheitlichen Schäden der Kriegsgefangenschaft auszukurieren. Doch dann zögerte er keinen Augenblick, wieder den Soldatenrock anzuziehen, und trat am 2. November 1956 als Generalmajor in die Bundeswehr ein. Foertsch wurde zunächst mit der kommissarischen Führung des in Aufstellung befindlichen II. Korps betraut, dessen Kompetenzbereich ganz Süddeutschland umfaßte. Der Ende Oktober in Ungarn entbrannte Volksaufstand, der in verlustreichen Kämpfen durch die sowjetische Armee niedergeschlagen wurde, führte rasch zu einer weltweit explosiven Stimmung. Foertsch befahl deshalb den ihm unterstellten Truppen, sich entlang der Grenze zur CSSR und Österreich zur Verteidigung einzurichten und dabei an die US-Verbände »anzulehnen«. Aufgrund der bestehenden, völlig unzureichenden Ausbildung, Bewaffnung und Logistik der deutschen Truppen war diese Maßnahme wohl denn auch nicht unter militärischen Aspekten, sondern mehr als politische Willensbekundung zu verstehen. Im April 1957 wurde Generalmajor Foertsch dann zum Kommandeur der 2. Grenadierdivision in Gießen ernannt. Innerhalb von vier Monaten gelang es ihm, die Division zusammen mit der 1. und 4. Division als erste Großverbände dem westlichen Verteidigungsbündnis unterstellen zu können. Foertsch genoß bei seinen Soldaten den Ruf eines fürsorglichen, ja beinahe väterlichen Vorgesetzten.

Der Gießener Zeit folgte Anfang 1959 eine zweijährige Verwendung als Stellvertretender Chef des Stabes für Planung und Grundsatzfragen beim NATO-Hauptquartier SHAPE in Paris. Als Generalleutnant wirkte Foertsch maßgeblich an den Vorarbeiten eines neuen NATO-Konzepts mit, das sich zunehmend von der Strategie der »Massiven Vergeltung« abwandte. Der Grund für diesen Denkwandel lag einerseits darin, daß die UdSSR seit etwa einem Jahr ebenfalls über interkontinentale Trägerraketen für Atomwaffen verfügte. Damit war ein sowjetischer Angriff auf die USA mit strategischen Nuklearwaffen in den Bereich der Bedrohungsmöglichkeiten gerückt und zugleich fraglich geworden, ob die Vereinigten Staaten wegen eines begrenzten Konflikts in Mitteleuropa sofort einen massiven Atomschlag führen und damit zwangsläufig unermeßliche Zerstörungen auf dem eigenen Territorium riskieren würden. Andererseits waren auch seit Mitte der fünfziger Jahre durch den Aufbau der Bundeswehr die konventionellen Streitkräfte der NATO nicht unwesentlich verstärkt worden. Vehement erklärte Foertsch deshalb in Absprache mit Generalinspekteur Heusinger immer wieder, die bis dahin vorgesehene Verteidigung Westdeutschlands an der sogenannten Weser-Lech-Linie sei nicht akzeptabel, weil diese wesentliche Teile des Bundesgebietes ungeschützt lasse. Das unnachgiebige Drängen von Foertsch führte schließlich dazu, daß seit 1963 die »Vorneverteidigung« unmittelbar am Eisernen Vorhang die bis Mitte 1990 gültige Strategie des Nordatlantischen Bündnisses wurde.

Sein ruhiges, stets sachliches Auftreten, die große Ausdauer sowie seine Erfahrungen als Stabschef und nicht zuletzt das Alter waren dann ausschlaggebend, daß Friedrich Foertsch am 1. April 1961 als Nachfolger des Generalinspekteurs Heusinger zu einer Schlüsselfigur in der Landesverteidigung wurde. Für den amtierenden Verteidigungsminister Strauß indes war der General nicht die erste Wahl. Der Bayer hätte lieber seinen 64jährigen Landsmann Kammhuber auf dem Posten des Generalinspekteurs gesehen, doch dieser hatte die für Beförderungen obligatorische Altersgrenze von 63 Jahren bereits überschritten. Strauß und Foertsch hingegen waren zu unterschiedliche Charaktere, als daß sie miteinander hätten harmonieren können, und so sollte es dem General auch in der Folgezeit nicht gelingen, ein eigenes Profil zu gewinnen. Erschwerend kam hinzu, daß Foertsch für die Mehrzahl der Bundeswehrsoldaten als Unbekannter nach Bonn kam. Zeitlebens hatte er – abgesehen von kurzzeitigen Kommandeursverwendungen – in der Stellung des Gehilfen neben Oberbefehlshabern gestanden.

General Foertsch übernahm nun eine Armee, die aufgrund des hastigen Aufbaues noch immer einem riesigen Ausbildungslager glich. Er ordnete deshalb sofort an, die noch geplanten Truppenaufstellungen zu vollenden und dann eine Konsolidierungsphase einzuleiten. Die Einführung von Ausbildungskompanien unterstützte flankierend diese Bemühungen. Überschattet wurde diese Phase allerdings von der dramatischen Berlin-Krise.

Zum ersten Mal seit der Potsdamer Konferenz im Juli 1945 waren im Juni 1961 wieder ein amerikanischer und ein sowjetischer Regierungschef zusammengetroffen. Doch die zwischen dem unsicher agierenden US-Präsidenten Kennedy und den auf Härte setzenden Kremlchef Chruschtschow in Wien geführten Verhandlungen um Berlin scheiterten. Eine neue große Fluchtbewegung aus der DDR floß daraufhin über die Sektorengrenze in den Westteil der Stadt. Auf einer Geheimtagung der Warschauer-Pakt-Staatschefs befahl Moskau, das Schlupfloch zu schließen. Washington indes erhielt davon Kenntnis, befürchtete aber, durch einen möglichen neuen Volksaufstand in der DDR in eine kriegerische Auseinandersetzung hineingezogen zu werden. Zudem prahlte Chruschtschow mit einer neuentwickelten Wasserstoffbombe. Kennedy erhöhte deshalb die Wehrausgaben um 3,2 Milliarden Dollar. Handstreichartig, aber mit Duldung der drei westalliierten Mächte, schlug dann der Osten zu. In der Nacht zum 13. August riegelten Einheiten der Nationalen Volksarmee und der Volkspolizei den Sowjetsektor Berlins ab und mauerten die Stadt ein. Der Westen indes gab sich von den Geschehnissen völlig überrascht und beschränkte sich auf Protestnoten, um die Westberliner zu beschwichtigen.

In Anbetracht der brisanten Lageentwicklung ordnete General Foertsch für die Bundeswehr erhöhten Bereitschaftsstand an. Zweimal, am 12. September und am 27. November, wurde die Dienstzeit für ausscheidende Wehrpflichtige und Zeitsoldaten um jeweils drei Monate verlängert. Schließlich stimmte der Bundestag am 22. März 1962, nachdem die DDR im Januar die Wehrpflicht eingeführt und auf 18 Monate festgesetzt hatte, fast einstimmig einer Dienstzeitverlängerung von 12 auf 18 Monate zu.

Bereits am 17. Februar 1962 erreichte Foertsch neuerlich eine Hiobsbotschaft. An der Nordseeküste waren 100000 Menschen durch eine Flutkatastrophe von der Umwelt abgeschnitten worden. Noch in der Nacht begannen etwa 40000 Bundeswehrsoldaten mit den Rettungsarbeiten. Mit Sturmbooten retteten Pioniere unzählige Menschen vor dem Ertrinken. Bei orkanartigem Sturm flogen Hubschrauberpiloten immer und immer wieder waghalsige Einsätze und bargen allein in Hamburg-Wilhelmsburg fast 1500 Bewohner. Dennoch riß die Flut 337 Menschen, darunter sechs Soldaten, in den Tod. Der vorbildliche, mutige Hilfseinsatz der Bundeswehr wurde allerorts gelobt. In den Augen der Bevölkerung hatte die Bundeswehr ihre erste große Bewährungsprobe vortrefflich bestanden.

Weniger positiv für die jungen westdeutschen Streitkräfte wirkte sich indessen der durch schikanöse Behandlungen von Soldaten in der Fallschirmjäger-Ausbildungskompanie 6/9 gekennzeichnete »Fall Nagold« aus. Foertsch trafen jene Vorkommnisse schmerzlich, und er bewertete den Vorgang als eine »üble Ausnahme, die sich nirgends wiederholen« dürfe. Daß er in diesem Zusammenhang auch nicht das harte Wort »Saustall« zurücknahm, mit der er – nicht vor der Öffentlichkeit, sondern in vertraulicher Sitzung des Verteidigungsausschusses – die inzwischen aufgelöste Kompanie charakterisiert hatte, macht seine soldatische Redlichkeit deutlich. Was Foertsch allerdings am meisten bestürzte, war die Tatsache, daß kein militärischer Vorgesetzter, sondern die Kriminalpolizei die schlimmen Übergriffe aufgedeckt hatte.

Die Achtung der Würde des einzelnen war nach seiner soldatischen Grundeinstellung die Basis von Disziplin und Gehorsam schlechthin, und so verteidigte der Generalinspekteur die Bundeswehr meist offensiv gegen jede pauschale Diffamierung. Er scheute dabei auch nicht die Auseinandersetzung mit der Öffentlichkeit und trat stets mutig für die Belange der Armee ein, die inzwischen eine Personalstärke von mehr als 300000 Mann erreicht hatte. Was er für recht befand, nahm er gegen Verleumdungen jederzeit in Schutz. So übersandte der zur »Königstreue« erzogene Foertsch auch seinem durch die »Fibag«-Affäre ins Zwielicht geratenen Verteidigungsminister Strauß eine von ihm der Sache wegen für richtig erachteten Treueerklärung hoher Kommandeure der Bundeswehr. Ebenfalls streng loyal verhielt sich der General auch während der »Spiegel«-Affäre, die sich schnell zu einer Regierungskrise entwickelte und für Strauß zum Rücktritt führen sollte.

Bei seinem oft als undiplomatisch kritisierten Handeln ist Foertsch jedoch zugute zu halten, daß er dies in einer Zeit tat, als die sicherheitspolitische Atmosphäre zum Zerreißen gespannt war. 13 Tage lang hatte die Welt im Oktober 1962 den Atem angehalten und in den Abgrund einer atomaren Katastrophe geschaut. Amerikanische Aufklärungsflugzeuge hatten nämlich den Aufbau sowjetischer Raketenabschußbasen auf Kuba entdeckt. Daraufhin versetzte Präsident Kennedy fünf Divisionen in Alarmbereitschaft und entsandte 180 Kriegsschiffe in die Karibik. 156 atomare Interkontinentalraketen lauerten abschußbereit in ihren Silos. Die Maschinen des strategischen Bomberkommandos befanden sich rund um die Uhr in der Luft, und auch für die mit Nuklearwaffen bestückten »Strike«-Verbände der Bundeswehr galt erhöhte Alarmbereitschaft. Die UdSSR steigerte ihrerseits die Kampfbereitschaft ihrer Truppen, und Kuba machte mobil. Zwischen Washington und Moskau begann ein zermürbendes Pokern, an dessen Ende Kremlchef

Chruschtschow den Abbau der Raketenbasen befahl. Die Welt atmete auf. Nach diesen turbulenten Wochen widmete sich General Foertsch den Modernisierungsvorhaben der Bundeswehr. So forcierte er das »Leopard«-Projekt für die Panzerwaffe ebenso wie die Verwirklichung des »Starfighter«-Programms für die Luftwaffe. Darüber hinaus leitete er den Aufbau einer zunächst auf freiwilliger Basis geplanten Territorialverteidigungs-Organisation ein. Eine weitere Aufgabe sah der vornehmlich durch die Reichswehr geprägte Offizier darin, ein durch und durch homogenes Armeegebilde zu schaffen und in der Bundeswehr das Bewußtsein zu fördern, daß sie als eine Einheit denken und handeln müsse. So gelang es ihm, mit der alljährlich stattfindenden Kommandeurtagung nicht nur alle hohen Truppenführer, sondern auch hohe zivile Beamte zur Mitarbeit an der gemeinsame Aufgabe der Landesverteidigung zu bewegen.

Foertsch fiel es allerdings sehr schwer, die in den Nachkriegsjahren einsetzende Denkungsweise innerhalb der westdeutschen Bevölkerung und der Bundeswehr fortschrittlich nachzuvollziehen, denn jene Jahre hatte er in sowjetischer Gefangenschaft, abgeschottet von jedem Informationsfluß, verbringen müssen. Ähnlich wie bereits unter Strauß, vermochte Foertsch es jedoch auch unter dem neuen, unsicheren Verteidigungsminister von Hassel nicht, die Truppe seine steuernde Hand spüren zu lassen. Auch wenn der General die militärische Effizienz deutlich steigerte, so war doch schon bei seinem Ausscheiden aus dem aktiven Dienst am 31. Dezember 1963 offenkundig, daß es in der Bundeswehrgeschichte keine Ära Foertsch geben würde.

Der pensionierte General zog sich nach Goslar, seiner alten Garnison, in der er einst seine Soldatenlaufbahn begonnen hatte und mit der ihn soviel verband, zurück. In der früheren Kaiserresidenz hatte Friedrich Foertsch seine Frau Hildegard, geborene Rauschenbach, kennengelernt. Dort hatten seine vier Kinder – sein ältester Sohn Hartmut setzte die Familientradition fort und ist derzeit Generalmajor – ihre Jugendzeit verbracht. In der Stadt im Harz lebte er nun zurückgezogen und konnte sich endlich seinen privaten Interessen, den Geschichtswissenschaften und der klassischen Musik widmen. Am 14. Dezember 1976, eine Woche nach den Trauerfeierlichkeiten für den im Amt verstorbenen Admiral Zimmermann, an denen der General in Bonn noch teilgenommen hatte, verstarb Friedrich Foertsch im Alter von 76 Jahren. Mit einer großen Trauerparade in der Friedhofskapelle zu Goslar verabschiedete sich die Bundeswehr am 21. Dezember von ihrem ehemaligen Generalinspekteur, der das selbstlose Dienen stets vor seine eigene Person gestellt hatte.

Josef Kammhuber

Inspekteur der Luftwaffe
von 1956 bis 1962

Josef Kammhuber

Frühzeitiger als andere erkannte Josef Kammhuber die Möglichkeit, die Hochleistungstechnik unserer Zeit in den Dienst der Landesverteidigung zu stellen und damit eine scharfe, vom Gegner gefürchtete Waffe zu schmieden. Zweimal während seiner militärischen Karriere hatte er Gelegenheit, eine hochmoderne Luftverteidigungskonzeption zu entwickeln. Was ihm während des Zweiten Weltkrieges versagt geblieben war, eine Jagdwaffe nach eigenen Vorstellungen aufzubauen, das konnte er dann elf Jahre nach der totalen Niederlage in der Bundesrepublik Deutschland in sehr viel größerem Umfang verwirklichen.

Dabei war der am 19. August 1896 im oberbayerischen Burgkirchen geborene Bauernsohn nur »zufällig« zur Fliegerei gekommen. Denn zunächst rückte er, mitgerissen von der allgemeinen Kriegsbegeisterung, an seinem 18. Geburtstag als Abiturient in das Ingolstädter Pionierbataillon ein, und schon bald kämpfte er als tatenfreudiger Infanterieoffizier an der Westfront, wobei auch ihm der Hexenkessel von Verdun nicht erspart blieb. Mit dem Eisernen Kreuz I. Klasse ausgezeichnet, wurde Kammhuber nach dem Ende des Ersten Weltkrieges und der allgemeinen Demobilisierung in die Reichswehr der Weimarer Republik übernommen. Als Bataillonsadjutant erlebte der junge Offizier, der bereits 1915 seine Mutter und vier Jahre später seinen Vater verloren hatte, dann in München den schicksalhaften 9. November 1923 mit. Wie fast alle Offiziere seines Bataillons, weigerte auch Kammhuber sich, gegen die zur Feldherrnhalle marschierenden Kolonnen Adolf Hitlers auszurücken, weil sich unter den Teilnehmern auch der hochgeschätzte General Ludendorff befand.

In den nachfolgenden Jahren, die geprägt waren von einer katastrophalen Wirtschaftskrise in Deutschland, der Massenarbeitslosigkeit und dem Anschwellen der radikalen nationalsozialistischen wie kommunistischen Bewegung, erhielt Kammhuber seine Generalstabsausbildung und wurde 1930 in die Operationsabteilung des getarnten Generalstabes – offiziell als Truppenamt bezeichnet – versetzt. »Dort«, so erzählte er später, »brauchte man jemanden, der die Fliegerei bearbeitete«, und so erlebte der Hauptmann völlig unverhofft seine erste Berührung mit der Luftfahrt, die von nun an für sein ganzes Leben bestimmend werden sollte. In den Sommermonaten der Jahre 1930/31 ließ sich Kammhuber zusammen mit einigen Kameraden der Reichswehr in der Militärfliegerschule im sowjetischen Badeort Lipezk nahe Charkow – das Versailler Friedensdiktat verbot Deutschland derartige Einrichtungen – gründlich am Steuerknüppel ausbilden.

Den knapp 1,70 Meter großen Bayern faszinierte nicht nur zusehends das Fliegen, ihn begannen sehr bald auch Fragen der Luftkriegführung zu interessieren, und so war es nur logisch, daß er im Zuge der Schaffung des Reichsluftfahrtministeriums (RLM) sofort mit der Aufstellung der neuen deutschen Luftwaffe betraut wurde. Kurze Truppen- und Stabskommandos unterbrachen seine Arbeit im RLM, ehe er im November 1936 als Chef des Luftwaffen-Organisationsstabes dorthin zurückkehrte. Ende 1938 forderte Hitler plötzlich für die Luftwaffe einen Aufstellungsplan, dessen Umfang das Fünffache dessen betrug, was sich praktisch realisieren ließ. Da Oberstleutnant Kammhuber unter diesen Umständen keine Möglichkeit mehr sah, seiner Aufgabe als Organisationschef gerecht werden zu können, sein Vorgesetzter, der damalige Oberst Jeschonnek aber Hitlers Programm befürwortete, bat Kammhuber im Januar 1939 den Oberbefehlshaber der Luftwaffe, Hermann Göring, um seine Versetzung zur Truppe, die ihm auch gewährt wurde. Jeschonnek indes wurde nun zum Luftwaffen-Generalstabschef ernannt, und damit nahm das Verhängnis seinen Lauf: Denn Hitler glaubte jetzt, daß die Luftwaffe sein gigantisches Vorhaben zum Erfolg führen würde. Doch die Enttäuschung über ihr späteres »Versagen« im Kriege blieb nicht aus, und Jeschonnek wählte aus Verzweiflung über die Fehlplanungen bei der einst modernsten Luftstreitmacht der Welt den Freitod.

Kammhuber, er war 1939 Oberst geworden, arbeitete währenddessen als Generalstabschef beim Luftflottenkommando 2 in Braunschweig. Schon Ende März 1940 erhielt er das Kommando über das Kampfgeschwader 51 »Edelweiß«, zu dem auch jene Einheit gehörte, die am 10. Mai 1940 irrtümlich die Stadt Freiburg im Breisgau anstelle von Dijon bombardiert hatte. Propagandaminister Goebbels schlachtete das tragische Ereignis für seine Zwecke aus, und Kammhuber wurde vergattert zu schweigen. Knapp einen Monat später wurde der an der Spitze seines Geschwaders fliegende Kommodore bei einem Angriff auf die Flugplätze bei Paris mit seiner Ju-88 abgeschossen und geriet in französische Gefangenschaft, aus der er aber durch die heranrückenden deutschen Truppen schon bald befreit wurde.

Am 19. Juli erfolgte dann überraschend durch Hitler persönlich die Ernennung zum Kommandeur der neu zu formierenden 1. Nachtjagd-Division. Kammhuber legte sogleich den Schwerpunkt auf den Aufbau der sogenannten Fernnachtjagd, die seit langem eine seiner wichtigsten Forderungen gewesen war. Diese hatte den Auftrag, den Nachtflugbetrieb in Großbritannien pausenlos zu stören, und brachte recht bald die britische Luftkriegführung in arge Bedrängnis. Die trotz unzureichender Mittel fortan von den deutschen Nachtjägern erzielten beachtlichen Erfolge waren zweifellos das gut durchdachte Werk Kammhubers. In Würdigung dieser Verdienste erhielt der mittlerweile zum Generalmajor Beförderte am 9. Juli 1941 das Ritterkreuz. Bereits wenige Tage später hatte Kammhuber die Gelegenheit, dem »Führer« in einem anderthalbstündigen Vortrag seinen detaillierten Plan zum Schutz des deutschen Luftraumes vorzutragen. Hitler war mit den Ausführungen des 44jährigen Generals einverstanden und gewährte diesem in der Durchführung völlig freie Hand. Damit war Kammhuber zu einer Schlüsselfigur der Reichsverteidigung geworden.

Unverzüglich forcierte er nun die Entwicklung und Beschaffung neuer Radargeräte, mit denen seine Nachtjäger an feindliche Flugzeuge herangeführt werden und diese dann selbst orten konnten. Die 1. Nachtjagd-Division wurde zum XII. Fliegerkorps erweitert und Kammhuber zum Kommandierenden General ernannt. Wie so oft, befahl dann Hitler völlig unvermittelt im Oktober 1941 die Verlegung sämtlicher Fernnachtjagd-Staffeln nach Sizilien und Afrika, wodurch die gerade im Aufbau befindliche Luftverteidigungs-Organisation über Deutschland empfindlich geschwächt wurde. Denn Kammhuber hatte ein quer zu den britischen Einflugschneisen verlaufendes System entwickelt, in dem, schachbrettartig gestaffelt, die Nachtjägereinheiten, von zentralen Leitstellen geführt, die feindlichen Bomberpulks bekämpften.

Der aus einer 80 Kilometer »Dunkelnachtjagd«-Zone, einer 30 Kilometer breiten Linie von Scheinwerferbatterien, die den Jägern die »helle« Nachtjagd erlaubte, und einer dahinter befindlichen zweiten 80 Kilometer umfassenden Sperrzone aufgebaute Abwehrriegel zwang die Briten zu erheblichen Umwegen. Premierminister Churchill gab später denn auch zu, daß die vom Nordkap bis nach Wien von seinen Landsleuten als »Kammhuber-Linie« bezeichnete Barriere ihnen verteufelt unangenehm gewesen sei. Die Ausrüstung mit modernen Funkmeßgeräten ermöglichte rasch auch die »dunkle« Nachtjagd, so daß Kammhuber im Sommer 1942 den 600. Abschuß eines Feindflugzeuges durch sein Korps melden konnte.

Mit seiner widersinnigen Anordnung riß Hitler jedoch das gerade errichtete Dach über Deutschland ein, weil er das alleinige Heil in der Offensive sah. Es dauerte nicht lange, bis die britischen und amerikanischen Bomberströme die Lücken des Abwehrnetzes herausgefunden und wirksame Gegenmittel eingesetzt hatten. Kammhuber, seit dem Neujahrstag 1943 General der Flieger, forderte deshalb in einer an Göring gerichteten Denkschrift eine Verdreifachung der bisher 700 Nachtjagdflugzeuge auf über 2000. Als er angesichts des Tausend-Bomber-Angriffs auf Köln und des Terrorangriffs auf Hamburg schließlich auch bei Hitler um einen weiteren Ausbau der Nachtjäger-Verbände bat, überwarf er sich mit diesem und wurde zunächst als Kommandierender General und zwei Monate später auch in der Funktion als General der Nachtjagd abgelöst.

Allerdings wurde Kammhuber wegen seiner großen militärischen Erfahrungen nicht, wie in solchen Fällen sonst üblich, in die Führerreserve versetzt, sondern zum Oberbefehlshaber der 5. Luftflotte in Norwegen und Finnland ernannt. Erneute Differenzen, diesmal mit NS-Parteidienststellen, führten dann im Oktober 1944 dazu, daß er wieder abgelöst und diesmal mit seinem ganzen Stab zunächst ohne Verwendung gelassen wurde. Der immer verheerendere Ausmaße annehmende Luftkrieg über Deutschland zwang aber Kammerhubers politische Widersacher, diesen überaus kompetenten General wieder einzusetzen. Gegen seinen Willen, doch letztlich als Soldat dem Befehl gehorchend, wurde er zum Sonderbeauftragten für die immer dringender notwendig werdende Bekämpfung der viermotorigen »Fliegenden Festungen« berufen. Und sechs Wochen später wurde er auch noch Generalbevollmächtigter der Luftwaffe für die ersten Düsenflugzeuge – doch die allgemeine Katastrophe war zu diesem Zeitpunkt bereits nicht mehr aufzuhalten.

Nachdem General Kammhuber mit der Kapitulation seinen Stab in Niederösterreich aufgelöst hatte, ging er in seiner oberbayerischen Heimat am 3. Juni 1945 in amerikanische Gefangenschaft. Zwei Tage vor dem Weihnachtsfest 1947 erfolgte dann seine »Beurlaubung« aus dem Gefangenenlager, denn rechtskräftig entlassen wurde er erst am 10. April 1948 nach Abschluß des Entnazifizierungsverfahrens, in dem die Spruchkammer ihn als »unbelastet« eingestuft hatte. Kammhuber heiratete Erika Benn und verdiente sich in den nächsten Jahren seinen Lebensunterhalt als Weinvertreter in München sowie als Mitarbeiter in der kriegsgeschichtlichen Abteilung der US-Armee.

Ein guter Bekannter aus gemeinsamer Zeit im Reichswehr-Truppenamt, der nunmehr mit der Aufstellung der Bundeswehr befaßte General Heusinger, war es, der Kammhuber bewog, noch einmal die Uniform anzuziehen. Nach dem Beamtenrecht – Offiziere konnten bereits mit 60 Jahren pensioniert werden – war Kammhuber eigentlich schon im Ruhestandsalter, als er am 6. Juni 1956 anstelle des ebenfalls in Erwägung gezogenen berühmten Jagdflieger-Generals Adolf Galland zum Chef der neuen Luftwaffe ernannt wurde. Doch bevor der drahtige, aber unauffällig wirkende Mann mit dem ungewöhnlichen Ideenreichtum das reizvolle Amt annahm, stellte er drei Bedingungen, die zeigten, daß er die während des Krieges gemachten Fehler sehr sorgsam analysiert hatte. So verlangte Kammhuber, daß der neuen Luftwaffe erstens die fliegenden Verbände, zweitens die Luftnachrichteneinheiten und drittens alle Flak-Verbände unterstellt werden müßten. Seine Forderungen wurden überwiegend erfüllt.

Voller Dynamik, zäh und unermüdlich machte sich Generalleutnant Kammhuber an die große militärpolitische Aufgabe, galt es doch, binnen kürzester Zeit eine moderne und schlagkräftige Luftwaffe aufzustellen. Die dabei zu überwindenden Schwierigkeiten waren immens, nicht zuletzt dadurch, daß die deutschen Luftstreitkräfte vollends in die NATO eingebettet werden mußten. Kammhuber brachte dafür aber die erforderlichen organisatorischen wie operativen Erfahrungen und auch das nötige Durchsetzungsvermögen mit. Und was ihn nicht voll überzeugte, lehnte er kurzerhand ab. So erwies sich der als launisch geltende General mit dem bayerischen Rundschädel auch häufig gegenüber Verteidigungsminister Strauß, mit dem ihn mehr als nur die gleiche Landsmannschaft verband, keineswegs als ein bequemer, aber äußerst zuverlässiger Partner.

Von Anbeginn seiner Tätigkeit als Inspekteur trat er für die Ausrüstung der Luftwaffe mit dem modernsten und hochwertigsten Gerät ein. Seine Idee vom Senkrechtstarter vertrat Kammhuber gegen die Skepsis vieler anderer bereits 1956 hartnäckig, jedoch führten schließlich hauptsächlich finanzielle Gründe zur Ablehnung. Im Februar 1957 wies er in Washington, während man in den USA und in England bereits die Luftabwehr ganz auf Raketen umzustellen suchte und die Entwicklung von Abfangjägern auslaufen lassen wollte, mit Nachdruck auf die Notwendigkeit hin, die Bundeswehr mit Überschalljägern auszurüsten. Ohne zu erlahmen, trat er immer wieder als energischer Verfechter jener Idee auf, statt neu entwickelter unbemannter Raketen auch künftig bemannte Flugzeuge als Rückgrat der Luftverteidigung zu nutzen. Seine Maßnahmen sollten sich denn auch als äußerst weitsichtig erweisen, denn sein Konzept ist bis in die Gegenwart zu großen Teilen unverändert gültig.

Noch im gleichen Jahr entschied sich der inzwischen 61 Jahre alte General zu einem Kraftakt sondergleichen, indem er sich für die Einführung des amerikanischen Kampfflugzeuges »Starfighter« F-104 entschied, mit dem in einem einzigen Sprung die waffentechnische Entwicklungspause in Deutschland zwischen 1945 und 1957 ausgeglichen werden sollte. Doch nicht primär militärische, sondern vielmehr rüstungspolitische Überlegungen gaben wohl letztlich den Ausschlag für die Beschaffung des »Starfighters«, der die ebenfalls zur Diskussion stehende französische »Mirage« technisch bei weitem überflügelt hatte. Mit dem »Starfighter« konnte nun erstmals seit Kriegsende wieder eine leistungsstarke deutsche Luftfahrtindustrie aufgebaut werden, denn diese konnte an der Fertigung des neuen Kampfflugzeuges wesentlich beteiligt werden. Allerdings wurde jetzt nicht mehr die einfachere amerikanische »Starfighter«-Version, sondern eine für die westdeutschen Bedürfnisse mit zusätzlichen Geräten bestückte Variante für die Luftwaffe geordert. Und noch ehe ein einziger Prototyp der deutschen Ausführung im Flug erprobt worden war, beschlossen Strauß und Kammhuber im Frühjahr 1960, das Programm von 250 auf 700 Maschinen aufzustocken. Der damalige Brigadegeneral Johannes Steinhoff riet noch im Mai 1961, zum ursprünglichen Plan zurückzukehren, denn mehr könne die Luftwaffe derzeit personell und technisch nicht verkraften. Doch die vielen warnenden Appelle wurden ignoriert, und so trafen die Prophezeiungen ein, daß sich die deutschen Piloten anfangs mit der Beherrschung dieses Flugzeugtyps äußerst schwer taten. Es kam zu zahlreichen Abstürzen.

Als im Frühjahr 1961 die Stelle des nach Washington zum NATO-Militärausschuß berufenen Generalinspekteurs Heusinger neu besetzt werden mußte, machte sich insbesondere Minister Strauß für Kammhubers Nominierung stark, doch dessen Alter von 64 Jahren wurde aufgrund der bei 63 Jahren liegenden Grenze für Beförderungen zu einem kaum überwindbaren Hindernis und brachte diesen Plan zum Scheitern. Dennoch fand Strauß schließlich einen Weg und konnte Kammhuber am 9. Mai 1961 zum General befördern. Damit fand jenes Werk, das in fast fünf Jahren aus dem Boden gestampft worden war, eine würdige Anerkennung. Begonnen mit 600 Mann, konnte Kammhuber nun ein 80000 Soldaten umfassendes Instrumentarium präsentieren, das auch fortan der politischen Führung ein Mitspracherecht bei der nuklearen Planung der NATO sicherte. Strauß verfolgte mit dieser Beförderung noch ein anderes Ziel; er wollte alle rangniedrigeren Teilstreitkraft-Inspekteure auf die Ebene des »Voll«-Generals anheben – doch blieb Kammhubers Ernennung ein Einzelfall.

So sehr die Arbeit von Kammhuber, der zwischenzeitlich sogar als möglicher Chef eines zu schaffenden Bonner Luftfahrtministeriums im Gespräch war, von allen Seiten geschätzt wurde, so sehr wuchs die Kritik an seinem Führungsstil. Dem General, der zweimal am Tag streng nach der Yoga-Lehre je fünf Minuten auf dem Kopf stand und meditierte, wurde vorgehalten, häufig zu sachbezogen, zu nüchtern, zu hart und oft ein Mann der einsamen Entschlüsse gewesen zu sein. Mit zahlreichen Kommandeuren hatte sich der General zerstritten, und die Ereignisse um den abgesetzten Memminger Geschwaderkommodore Siegfried Barth, dessen Jäger sich in den Luftraum über der DDR »verfranzt« hatten und in West-Berlin landen mußten, verstärkten den Eindruck, daß an der Spitze der Luftwaffe ein höchst eigenwilliger, zunehmend schwieriger werdender Mann stand. Daß sich aber hinter dem »Fall Barth« ein Staatsgeheimnis verbarg, das sowohl den damaligen Hardthöhen-Staatssekretär Hopf wie auch den sowjetischen Botschafter in Bonn berührte, konnte und durfte Kammhuber nicht preisgeben.

Erst nachdem die erste Aufbauphase der Luftwaffe abgeschlossen war, wurde General Kammhuber mit 66 Jahren am 30. September 1962 aus dem aktiven Dienst verabschiedet. Der verwitwete, kinderlose Pensionär zog sich nach München zurück, wo er seinen persönlichen Neigungen, dem Klavierspiel, der Astronomie und seiner Liebe zum Alpinismus nachgehen konnte. Am 25. Januar 1986 hörte dann nach einem erfüllten Leben das Herz des 89jährigen auf zu schlagen.

JOHANN ADOLF GRAF VON KIELMANSEGG

Oberbefehlshaber der NATO-Landstreitkräfte Mitteleuropa
von 1963 bis 1966

Oberbefehlshaber der NATO-Streitkräfte Mitteleuropa
von 1966 bis 1968

Johann Adolf Graf von Kielmansegg

Wie ein gewaltiges Beben wirkte der Schritt General de Gaulles, der das westliche Verteidigungsbündnis in seinen Grundfesten erschüttern ließ. Kurz und bündig erklärte der majestätisch auftretende Staatspräsident am 9. März 1966 dem amerikanischen Präsidenten Johnson, daß Frankreichs Militärkontingente zum 1. Juli aus der NATO-Integration ausscheiden werden, das Land aber politisch der Allianz weiterhin angehören werde. Gleichzeitig forderte er ultimativ den Abzug aller alliierten Streitkräfte aus Frankreich bis spätestens 1. April 1967. Die NATO-Spitze war konsterniert, denn niemand hatte ernsthaft damit gerechnet, daß der machtbesessene Präsident seinen Worten Taten dieser Form folgen lassen würde. Allerdings schienen auch viele übersehen zu haben, daß sich diese Eruption schon länger angekündigt hatte.

Als nämlich de Gaulles Vorschlag vom 24. September 1958, ein nur aus Vertretern der USA, Großbritanniens und Frankreichs bestehendes Dreier-Direktorium der NATO für politische Fragen zu bilden, einhellig von allen NATO-Mitgliedern abgelehnt worden war, begann es zu brodeln. Paris reagierte mit dem Abzug der französischen Mittelmeerflotte aus dem Bündnis. Als US-Präsident Kennedy sich dann weigerte, Paris die gleichen Atomgeheimnisse zu geben, wie sie London erhielt, verbannte de Gaulle im Juli 1959 kurzerhand neun US-Geschwader mit 200 Jagdbombern und alle amerikanischen Nuklearwaffen von seinem Territorium. Als die Bonner Delegation dem Elysée-Vertrag, der die deutsch-französische Aussöhnung zum Inhalt hat, eine Präambel beifügte, erinnerte der eigenwillige General, der von der Bildung eines eigenständigen Europas unter französischer Führung träumte, ostentativ an die französische Waffenbrüderschaft mit Polen und Rußland. Schließlich entzog er im Sommer 1963 der NATO seine Atlantikflotte und brachte somit die Glaubwürdigkeit ihrer Doktrin ins Wanken. Anfang 1966 rief er dann alle Offiziere aus den integrierten Stäben ab und verweigerte die Teilnahme an Planspielen zu einem Zeitpunkt, als die NATO erstmals das neue Kampfverfahren der »flexiblen Reaktion« übte. De Gaulle, so schien es, hatte mittlerweile eine wahre Freude am Zerstören, und so beendete er sein

Werk mit dem spektakulären Austritt aus dem westlichen Militärsystem. Schlagartig hatte dadurch die Allianz die französischen Streitkräfte eingebüßt, war der mitteleuropäische Verteidigungsraum seines Hinterlandes beraubt worden – ein Verlust, der vor allem politisch schwer zu verkraften war.

Alles schien plötzlich in Fluß geraten zu sein, und so nutzte der Vertreter des deutschen NATO-Botschafters Grewe, Heinz-Ulrich Sahm, während einer Krisensitzung die Gunst der Stunde und beanspruchte den bisher stets von einem Franzosen besetzten und nun freiwerdenden Posten des Oberbefehlshabers Mitteleuropa, noch ehe die ebenfalls daran interessierten Briten zum Zuge kommen konnten. So wurde General Graf Kielmansegg der erste Deutsche auf diesem wichtigen NATO-Platz.

Mit Kielmansegg trat ein Offizier mit kosmopolitischer Einstellung an die Spitze der verbündeten Truppen. Er entstammt einem Adelsgeschlecht, zu dessen Vorfahren so berühmte Persönlichkeiten wie der Kampfgefährte des Reformators Luther, Philipp Melanchthon, ebenso gehört wie der Kanzler des Herzogtums Schleswig-Holstein-Gottorp, Johann Adolf Graf von Kielmansegg, der 1663 die Universität Kiel gründete, oder der Vizeadmiral und Marineschriftsteller Reinhold von Werner. Mehrere Generationen stellten die Kielmanseggs unter den Welfen – der hannoverschen Dynastie – Minister und Offiziere. So übte auch der Vater des am 30. Dezember 1906 in Hofgeismar geborenen Johann Adolf Graf von Kielmansegg den Soldatenberuf aus. Dieser, ein Dragoner-Rittmeister, verstarb jedoch schon 1907, und so wuchs der Sohn bei seiner Mutter Eva, geborene von Werner, ohne väterlichen Beistand auf. Im Frühjahr 1925 legte er an der evangelischen Klosterschule Roßleben sein Abitur ab und wollte Geschichte und Geographie mit der Zielrichtung Geopolitik studieren, was allerdings am Geldmangel der Familie scheiterte. Über den Umweg des Landwirtschaftseleven – das Auskurieren einer Hautallergie zwang ihn zu dieser »Pause« – gelangte er schließlich zur Reichswehr und trat dort in das Reiterregiment 16 ein.

Im Laufe der vierjährigen Offiziersausbildung lernte der Kavallerist auf der Kriegsschule auch seinen Jahrgangskameraden Claus Graf von Stauffenberg kennen, den er in den folgenden Jahren noch verschiedentlich wiedertreffen sollte. Im Zuge des Aufbaues der Wehrmacht kam Kielmansegg zur Panzertruppe. Die am 7. März 1936 erfolgte Besetzung des entmilitarisierten Rheinlandes brachte es mit sich, daß er wegen der zusätzlichen dienstlichen Belastungen – sein Kradschützenbataillon lag längere Zeit auf dem Truppenübungsplatz Münsingen in Bereitschaft – die für die Generalstabsausbildung erforderliche Wehrkreisprüfung nicht bestand. Wie jeder andere Offizier erhielt aber auch er die Möglichkeit, diese Aufnahmeprüfung zu wiederholen, was ihm dann mit Erfolg gelang.

In Berlin erlebte der Absolvent der Kriegsakademie im Frühjahr 1938 aus unmittelbarer Nähe mit, wie sein Onkel, der Oberbefehlshaber des Heeres, Fritsch, von Hitler unter diskriminierenden Umständen entlassen wurde, weil er sich dem im November 1937 erstmals von Hitler vor der Wehrmachtführung vorgetragenen Plan eines Angriffskrieges widersetzt hatte. Kielmansegg stand fortan dem Regime zunehmend reservierter gegenüber. Der Kriegsausbruch sah ihn als Feindlage-Generalstabsoffizier (Ic) der 1. Panzerdivision, in der er später während des Westfeldzuges als Ib alle Versorgungsfragen der Division zu regeln hatte. Noch als Hauptmann wurde Kielmansegg der für die Operationsführung zuständige Erste Generalstabsoffizier (Ia) der 6. Panzerdivision und damit enger Berater und Vertrauter seiner Kommandeure, der Generale Landgraf und Raus. In diesem Verband erlebte er den schnellen Vorstoß zunächst bis Leningrad, dann bis vor Moskaus Tore ebenso mit wie den Rückzug im Winter 1941/42 und die sich anschließenden schweren Kämpfe bei Rshew. Im Februar 1942 übernahm Kielmansegg, der von seinen Freunden Kilian genannt wurde, von seinem Kameraden Walther Wenck die Ia-Geschäfte in seiner »alten« 1. Panzerdivision. Nach 14 Tagen allerdings erkrankte er an seinem früheren Leiden so schwer, daß er nach Berlin ins Lazarett gebracht werden mußte.

Generalmajor Heusinger forderte den genesenen, aber nicht fronttauglichen Major für seine Operationsabteilung im Oberkommando des Heeres (OKH) an. Denn der Graf war in der Abteilung der erste Generalstabsoffizier, der der Panzertruppe angehörte und über Rußlanderfahrung verfügte. Die Operationsabteilung, die aus nur zwölf bis 14 Generalstabsoffzieren und einer gleichen Anzahl von Reserveoffizieren als Helfer bestand, hatte die gesamte Ostfront mit Ausnahme von Finnland zu führen. Kielmansegg lernte dort die Filigranarbeit des Generalstabes kennen und war zunächst als Untergruppenleiter für die Heeresgruppe Mitte zuständig. Bereits Ende 1942 avancierte er zum Gruppenleiter »Ost« und war damit für die vier Untergruppen, die jeweils eine Heeresgruppe an der Rußlandfront operativ zu betreuen hatten, verantwortlich. Mittlerweile Oberstleutnant, wurde er im Herbst 1943 Ia und damit Vertreter und engster Mitarbeiter von General Heusinger, der für ihn zum Präzeptor wurde.

Im OKH kreuzten sich dann auch erneut die Wege von Kielmansegg und Stauffenberg, der, nachdem er bereits 1942 in der Organisationsabteilung tätig gewesen war, als Schwerkriegsbeschädigter nunmehr Stabschef des Befehlshabers des Ersatzheeres war. Stauffenberg besuchte Kielmansegg, der seit April 1944 Oberst war, gelegentlich, um eine Orientierung über die wirkliche Lage an der Ostfront zu erhalten. Bei einem dieser Zusammentreffen im Mai sagte Kielmansegg, der zu jenem Kreis gehörte, der wußte, daß der Sturz der nationalsozialistischen Diktatur vorbereitet wurde, seinem Jahrgangskameraden folgendes: »Ich weiß, daß ihr etwas vorhabt. Ich will gar nichts weiter wissen, wenn Du es mir nicht sagen willst. Aber, wenn etwas geschehen soll, dann muß es bald geschehen!« Stauffenbergs Antwort lautete knapp: »Du kannst Dich darauf verlassen, Kilian, es wird etwas geschehen«.

Nach dem gescheiterten Attentat auf Hitler am 20. Juli fiel auch Kielmansegg, der nicht in den Plan eingeweiht worden war, dessen Rache zum Opfer. Durch Aussagen anderer, die gefoltert worden waren, wurde der Gestapo einiges über Gespräche bekannt, die Kielmansegg mit den Verschwörern geführt hatte. Am 4. August wurde er verhaftet; sein Nachfolger im OKH wurde sein Jahrgangskamerad Bogislaw von Bonin, mit dem er Anfang der fünfziger Jahre wieder zusammentreffen sollte. Die Gestapo konnte allerdings Kielmansegg keine Beteiligung an der Verschwörung nachweisen, und so wurde er nach zwei Monaten aus der Haft entlassen. Da man ihm aber mißtraute, wurde der Oberst aus dem Generalstab ausgestoßen und mit dem Vorbehalt an die Front versetzt, daß über seine mögliche Degradierung nach einer sechsmonatigen Frontbewährung entschieden werde. Kielmansegg übernahm das an der Westfront stehende Panzergrenadierregiment 111, das bei den Abwehrkämpfen im Ruhrkessel bis auf etwa 400 Mann nahezu aufgerieben wurde. Der Oberst löste bei der Kapitulation am 15. April 1945 den Verband auf und gab den Soldaten Weisung, sich zu ihren Familien abzusetzen. Ihm selbst gelang es, sich hinter den vorrückenden Truppen innerhalb sechs Wochen bis nach Salzwedel durchzuschlagen, wo seine Familie bei Verwandten untergekommen war. Erneut erkrankt, begab er sich in Gefangenschaft, aus der er im Mai 1946 entlassen wurde.

Auch für ihn galt es nun, zunächst für die Seinen zu sorgen. Der ehemalige Generalstabsoffizier hatte 1933 mit Mechthild Freiin von Dincklage die Ehe geschlossen und jetzt eine Familie mit vier Kindern zu ernähren. Fast eineinhalb Jahre arbeitete Graf von Kielmansegg als Kraftfahrer in einem landwirtschaftlichen Betrieb, ehe er Volontär in der hannoverschen Zeitung

»Das andere Deutschland« wurde. Noch vor der Währungsreform 1948 wurde er Verlagskaufmann und war bis 1950 als Vertriebsleiter für die neu gegründete Zeitschrift »Merian« im Verlag Hoffmann & Campe tätig. Während dieser Zeit erschien auch sein vielbeachtetes Buch »Der Fritsch-Prozeß« über seinen Onkel, Generaloberst Freiherr von Fritsch. Als den größten Erfolg jener Tage betrachtete Kielmansegg jedoch, daß es ihm gelungen war, für den Rowohlt-Verlag Cerams Buch »Götter, Gräber und Gelehrte« in Paris ins Geschäft zu bringen, noch bevor dieses Werk in Deutschland Fuß fassen konnte.

Mit einem Telegramm des früheren Panzergenerals Graf Schwerin – Adenauers Beauftragter in Sachen Verteidigungsplanung bat den Oberst, sich als Sekretär einer Expertentagung zur Verfügung zu stellen – trat dann Ende September 1950 eine entscheidende Wende in Kielmanseggs Leben ein. Zusammen mit seinem einstigen Chef aus dem OKH, General Heusinger, nahm Kielmansegg an der »Himmeroder Tagung« teil, in der sich erstmals seit Kriegsende 15 Fachleute mit grundsätzlichen Fragen einer deutschen Wiederbewaffnung auseinandersetzten. Kielmansegg entschloß sich, auf Bitte des Grafen Schwerin in dessen Dienststelle einzutreten.

Im Zuge der Entlassung des Grafen Schwerin wurde die nach ihm benannte Dienststelle aufgelöst. Lediglich Kielmansegg, Major a. D. von dem Bussche, der sich mit Hitler zusammen in die Luft sprengen wollte, und Major a. D. Oster, dessen Vater als Widerstandskämpfer im April 1945 im KZ Flossenbürg erschossen worden war, durften ihre Arbeit fortsetzen und bildeten somit den »Grundstock« des am 1. Dezember 1950 geschaffenen »Amtes Blank«. Der Graf wurde Leiter des Herzstücks dieses Amtes, der Unterabteilung »Grundsatzfragen des Verteidigungsbeitrages«, und damit zugleich ein unentbehrlicher, ständiger Berater Theodor Blanks für alle militärischen Fragen. An Kielmanseggs dominierender Rolle sollte sich auch später kaum etwas ändern, nachdem General a. D. Heusinger zu dem Amt gestoßen war und die übergeordnete militärpolitische Abteilung übernommen hatte. Kielmansegg war es, der den ihm noch aus dem OKH vertrauten Oberstleutnant a. D. de Maizière als Referatsleiter gewann und ihn zu seinem ständigen Vertreter machte. Und auch der frühere Major Graf Baudissin wurde auf Kiemanseggs Vorschlag in die Dienststelle berufen und erhielt von ihm den Auftrag, über den künftigen deutschen Soldaten und das innere Gefüge der Armee nachzudenken. Bei der Entwicklung der Konzepte des »Staatsbürgers in Uniform« und der »Inneren Führung« ging der reformfreudige Baudissin, dem Kritiker vorwarfen, ein nicht der Realität entsprechendes, zu ideales Menschenbild vor

Augen zu haben, sogar für ihm wohlgesonnene Offiziere des öfteren allzu forsch ans Werk. Auch Kielmansegg mußte Baudissins Reformeifer mitunter bremsen und ihm klarmachen, daß der zu schaffende neue Soldatentyp einerseits dem Fortschritt und der Demokratie gegenüber aufgeschlossen zu sein habe, andererseits aber auch der großen Tradition der deutschen Armeen verbunden bleiben müsse.

Seit Sommer 1951 war Graf Kielmansegg von allen militärfachlichen Angelegenheiten entlastet worden und widmete sich fortan den zahlreichen innenpolitischen Problemen und internationalen Verhandlungen. Oberst a. D. Kurt Fett sowie später Kielmanseggs Nachfolger im OKH, von Bonin, befaßten sich nunmehr mit den technischen Fragen der militärischen Planung. Bis zum Scheitern der Verträge über die Europäische Verteidigungsgemeinschaft (EVG) am 30. August 1954 begleitete Kielmansegg als ständiges Mitglied der deutschen Delegation häufig Blank zu den sogenannten Petersberg-Gesprächen bei Bonn und den nachfolgenden Konferenzen in Paris. Schließlich gelang es nach zähen Verhandlungen in London, an denen Kielmansegg als einer der beiden militärischen Sachverständigen aktiv beteiligt war, die »Londoner Schlußakte« zu entwerfen. Diese bildete die Grundlage der am 23. Oktober 1954 unterzeichneten Pariser Verträge, durch die die Westeuropäische Union (WEU) begründet und die Bundesrepublik Deutschland zum Mitglied der NATO wurde. Für Kielmanseggs Arbeit in Bonn bedeutete dies jedoch, grundlegend neue Überlegungen zur Verteidigungspolitik im Rahmen des Atlantischen Bündnisses anzustrengen.

Die neue Aufgabenstellung führte indes auch zu Kontroversen innerhalb des Amtes, die in der Entlassung des Planungschefs von Bonin gipfelten. Oberst a. D. von Bonin lehnte die Übertragung der operativen Planung und Führung aller westdeutschen Kampfverbände an die NATO-Kommandobehörden strikt ab und widersprach damit dem politisch geforderten Grundgedanken der Integration. Der als »geborener Organisator« geltende Bonin-Nachfolger Fett stimmte dagegen mit Kielmansegg in den grundsätzlichen Führungs- und Organisationsfragen überein. Kielmanseggs Gabe, militärische wie politische Zusammenhänge klar zu erkennen und daraus ein Konzept zu entwickeln, beeindruckte Vorgesetzte wie Untergebene ebensosehr wie seine nüchtern durchdachten und brillant vorgetragenen Argumente. Vielen im »Amt Blank« war er geistig weit überlegen, und so wirkte er während der Aufbauphase maßgeblich an der organisatorischen wie personellen Weichenstellung mit. Doch dies rief zahlreiche Neider und Widersacher – an der Spitze Blanks

Stellvertreter Ministerialdirektor Dr. Wolfgang Holtz – auf den Plan, die Zweifel und Mißtrauen säten. Und schon bald zeigten ihre Intrigen Wirkung, denn kaum war die Bundeswehr offiziell gegründet worden, trennte sich Verteidigungsminister Blank von dem Offizier und entsandte Kielmansegg im Juli 1955, noch Zivilist, als Repräsentanten der Bundesrepublik zum NATO-Oberkommando SHAPE nach Paris.

Es gelang Kielmansegg, seit Dezember Brigadegeneral, durch sein diplomatisches Geschick überraschend schnell, das Mißtrauen der einstigen Kriegsgegner zu überwinden. Nicht nur den überaus kritisch veranlagten britischen NATO-Vize, Feldmarschall Montgomery, sondern auch den äußerst gebildeten NATO-Oberbefehlshaber Gruenther vermochte er durch seinen akkuraten wie verbindlichen Arbeitsstil zu überzeugen. Zug um Zug weihten sie den Deutschen, dessen Land noch bis zum Mai 1955 unter Besatzungsstatut gestanden hatte, in ihre strategischen Geheimnisse ein. Der Graf gewann an Einfluß und setzte schießlich durch, daß die Bundeswehr auch Dienstposten auf der »Arbeitsebene« in den integrierten Stäben besetzen durfte.

Mit dem Jahreswechsel 1958/59 kehrte Kielmansegg nach Deutschland zurück und wurde stellvertretender Kommandeur der 5. Panzerdivision in Koblenz. Dort widmete er sich hauptsächlich der Ausbildung und Erziehung der Offiziere und Reserveoffiziersanwärter und konnte erstmals auch sein Konzept der »Inneren Führung« in die Praxis umsetzen. Bereits am 1. Oktober 1960 erhielt der inzwischen zum Generalmajor beförderte Soldat das Kommando über die noch in Aufstellung befindliche 10. Panzergrenadierdivision in Sigmaringen. Zu den bezeichnendsten Eigentümlichkeiten seines Führungsstils gehörten die von ihm angesetzten Übungen, die gelegentlich durch kurze Kulturexkursionen geistvoll unterbrochen wurden. Wohl präpariert begann er die Übungen, nachdem er zuvor das Gelände mit einem Hubschrauber abgeflogen hatte, zunächst im »Hörsaal«. Dann traten die Übungsparteien im Gelände gegeneinander an, und bereits zum Abschluß des Manövers begann Kielmansegg mit der Auswertung, die er dann zuweilen in einer mehrstündigen vorlesungsartigen Schlußbesprechung darlegte. Dem Generalmajor wurde in Sigmaringen auch die Aufgabe zuteil, die Grundsätze der neuen Vorschrift »Truppenführung« zu erproben. So war er schließlich maßgeblich an dieser beteiligt, die als zentrale Bundeswehrvorschrift die Gefechtsführung der Brigaden und Divisionen im Atomzeitalter beschrieb.

Als 1963 die Positionen des Generalinspekteurs und die des Oberbefehlshabers der NATO-Landstreitkräfte in Zentraleuropa neu besetzt werden mußten, kamen die Generale Trettner und Graf Kielmansegg in den Kreis der Auserwählten, wobei zunächst offen war, wer von beiden in welches Amt berufen werden sollte. Das diplomatische Geschick des Grafen gab dann wohl aber den Ausschlag für das NATO-Amt. Doch damit waren für ihn noch nicht alle Hürden genommen, denn die NATO-Stelle war als Vier-Sterne-General-Posten dotiert, Kielmansegg aber war noch Generalmajor. Die Bundesregierung zeigte jedoch große Einsicht und heftete Graf Kielmansegg, abweichend von der Regel, im Verlauf weniger Wochen zwei weitere goldene Sterne auf die Schulterklappen.

Am 1. September 1963 übernahm Kielmansegg somit unter Überspringung von drei Kommandoebenen die Nachfolge des Generals Dr. Speidel in Fontainebleau unter gleichzeitiger Beförderung zum General. Zeitgleich mit der Befehlsübernahme trat auch im Vorgriff auf die bereits in der Diskussion befindliche NATO-Doktrin der »flexiblen Reaktion« das neue Konzept der »Vorneverteidigung« in Kraft, das einen Abwehrkampf so nahe wie möglich am Eisernen Vorhang vorsah. Die bereits seit 1958 geltende Hauptkampflinie zwischen Weser und Lech wurde weiter ostwärts verschoben. Dies war möglich geworden, da nunmehr zwischen Lübeck und Passau neben 14 amerikanischen, britischen, französischen, belgischen und niederländischen Divisionen bereits 11 einsatzbereite Divisionen der Bundeswehr verfügbar waren. Für diese multinationale Streitmacht von etwa 400000 Soldaten mußte Kielmansegg nun die Operationspläne diesem neuen Einsatzverfahren anpassen – eine Arbeit, die überaus viel Zeit erforderte. Mitten aus diesem schwierigen Koordinationsprozeß wurde Kielmansegg am 15. August 1964 durch einen Unfall gerissen. Das Auto eines in Genf wohnenden sowjetischen UNO-Beamten hatte in Zentralfrankreich das Fahrzeug des Generals bei einem riskanten Überholmanöver gestreift. Kielmansegg wurde dabei schwer verletzt auf dem Fahrersitz eingeklemmt, so daß er mit einer Stahlsäge herausgeschnitten werden mußte. Dennoch verweigerte er dem Notarzt, ihm eine schmerzstillende Spritze zu geben, ehe nicht ein Offizier seines Stabes herbeigeeilt war, um die im Wagen befindlichen geheimen Unterlagen sicherzustellen. Seine Rekonvaleszenz dauerte Monate.

Inzwischen waren die NATO-Planungen zur Umstellung der Atomstrategie von der »massiven Vergeltung« zur »flexiblen Reaktion« weitgehend abgeschlossen, als Frankreichs Staatspräsident de Gaulle diese Anstrengungen boykottierte. Er machte erneut einen Schachzug eigener Art in der internationalen Politik und entzog dem Bündnis nicht nur seine Truppen, sondern wies es außer Landes. Im Zuge der folgenden Rochade wurde General Graf Kielmansegg am 1. Juli 1966 Nachfolger des französischen Generals Jean Crépin und somit der erste deutsche Oberbefehlshaber der Alliierten Streitkräfte in Mitteleuropa.

Was die NATO dann allerdings in den nächsten Wochen und Monaten vollbrachte, war ein Herkulesakt, der selbst die französischen Politiker verblüffte. Sämtliche NATO-Stäbe waren zügig aus Frankreich abgezogen und zugleich strukturell der neuen Lage angepaßt worden. Bis April des Jahres 1967 waren das bislang in Paris beheimatete Hauptquartier SHAPE im belgischen Mons und der einst in Fontainebleau stationierte Stab AFCENT im niederländischen Brunssum arbeitsfähig. Daß diese Verlegungen so reibungslos glückten, war vornehmlich das Verdienst des amerikanischen Oberbefehlshabers, General Lemnitzer, und des deutschen Generals Graf Kielmansegg.

Dennoch war durch den Auszug aus Frankreich ein Loch in die Verteidigungspläne gerissen, das nur schwer zu füllen war. Die Verfügbarkeit von 46 Flugplätzen, 13 Leitstellen des Luftverteidigungssystems, neun Marinebasen, 2000 Kilometern Pipelines, 17 Betriebsstofflagern, 100 Fernmeldeeinrichtungen und zehn Flugabwehr-Raketenstellungen war in Frage gestellt. Vor allem aber hatte sich die Truppenstärke im Abschnitt Mitteleuropa um zwei französische Divisionen und 15 Fliegerstaffeln verringert. Kielmanseggs Operationsplanungen für den südlichen Verteidigungsraum waren plötzlich Makulatur. Doch die Lage wurde noch prekärer. Zu allem Überfluß zogen nun auch noch die Amerikaner für ihren Dschungel-Krieg in Vietnam 15000 Soldaten aus Hessen und Bayern ab. Das unter dem Begriff »Big Lift« geschaffene Truppenrotationssystem blieb ein höchst umstrittener Ersatz. Für den General bedeutete diese Situation, daß die Frist, die im Kriegsfall für Verhandlungen oder zur Entscheidung über den Rückgriff auf Atomwaffen erkämpft werden könnte, dramatisch schwand.

Im Mai 1967 wurde dann der Übergang zur Strategie der »flexible response« offiziell eingeleitet, nachdem Kielmansegg vorher schon ohne Befehl das, was möglich war, geplant und vorbereitet hatte. Auf der NATO-Ministerratstagung im Dezember 1967 legte der belgische Außenminister Harmel einen Bericht vor, der die politische Doppelstrategie der Dialog- und Entspannungsbereitschaft gegenüber dem Ostblock auf der Basis gesicherter Verteidigungsfähigkeit zum Inhalt hatte. In Anbetracht dieser umfassenden und schwierigen

Umbruchphase hatte bereits 1966 Minister von Hassel eine Dienstzeitverlängerung für den General vorgesehen, doch Verteidigungsminister Schröder, der zu dem Grafen kein persönliches Verhältnis gefunden hatte, konnte sich dazu nicht entschließen. So trat General Graf Kielmansegg am 31. März 1968 in den Ruhestand.

Mit ihm verließ ein Grandseigneur die Bundeswehr, der sich insbesondere durch seine Toleranz, ein für ihn selbstverständliches Lebensprinzip, nicht nur persönliches hohes Ansehen erworben hatte, sondern auch viel für seine Nation hatte bewirken können. Der hochgewachsene Aristokrat, der schon frühzeitig Gefallen an der französischen Kultur gefunden hatte, bestach durch sein operatives Können gleichermaßen wie durch sein diplomatisches Fingerspitzengefühl. Auch in schwierigen Situationen verlor Kielmansegg, der übrigens während seiner Dienstzeit bis auf Kai-Uwe von Hassel mit allen deutschen Verteidigungsministern ernsthafte Schwierigkeiten gehabt hatte, nie die Contenance. Der sensible Graf mit der Neigung zur Literatur, Geschichte und Geographie verkörperte die Tradition des preußisch-deutschen Offizieradels im besten Sinne, der er sich verpflichtet fühlte. Aus ihr und aus einem harmonischen Familienleben schöpfte er die Kraft für sein Handeln. Und so überrascht es nicht, daß sein ältester Sohn, Johann-Adolf, inzwischen als Generalmajor diese Tradition fortsetzt.

Das Interesse des Generals a. D. an der Militärpolitik, der im südbadischen Bad Krozingen lebt, blieb jedoch so stark wie ehedem. Sein scharfer Verstand und die mit Vernunft und Augenmaß vorgetragenen Analysen machten ihn auch weiterhin zu einem hochgeschätzten Ratgeber. So bediente sich Verteidigungsminister Schmidt seiner Erfahrungen, als er im Dezember 1969 die militärische Spitzengliederung der Bundeswehr überprüfen ließ. Als Mitglied der Wehrstrukturkommission beriet Graf Kielmansegg 1971 die Bundesregierung über künftige Verteidigungsmodelle, und 1984 legte er Verteidigungsminister Wörner eine beachtenswerte Studie zur Führung der Bundeswehr vor. Wörner war es auch, der den Grafen mit der Bildung eines wissenschaftlichen Beirats für das Freiburger Militärgeschichtliche Forschungsamt beauftragte, dem der pensionierte General von 1985 bis Ende 1989 vorstand. Dabei ließ sich Johann-Adolf Graf von Kielmansegg, der im übrigen mehrfach auch die Sowjetunion und das Reich der Mitte bereist hatte und seine Eindrücke über die chinesische Armee in dem Buch »Unbesiegbar?« zusammenfaßte, stets wie auch in seinem Berufsleben von dem Wahlspruch der Familie leiten: Consilio non imperio – Mit Klugheit, nicht mit Gewalt.

HEINZ TRETTNER

Generalinspekteur der Bundeswehr
von 1964 bis 1966

Heinz Trettner

Die sicherheitspolitische Lage erreichte in den Sommermonaten des Jahres 1966 ihren Siedepunkt. Nur wenige Wochen waren erst seit dem französischen Ausscheren aus der NATO-Integration vergangen, als in Bonn Verteidigungsminister von Hassel in heftige Turbulenzen geriet. Denn die »Starfighter«-Unfälle nahmen dramatische Ausmaße an, und der Luftwaffeninspekteur Werner Panitzki sparte nicht mit schweren Vorwürfen gegen die politische Leitung, woraufhin der Generalleutnant vom Dienst suspendiert wurde. Schon kurz darauf indes wurde auch das Entlassungsgesuch von Generalinspekteur Heinz Trettner bekannt, dem überdies auch das Rücktrittsschreiben des Wehrbereichsbefehlshabers Generalmajor Günter Pape folgte. Die Führungskrise war perfekt und sorgte im Inland wie im Ausland für größtes Aufsehen.

Was war geschehen, daß General Trettner, dessen glänzender Aufstieg in der Bundeswehr viel Beachtung gefunden hatte, sich zu diesem Schritt veranlaßt sah? Der Grund war der Gewerkschaftserlaß, der ohne sein Wissen von der zivilen Hardthöhen-Führung in Kraft gesetzt worden war und nun nach einer Kette vorangegangener Querelen zu dem berühmten Tropfen wurde, der das Faß zum Überlaufen brachte. Wissend, daß schon der sozialdemokratische Reichswehrminister Noske 1919 vor den Dingen gewarnt hatte, die Verteidigungsminister von Hassel jetzt duldete, nämlich die Armee zu einer Gewerkschaft werden zu lassen, hatte Trettner diesen Ukas vehement bekämpft. Und Trettner war ein Mann, der durch und durch von der Reichswehr im besten Sinne geformt worden war.

Als Sohn des Hauptmanns und späteren Oberst Ludwig Trettner und dessen Ehefrau Paula am 19. September 1907 in Minden geboren, trat der Jesuitenschüler nach bestandener Reifeprüfung 1925 als Anwärter für die Berufsoffizierslaufbahn in das 18. württembergische Reiterregiment der Reichswehr in Stuttgart-Bad Cannstatt ein. Truppenverwendungen wechselten mit Ausbildungskommandos, ehe er aus der Reichswehr als Leutnant in Beachtung der Verbote des Versailler Vertrages aus der Reichswehr de jure entlassen wurde, um an der zivilen Fliegerschule in Braunschweig bei der Lufthansa und der italienischen Luftwaffe eine Ausbildung als Beobachter zu erhalten.

Da die seit 1933 regierenden Nationalsozialisten schon sehr bald den Aufbau einer Luftwaffe verfügten, kam für Trettner die ursprünglich vorgesehene »Wiedereinstellung« beim Reiterregiment 18 nicht mehr zustande. Trettner blieb vielmehr zunächst beim Deutschen Luftsportverband, einem Vorläufer der Luftwaffe, im zivilen Dienstverhältnis und erwarb den Pilotenschein. Als 1935 die Luftwaffe offiziell gegründet wurde, trat Heinz Trettner als reaktivierter Oberleutnant ein. Es dauerte jedoch nicht lange, bis er erneut »entlassen« wurde, um diesmal für fast 14 Monate im Spanischen Bürgerkrieg als Angehöriger der von Deutschland zur Unterstützung der nationalen Kräfte des Generals Franco entsandten »Legion Condor« gegen die kommunistisch gelenkten »Volksfront«-Verbände zu kämpfen. Im Anschluß daran empfing Trettner in einem verkürzten Lehrgang an der Luftkriegsakademie die Ausbildung zum Generalstabsoffizier und wurde kurz darauf 1938 als Erster Generalstabsoffizier (Ia) bei der mit Sonderaufgaben betrauten 7. Fliegerdivision eingesetzt. Damit begann für ihn ein fulminanter Aufstieg.

Als engster Mitarbeiter von Generalmajor Student, dem Schöpfer der deutschen Fallschirmtruppe, leitete Hauptmann i. G. Trettner den planmäßigen Aufbau dieser jungen, kühnen Waffe ein und entwickelte klare Einsatzgrundsätze für diese Truppe, deren bedeutende operative Chancen ihm sofort bewußt geworden waren. Zur Realisierung der Pläne erhielt er umfassende Freiheiten zur Improvisation, um auch mit ungewöhnlichen Mitteln das gesteckte Ziel schnellstmöglich zu erreichen. Bereits im Oktober 1938 schien dann die Bewährungsprobe gekommen zu sein. Die Fallschirmjäger sollten während der Besetzung des Sudetenlandes tschechische Grenzbefestigungen entlang der Vormarschstraße ausschalten. Die friedliche Lösung der Krise erlaubte es jedoch, diesen ersten Einsatz als Übung durchzuführen.

Eben Emael – dieser Name stand dann am 10. Mai 1940 für den Erfolg der jungen Freiwilligentruppe. In einer blitzartigen Luftlandeaktion gelang es 77 Fallschirmjägern, das von 780 belgischen Soldaten verteidigte »stärkste Fort der Welt« am strategisch wichtigen Albert-Kanal zu nehmen. Wenige Stunden später landete Trettner mit einer Ju-52-Transportmaschine in der ersten Welle bei Rotterdam. Die brillante Vorarbeit, die erst den entscheidenden Erfolg ermöglichte, und sein mutiger persönlicher Einsatz wurden mit dem Ritterkreuz belohnt.

Trettner hatte inzwischen Lotte Sterkel geheiratet; aber viel Ruhe für Privates war ihm als nunmehriger Ia des aus der 7. Division entstandenen XI. Fliegerkorps nicht vergönnt. Erneut oblag ihm die Einsatzplanung einer spektakulären Luftlandeoperation. Das Ziel hieß diesmal Kreta. Doch die Eroberung der griechischen Mittelmeerinsel im Mai 1941 wurde für die deutsche Elitetruppe zu einem Pyrrhussieg. 3250 Tote und Vermißte sowie nahezu 3400 Verwundete waren zu beklagen. Trettner war tief betroffen, als er diese schrecklichen Verlustziffern erfuhr, und so wurde Kreta für ihn zu einem Trauma, das er auch in seiner späteren Amtszeit als Bundeswehr-Generalinspekteur bei taktisch-operativen Planungen nie vergessen sollte.

Trettner, inzwischen Oberstleutnant und Generalstabschef des XI. Fliegerkorps, kam hernach für einige Monate auf den Kriegsschauplatz Rußland und unterstützte dort die 1. Fallschirmjägerdivision, die im Spätsommer 1942 bei Tuapse einige wichtige Kaukasus-Pässe aus der Luft erobern sollte. Die ins Stocken geratene deutsche Offensive vereitelte diesen Plan jedoch, und so kehrte Trettner wieder in den Korpsstab nach Berlin zurück, wo er am 1. März 1943 zum Oberst avancierte und sich mit Verbandsaufstellungen sowie der Erprobung neuer technischer Einsatzmöglichkeiten beschäftigte.

Nach dem Sturz des italienischen faschistischen Diktators Mussolini und dem Bruch der Achse Berlin – Rom erhielt Trettner im Januar 1944 den Auftrag, im Raum Perugia aus einer Handvoll erfahrener Fallschirmjäger die 4. Fallschirmjägerdivision aufzubauen. In diese Aufstellungsphase platzte die amerikanische Landung bei Anzio – Nettuno hinein, aber es gelang Trettner, durch schnell und entschlossen geführte Gegenangriffe den Landekopf derart zurückzudrängen, daß sich die Alliierten schließlich erst wieder Mitte Mai zur Offensive entschlossen. Als 36jähriger Generalmajor wurde ihm nach diesem Abwehrerfolg am 17. September 1944 das Eichenlaub zum Ritterkreuz verliehen. Sieben Monate später, am 3. Mai 1945, erlebte Trettner, nunmehr zum Generalleutnant befördert, die Kapitulation der deutschen Wehrmacht in Italien nahe Trient.

Erst 1948 kehrte er aus amerikanischer und britischer Gefangenschaft zu seiner in Süddeutschland lebenden Frau und Tochter zurück. In den folgenden Jahren versuchte der mittellose General a. D., dem durch die Siegerbestimmungen zahlreiche Berufsmöglichkeiten verwehrt waren, in dem aus den Trümmern wieder aufsteigenden Deutschland sich eine wirtschaftliche Existenz aufzubauen. Der streng gläubige Katholik kam zunächst beim Diözesan-Caritasverband unter, ehe er nach einer verkürzten kaufmännischen Lehre bei einer Düsseldorfer Glasgroßhandelsfirma Anstellung fand und dann, nach vorübergehender selbständiger Tätigkeit im Wein- und Textilhandel, Referent in der Hauptgeschäftsstelle des Verbandes deutscher Soldaten (VdS) wurde. Als 46jähriger immatrikulierte er sich schließlich an der Universität Bonn und nahm das Studium der Volkswirtschaft und Jurisprudenz auf, ohne jedoch seine Tätigkeit beim VdS ganz aufgegeben zu haben.

In der Bundesrepublik hatten unterdessen die Vorbereitungen zum Aufbau der Bundeswehr begonnen. Trettner, der voll mit seinem Studium beschäftigt war und sich um eine Einstellung in die neue Armee noch gar nicht beworben hatte, erfuhr, daß innerhalb des sogenannten Personalgutachterausschusses die Meinung geäußert worden sei, er habe der NS-Ideologie zumindest nahegestanden und seine Akten lohnten deshalb von vorneherein keiner Prüfung. Aufgabe dieses Gremiums war es, alle für die Bundeswehr vorgesehenen Offiziere vom Oberst aufwärts politisch zu überprüfen und, wie es hieß, einen politisch einwandfreien Führungskader auszuwählen. Diesen diskreditierenden Vorwurf wollte der bei Freund und Feind einen tadellosen Ruf genießende Frontsoldat nicht auf sich sitzenlassen. Ein befreundeter Politiker erreichte es, daß Trettners Akten von dem Ausschuß angefordert und geprüft wurden, und es dauerte nicht lange, bis der Fallschirmjäger-General zu einem Vortrag vor dem Gremium gebeten wurde. Das Resultat war die Übernahme als Generalmajor in die neue westdeutsche Armee.

Am 2. November 1956 begann Trettner seinen Dienst als Leiter der Abteilung »Logistik« im NATO-Hauptquartier SHAPE im französichen Roquencourt, und nur wenige Tage später – er hatte zu diesem Zwecke kurz Urlaub genommen – legte der General in Bonn sein Examen als Diplom-Volkswirt ab.

Drei Jahre sammelte er in dem internationalen Stab wertvolle Erfahrungen und Kontakte, die ihm für seine folgenden Aufgaben außerordentlich nützlich sein sollten. Zu Beginn des Jahres 1960 übernahm er dann als Kommandierender General (KG) das I. Korps in Münster. Unter seinem Kommando konnte das in Norddeutschland dislozierte Korps seine Gesamtstärke um mehr als 30000 Mann auf über 80000 Soldaten erhöhen. Zugleich baute er die Ausbildungsorganisation erheblich aus und trieb die Aufstellung der für die atomare Kampfführung befähigten Verbände zügig voran.

Im Sommer 1963 fragte Verteidigungsminister von Hassel den KG, ob er bereit sei, Nachfolger des Generalinspekteurs Foertsch zu werden. Trettner nannte seine Bedingungen für die Übernahme des Amtes und willigte, nachdem er den Eindruck gewonnen hatte, daß Hassel damit einverstanden sei, schließlich ein. So wurde Trettner noch am 31. Dezember 1963 General und am darauffolgenden Tag oberster Soldat der Bundeswehr. Hinter ihm lag ein kometenhafter militärischer Aufstieg, denn der 56jährige hatte weder zu den »Soldaten der ersten Stunde« im »Amt Blank« gehört, noch hatte er Einfluß auf die ersten Planungen für die westdeutsche Wiederaufrüstung ausgeübt. Erst sieben Jahre zuvor war er reaktiviert worden, und nun stand er an der Spitze der Bundeswehr.

Von vielen in der Armee wurde er freudig erwartet, denn die Soldaten hatten nicht vergessen, daß er stets bemängelt hatte, die Truppe werde »allzuviel verwaltet und viel zu wenig geführt«. Schwungvoll und geradlinig, wie man es von einem Fallschirmjäger erwartete, packte er die Arbeit an. Der mittelgroße, schlanke, vielseitig gebildete und sprachgewandte Westfale galt als »Dickschädel«, der überzeugt werden wollte, bevor er zustimmte. Doch wenn die Zweifel ausgeräumt waren, scheute er sich nicht, couragiert heiße, auch unpopuläre Themen anzusprechen. Und wo immer nötig, stellte er sich vor seine Leute und rechtfertigte deren Verhalten, soweit dies möglich war. Anders als seine beiden Vorgänger Heusinger und Foertsch, die mehr als Generalstabschefs in Erscheinung getreten waren, verkörperte Trettner den Typ des Troupiers.

Einen Schwerpunkt seiner Arbeit sah der General darin, das bestehende Ungleichgewicht zwischen ziviler Verwaltung und militärischer Führung allmählich abzubauen und eine aufgeschlossene Zusammenarbeit zu fördern. Doch zunächst machte Trettner von sich reden, als er während einer Sitzung des NATO-Militärausschusses in Paris im Dezember 1964 die Auffassung vertrat, man müsse einen Atomminengürtel entlang der durch Deutschland verlaufenden Zonengrenze legen. Dieser Sperriegel, dessen Explosion im Frieden ein Sicherungssystem verhindere, solle einen aus Osten kommenden Feind beim Grenzübertritt sofort mit dem höchsten Risiko konfrontieren. Die nicht ohne erkennbare Nervosität vorgetragene Idee wirkte sensationell und löste zugleich Irritationen aus. Denn Trettners Plan schien den bereits unter seinem Vorgänger Foertsch sich anbahnenden Übergang von der Strategie der atomaren massiven Vergeltung zu einer auf starke konventionelle Truppen gestützten flexiblen nuklearen Reaktion zu konterkarieren. Hinzu kam ein Novum in der Militärgeschichte: Der rein militärisch und fast völlig unpolitisch denkende General regte diesen in seiner letzten Konsequenz für das geteilte Deutschland fatalen Plan ohne jede politische Rücksprache an.

Dennoch brachte Trettners aufsehenerregender Vortrag manches in Bewegung und bildete schließlich den Ausgangspunkt für die deutschen Vertreter bei den späteren Beratungen in der Nuklearen Planungsgruppe, die von den USA vorgeschlagen wurde und dann seit Frühjahr 1967 regelmäßig auf Ministerebene tagte, um dem wachsenden Bedürfnis der Verbündeten nach verstärkter Beteiligung an den Diskussionen über atomare Fragen entgegenzukommen. Allerdings konnte eine wirkliche Mitbestimmung bis jetzt nicht erreicht werden. Selbst ein nach Trettners Ansicht notwendiges Vetorecht für den Atomwaffeneinsatz von und auf deutschem Boden wurde von den Politikern nie ernsthaft gefordert.

Im März 1965 konnte Trettner der Öffentlichkeit bekanntgeben, daß nunmehr die Aufstellungsphase der Streitkräfte im wesentlichen als abgeschlossen betrachtet werden könne. Sieben Panzergrenadierdivisionen, drei Panzerdivisionen, eine Gebirgsdivision, eine Luftlandedivision, 14 Luftwaffengeschwader, sechs »Nike«-Flugabwehrbataillone sowie die Bundesmarine mit 14 schwimmenden und zwei fliegenden Geschwadern waren die Erfolgsbilanz des Aufbaues. Die Forderungen der NATO konnten weitgehend als erfüllt betrachtet werden.

Einer verbesserten Ausbildung, die von wachsenden Sparmaßnahmen und einem Fehl von fast 35000 Unteroffizieren begleitet wurde, galt nun sein Hauptinteresse. Dabei bemühte sich Trettner, den Soldaten wieder mehr Selbstbewußtsein und auch mehr Tradition zu geben. So wurden, nachdem die Bundeswehr neun Jahre lang die einzige Armee der Welt war, die keine Fahnen besaß, am 24. April 1965 im Preußen-Stadion zu Münster an 319 Heeresbataillone die neugeschaffenen Truppenfahnen feierlich übergeben. Zugleich quälte sich das Bonner Verteidigungsministerium einen Traditionserlaß ab, mit dem die Truppe kaum etwas anzufangen vermochte, weil die jüngere deutsche militärische Vergangenheit tabu blieb. Darüber hinaus wurde unter Trettners Ägide die Grundlage für die spätere Fachoffizierlaufbahn, die den Unteroffizieren weitere Aufstiegsmöglichkeiten eröffnen sollte, erarbeitet. Und schließlich wurde damit begonnen, die neue, zwar erst 1967 offiziell eingeführte NATO-Strategie »Flexible Response« schrittweise in die Praxis umzusetzen.

Erstmals in der Bundeswehrgeschichte legte Trettner dann einen detaillierten Fünfjahresplan als Programm für die Jahre 1967 bis 1971 vor. Schwerpunkte bildeten darin die Aufstellung einiger zusätzlicher Grenadierbrigaden sowie der zügige Aufbau einer Heimatschutztruppe im Rahmen der Territorialverteidigung. Obwohl gerade diese in der Prioritätenliste an der Spitze rangierte, verlief die Bildung der Heimatschutztruppe aufgrund fiskalischer und innenpolitischer Erwägungen – viele standen noch unter dem Eindruck der Proteste, die durch die im Juli 1965 gescheiterte Notstandsverfassung ausgelöst worden waren – zögerlich und unbefriedigend.

Von Animositäten, Eifersüchteleien und persönlichen Rivalitäten gekennzeichnete Differenzen in organisatorischen Fragen der Spitzengliederung erschwerten Trettners Arbeit allmählich immer mehr. Sein Hauptwidersacher war dabei der beamtete Staatssekretär Karl Gumbel. Spätestens seitdem der General das bis dahin stets von einem zivilen Beamten wohlbehütete wichtige Amt des Bundeswehr-Personalchefs Verteidigungsminister von Hassel abtrotzen konnte und dieses dem Generalleutnant Werner Haag anvertraute, hatte er auf der Bonner Hardthöhe eine Lobby aktiviert, die bereit war, nun alle Register gegen ihn zu ziehen.

Der Kommandeurtyp Trettner wollte sich auch damit nicht abfinden, daß seine beiden Vorgänger Heusinger und Foertsch – aufgrund allzuschnellen Nachgebens – ihre Ideen über eine klare und effiziente Spitzengliederung nicht hatten durchsetzen können. Zehn Jahre nach Gründung der Bundeswehr war ihr oberster Soldat, der Generalinspekteur, formell noch immer ohne jegliche Befehlsbefugnisse. Noch immer fühlten sich die Soldaten von den zivilen Angehörigen der Bundeswehr-Administration als Menschen zweiter Klasse betrachtet, die weiterhin der Aufsicht und Überwachung bedurften. General Trettner forderte ein Ende der Bevormundung und Deklassierung durch den mißtrauischen zivilen Verwaltungsapparat. Er verlangte, daß der militärischen Hierarchie – wenn sie reibungslos funktionieren solle – eine gleichrangige Position gegenüber der Verwaltungshierarchie eingeräumt werden müsse.

Bereits vor seiner Berufung zum Generalinspekteur hatte Trettner in einem langen Gespräch Minister von Hassel nahegelegt, die Hardthöhen-Spitze umzugliedern und die militärischen Abteilungen einem Soldaten, die zivilen einem Beamten zu unterstellen. Beide sollten gleichberechtigt und gleichrangig sein. Hassel schien anfangs wohl reformbereit, doch lehnte er später ab. Als Gumbel nämlich von Trettners Vorstellung erfuhr, soll er mit seinem Rücktritt gedroht haben, falls der General ihm gleichgestellt werde. Der führungsschwache Hassel wurde in der folgenden Zeit immer deutlicher

Instrument seines Staatssekretärs. Trettner hatte infolgedessen seit Mitte 1966 nun sogar Versuche abzuwehren, die den Generalinspekteur von seiner Stellung als »Dritter Mann« verdrängen und in die Reihe der Hauptabteilungsleiter eingliedern wollten. Die Vertrauenskrise schwelte, und Trettner erwog seine Demissionierung.

Mehrfach beklagte sich Trettner, der von einer geschäftigen Unruhe geplagt wurde, über mangelnde Informationen und unzureichende Beteiligung an wichtigen Entscheidungen des Hauses, was Hassel allerdings nicht abzustellen vermochte. Auch bestand eine grundlegende Meinungsverschiedenheit über die Vertretung des Ministers im Kommando. Während General Trettner der Ansicht war, daß das höchstpersönliche Recht der Befehls- und Kommandogewalt, welches das Grundgesetz dem Minister im Frieden verleiht, nur durch diesen Politiker ausgeübt werden könne, bestand Hassel darauf, daß Staatssekretär Gumbel ihn auch in seiner Eigenschaft als Oberbefehlshaber vertrete. Diese Meinungsverschiedenheit war noch nicht ausgeräumt, als schon eine neue Brüskierung der militärischen Führung erfolgte.

Trettner trat im August 1966 eine seit längerem geplante Kur in Bad Orb an. Bei seiner Abmeldung fragte er Gumbel, ob noch irgend etwas zu besprechen sei, was dieser verneinte. Nur wenige Tage danach wurde General Trettner dann von einem aufgebrachten Wehrbereichsbefehlshaber angerufen, der ihn auf den soeben verabschiedeten Gewerkschaftserlaß ansprach. Trettner wußte allerdings von nichts und mußte sich erst bei einem Kiosk eine Tageszeitung kaufen, um sich über den Inhalt des Erlasses zu informieren. Entsetzt rief er sofort seinen Stellvertreter in Bonn, Generalleutnant Kuntzen, an und erfuhr, daß die ganze militärische Führung an dem Erlaß überhaupt nicht beteiligt gewesen sei.

Die Frage der gewerkschaftlichen Betätigung innerhalb der Kasernen war zwar seit Jahren im Ministerium diskutiert worden, doch immer hatte sich der Minister den Soldaten angeschlossen, die meinten, man solle die Gefahr zu erwartender politischer Kontroversen, wenn zwei konkurrierende Verbände sich um die Soldaten bemühten, unter allen Umständen vermeiden. So bedeutete der Erlaß einen völligen Sinneswandel der politischen Leitung, auf den die Truppe überhaupt nicht vorbereitet war. Trettner wies deshalb Kuntzen an, sogleich Hassel die Nichtbeteiligung der militärischen Seite und die sich daraus ergebende Entrüstung des Generalinspekteurs zu melden. Hassel bagatellisierte die Angelegenheit jedoch und begab sich ohne einzugreifen auf eine Reise nach Kanada. Diese schallende Ohrfeige, die die leitenden Zivilisten des Verteidigungsministeriums der ganzen militärischen Führung verpaßt hatte und mit der sie ihre Mißachtung zum Ausdruck brachten, zwangen Trettner, Konsequenzen zu ziehen.

Für einen Augenblick hatte der von diesem Vorfall völlig konsternierte General wohl mit seiner Entscheidung gezögert, bis der Inspekteur des Heeres, Generalleutnant Ulrich de Maizière, schließlich meinte, der Würde des hohen Amtes wegen müsse Trettner zurücktreten. Der Generalinspekteur befolgte den Rat des Kameraden und wurde am 25. August 1966 mit militärischen Ehren aus der Bundeswehr verabschiedet.

»Was mich zum Rücktritt bewogen hat, sind nicht persönliche Kränkungen, die immer einmal passieren können«, sagte er später vor dem Verteidigungsausschuß des Bundestages, der den ganzen Vorfall untersuchte. »Es ist vielmehr meine Erkenntnis, daß ich unter den im Bundesministerium der Verteidigung bestehenden Verhältnissen die Verantwortung nicht mehr tragen konnte, die mir mein Amt als ranghöchster deutscher Offizier im In- und Ausland auferlegte. Ich bin zurückgetreten, weil ich auch keinen Wandel solcher Methoden und keinen guten Willen sehen konnte, um die Grundübel zu beseitigen und eine gesunde Organisation im Interesse der Armee zu schaffen!« Trettner verließ die Bundeswehr enttäuscht und zugleich aufgerieben im Kampf gegen eine Hydra der Bürokratie. Soldatisch knapp und nach guter alter militärischer Tradition meinte er: »Ich habe als verantwortungsbewußter Soldat gelernt, einen Auftrag zurückzugeben und als undurchführbar zu melden, wenn die Mittel für seine Ausführung in gar keiner Weise ausreichen; in Friedenszeiten muß man als Soldat danach handeln.« Trettner handelte. Der pensionierte General lebt seitdem zurückgezogen in Bonn und beschäftigt sich überwiegend mit Geschichte, Geisteswissenschaften und den schönen Künsten. Seine Befürchtungen hinsichtlich des Gewerkschaftserlasses haben sich so, wie er es prophezeite, nicht bewahrheitet. Doch damals konnte das niemand voraussehen.

Ulrich de Maizière

Generalinspekteur der Bundeswehr
von 1966 bis 1972

Ulrich de Maizière

Etwa 5000 aufgebrachte Kommunisten demonstrierten vor der Pariser Gare du Nord gegen die Ankunft des ersten deutschen Militärberaters bei den Gesprächen zu einer Europäischen Verteidigungsgemeinschaft (EVG). Legationsrat von Marchtaler nahm den aus Bonn Anreisenden in Empfang, schilderte die Proteste und fügte mit einem Schmunzeln hinzu, daß man sich aber auf der Gare de l'Est befinde. Mit diesem unerwarteten Auftakt begann für den ehemaligen Wehrmachtoffizier Ulrich de Maizière am 15. Februar 1951 eine für die noch junge Bundesrepublik Deutschland äußerst bedeutungsvolle Mission.

Parallel zu den seit Januar laufenden Verhandlungen über einen westdeutschen Wehrbeitrag auf dem Petersberg bei Bonn konferierten in Paris die Vertreter von zwölf Nationen über den Plan des französischen Premier Pleven, der die Bildung einer europäischen Armee vorsah. Für die Bonner Bundesregierung kam die Einladung zu dieser Gesprächsrunde derart überraschend, daß sie zunächst Professor Hallstein, der in der französischen Hauptstadt bereits die Verhandlungen zur Europäischen Wirtschaftsgemeinschaft führte, auch mit der Leitung der EVG-Gespräche beauftragte. Schon sehr bald wurde dabei deutlich, daß den Westdeutschen in diesen Streitkräften aber nur kleine Einheiten zugebilligt werden sollten, und so entschloß sich Bundeskanzler Adenauer, weder den früheren General Heusinger noch General a. D. Speidel nach Paris zu entsenden, um die Bedeutung der Konferenz nicht überzubetonen. Vielmehr erschien es für das deutsche Entrée von Vorteil, als ersten Militärberater bei den EVG-Gesprächen einen Offizier mit französischen Ahnen und französischem Namen zu delegieren, der obendrein niemals an der Westfront gekämpft hatte. Und so fiel die Entscheidung auf den 39jährigen Zivilangestellten im »Amt Blank« und ehemaligen Generalstabsoberstleutnant Ulrich de Maizière.

Ulrich de Maizière, Sproß einer alten Hugenottenfamilie, erblickte am 24. Februar 1912 in Stade an der Elbe das Licht der Welt. Seine Vorfahren, unter denen einer Leibarzt des französischen Königs Heinrich IV. gewesen war, kamen nach der Aufhebung des Edikts von Nantes durch Ludwig XIV. als Glaubensflüchtlinge in die Mark Brandenburg und dienten fortan dem preußischen Staat als Richter und Beamte. So auch sein Vater, Regierungsrat Dr. Walther de Maizière, der 1915 als Hauptmann der Reserve in Serbien fiel.

Ulrich de Maizière wuchs ohne väterlichen Beistand in Hannover auf und entschied sich nach dem Abitur 1930 für den Soldatenberuf. Obwohl Brillenträger und somit für damalige Maßstäbe nicht voll tauglich, gehörte er dennoch unter den 60 Bewerbern zu den drei Auserwählten, die in das Reichswehr-Infanterieregiment 5 eingestellt wurden. Die beiden Pour-le-mérite-Träger und späteren Generalfeldmarschälle Rommel und Schörner waren es, die ihm auf der Kriegsschule das geistige Rüstzeug für den Offiziersberuf mitgaben. In seinem Jahrgangskameraden Jürgen Bennecke fand de Maizière einen Freund, der ihn auf seinem Lebensweg über weite Strecken begleiten sollte.

Als Hauptmann und Regimentsadjutant nahm de Maizière am Polenfeldzug teil. Es folgte eine durch die Kriegsereignisse verkürzte zehnwöchige Generalstabsausbildung, und so kam er nach der Qualifikation zum Generalstabsoffizier als Erster Ordonnanzoffizier (O 1) des überaus bescheidenen und taktisch-operativ äußerst versierten Generalfeldmarschalls Ritter von Leeb zum Stab der Heeresgruppe C. Dort erlebte er 1940 die Ausarbeitung des Operationsplanes »Tannenbaum«, der die Besetzung der Schweiz vorsah, später aber verworfen wurde. Zum Anfang des Jahres 1941 wurde der Hauptmann in die 18. motorisierte Infanteriedivision als Zweiter Generalstabsoffizier (Ib), der für die Versorgung zuständig war, versetzt. Der Vorstoß auf Leningrad und der daran anschließende Stellungskrieg in den unwegsamen Wolchowsümpfen forderten dem Ib das Letzte an Organisationskunst und Improvisation ab.

Nach einem Jahr Frontdienst wurde de Maizière in die Organisationsabteilung im Oberkommando des Heeres (OKH) kommandiert. Unter der Leitung von Oberstleutnant Müller-Hillebrand war der Generalstabsmajor für die Gliederung, Aufstellung und Auffrischung der Feldheerdivisionen zuständig. Während dieser Referententätigkeit im OKH lernte er auch Oberstleutnant Graf Stauffenberg, der sein Zimmernachbar war, ebenso wie den Chef der Operationsabteilung, Generalmajor Heusinger, und dessen Gehilfen, Major Graf Kielmansegg, näher kennen. Nach gut einem Jahr übergab de Maizière seine Aufgabe an Major Ferber, um als Erster Generalstabsoffizier (Ia) zu der sich auf das Unternehmen »Zitadelle« vorbereitenden 10. Panzergrenadierdivision an die Ostfront zurückzukehren.

In 16 fast ausnahmslos von Rückzugskämpfen beherrschten Monaten leitete er die Arbeit des Stabes und unterstützte seinen Divisionskommandeur, Generalleutnant August Schmidt, bei dessen Entschlüssen. Bei 38 Grad Kälte war es der inzwischen zum Oberstleutnant beförderte de Maizière, der sich aufopfernd um die total erschöpften Landser kümmerte und ihnen durch sein Vorbild Zuversicht gab. Nach dem Zusammenbruch der Front in Rumänien gelang es, Teile der Division über die rettende Donau nach Bulgarien zu führen. Dabei wurde der später mit dem EK I ausgezeichnete Oberstleutnant Ulrich de Maizière durch Splitter einer Pak-Granate verwundet.

Anfang Februar 1945 wurde dann der knapp 33jährige Oberstleutnant aufgrund seiner herausragenden operativen Fähigkeiten Ia in der Operationsabteilung des Generalstabes des Heeres und später kommissarischer Chef der aus etwa 40 Offizieren bestehenden Abteilung. In dieser Funktion nahm er auch an den Lagevorträgen bei Hitler in der Berliner Reichskanzlei teil. Am 8. Mai hatte de Maizière dann den von ihm als menschlich schwersten Auftrag empfundenen Befehl auszuführen: Er flog in den Kurland-Kessel, um der vor der sowjetischen Gefangennahme stehenden Heeresgruppe Abschiedsgrüße zu überbringen und zu klären, ob der Kapitulationsbefehl Generaloberst Hilpert und seinen Stabschef Foertsch, den späteren Bundeswehr-Generalinspekteur, erreicht hatte. Zurückgekehrt nach Flensburg, wohin Teile des Oberkommandos der Wehrmacht ausgewichen waren, erlebte de Maizière am 23. Mai die entwürdigende Verhaftung der Regierung unter Großadmiral Dönitz mit, der Hunderttausende von Menschen ihre Rettung vor der Roten Armee verdankten.

Im Juni 1947 kehrte der ehemalige Generalstabsoffizier aus britischer Gefangenschaft heim zu seiner Ehefrau Eva, einer Bankierstochter, mit der er seit 1944 verheiratet war, und seiner kleinen Tochter Barbara. Ulrich de Maizière war fest davon überzeugt, daß er nie wieder eine Uniform tragen würde, und entschloß sich, aus seiner Liebe zur Musik einen Beruf zu machen. In Hannover absolvierte er eine Lehre als Buch- und Musikalienhändler und baute anschließend bei Schmorl & v. Seefeld die Musikalienabteilung auf. Völlig überrascht war er dann, als ihn am Heiligabend 1950 ein Brief des Oberst a. D. Graf Kielmansegg erreichte. Darin bat ihn der Kamerad aus gemeinsamen OKH-Tagen, in der »Dienststelle Blank«, die sich mit der Wiederbewaffnung Westdeutschlands befaßte, mitzuarbeiten. De Maizière zögerte nicht lange und sagte zu.

Bereits am 15. Februar 1951 wurde er Militärberater der deutschen EVG-Delegation in Paris und war damit der erste deutsche Soldat, der nach 1945 in offizieller Mission ins Ausland entsandt wurde. Allerdings mußte de Maizière sehr bald bei den Beratungen zur Bildung einer Europa-Armee feststellen, daß die Angebote für die Deutschen diskriminierend und damit unannehmbar waren. Eine Wende trat erst ein, als Bundeskanzler Adenauers oberster Wehrberater Blank im Sommer selbst nach Paris kam und seinen persönlich größten Erfolg erzielte, indem er die Gleichberechtigung der Bundesrepublik Deutschland durchsetzte.

Wegen der nun zunehmenden Bedeutung der Konferenz übergab Oberstleutnant a. D. de Maizière seinen Auftrag an den Generalleutnant a. D. Dr. Speidel und kehrte zum »Amt Blank« nach Bonn zurück. In der »Militärischen Abteilung« unter Generalleutnant a. D. Heusinger wurde er in dem Kernressort »Militärische Verteidigung im Gesamtrahmen« Referent und ständiger Vertreter des Unterabteilungsleiters Graf Kielmansegg. De Maizières Aufgabe war es primär, sämtliche Verteidigungsfragen im internationalen Bereich zu bearbeiten und dabei die Kontakte zu den in Bonn akkreditierten Militärmissionen zu pflegen. Auch nach dem Scheitern der EVG-Bemühungen 1954 veränderte sich sein Aufgabenspektrum nicht wesentlich.

Mit der Gründung der Bundeswehr wurde Ulrich de Maizière am 21. Dezember 1955 reaktiviert und zum Oberst ernannt. Er war nunmehr mit Führungsfragen der Landesverteidigung im Führungsstab der Bundeswehr betraut. Gemeinsam mit seinem Jahrgangskameraden Oberst Bennecke erarbeitete er eine Kompromißlösung für die sogenannte »Territorialorganisation«, der eine Mittlerrolle zwischen den mobilen NATO-Truppen und den meist stationären nationalen Verteidigungsbehörden zugedacht war. Ihre Verfügungstruppen indes sollten zunächst dem Heer angegliedert werden, was Heeresinspekteur Röttiger jedoch ablehnte. Daraufhin wurden sie einem dem Generalinspekteur unmittelbar nachgeordneten »Amt für Territoriale Verteidigung« unterstellt.

Am Neujahrstag des Jahres 1958 erhielt de Maizière, der seit dem 22. Dezember 1956 Brigadegeneral war, das Kommando über die Kampfgruppe A1 in seiner Heimatstadt Hannover. Er hatte um diese Verwendung ausdrücklich gebeten, denn während seiner bisherigen Laufbahn hatte der Brigadegeneral noch nie einen Truppenteil befehligt. Mit einer gewissen Unsicherheit trat er deshalb in Hannover seinen Dienst an, doch schon bald erfreute er sich allgemeiner Wertschätzung und bekam sogar die schwierige Aufgabe gestellt, im September 1958 in der »Lehr- und Versuchsübung des Heeres« mit seiner Truppe das neu konzipierte Brigademodell zu erproben. Dieses gliederte bereits im Frieden die Verbände unterhalb der Divisionsebene so, daß sie über mehrere Tage hinweg zu selbständigen Gefechten fähig waren. Der Truppenversuch wurde ein voller Erfolg, und so begann noch im selben Jahr die Umgliederung der bisherigen Kampfgruppen in Brigaden.

In Generalmajor Müller-Hillebrand, der bereits im OKH sein Chef war, fand Ulrich de Maizière einen Vorgesetzten, der als stellvertretender Kommandeur und auch später als Kommandeur der 1. Panzergrenadierdivision ihn voll und ganz unterstützte. Diese Zusammenarbeit wurde noch enger, als de Maizière am 1. Juli 1959 Müller-Hillebrand als dessen Stellvertreter zur Seite gestellt wurde.

Nach zweieinhalb Jahren in der Truppe führte de Maizières Weg nach Koblenz, wo er nunmehr als Kommandeur der Bundeswehrschule für Innere Führung Gelegenheit erhielt, das von ihm im »Amt Blank« mitentwickelte Konzept des »Staatsbürgers in Uniform« und einer zeitgemäßen Menschenführung in der Praxis weiter auszubauen. Dieser Lehrtätigkeit schloß sich am 1. April 1962 sogleich eine weitere pädagogische Aufgabe an. De Maizière, der nach einer üblichen viermonatigen »Bewährungszeit« zum Generalmajor befördert wurde, stand der Hamburger Führungsakademie vor. Unter seiner Führung wurde der bislang stark auf die jeweils eigene Teilstreitkraft ausgerichtete Lehrstoff hin zu einer übergreifenden, bundeswehrgemeinsamen Ausbildung gestaltet.

Insbesondere dem Generalstabsnachwuchs bot der mitunter schulmeisterlich und humorlos wirkende, aber stets korrekte Akademiekommandeur aufgrund seiner Fähigkeit, selbstlos, nüchtern und nie dabei das Ziel aus den Augen verlierend, klar zu handeln, das Idealbild des deutschen Generalstabsoffiziers. Verblüffend indes war, daß ausgerechnet er klare Begriffe wie »Kriegsbild« lieber durch diplomatisch-schwammige Formulierungen ersetzte, in denen der Militärpolitiker zum Vorschein kam und von »verschiedenen Erscheinungsformen moderner militärischer Auseinandersetzungen« sprach. Sein selbstgestecktes Ziel, die oberste Lehreinrichtung der Bundeswehr zu einer Akademie der Gesamtstreitkräfte auszubauen, gelang ihm nicht, wohl aber, ihr den Charakter einer akademischen Bildungsstätte zu verleihen. Nach zweieinhalb Jahren in Hamburg übergab er schießlich sein

Amt an seinen Jahrgangskameraden Bennecke und trat in Bonn die Nachfolge des Heeresinspekteurs Zerbel an.

Mit 52 Jahren war der am 1. Oktober 1964 zum Generalleutnant beförderte Ulrich de Maizière nicht nur an Lebensjahren, sondern auch im Dienstalter erheblich jünger als die drei Kommandierenden Generale Meyer-Detring, Hepp und Gaedcke sowie der Truppenamtschef Mäder, denen allen er nun vorgesetzt war. Als Inspekteur des Heeres richtete Generalleutnant de Maizière, der sich als konservativer Reformer verstand, nach den schikanösen Vorfällen in einer Nagolder Fallschirmjägerkompanie und dem besorgniserregenden Bericht des Wehrbeauftragten Heye zuallererst sein Hauptaugenmerk auf den inneren Zustand der Truppe. So verfügte er für die jungen Unteroffiziere eine großzügige, in der Truppe recht umstrittene Ausgeh-und Nachturlaubsregelung, denn sein Stellvertreter, Generalmajor Moll, hatte als Kommandeur der 10. Panzergrenadierdivision seine Soldaten bereits gänzlich vom Zapfenstreich befreit.

Der nach wie vor bestehende Mangel an Offizieren und Unteroffizieren wirkte sich zunehmend negativ vor allem für das Heer aus, das den größten Anteil an Wehrpflichtigen aufnahm und die stärkste Personalfluktuation in der Bundeswehr aufwies. Mit einem Paket von Maßnahmen, zu denen eine qualifiziertere Ausbildung, die Erhöhung der Verpflichtungsdauer auf 15 Jahre und die Möglichkeit gehörte, in die Laufbahn der Truppenoffiziere aufzusteigen, wurde das Prestige des Unteroffizierberufes verbessert. Durch diese reizvollen Angebote gelang es wenigstens für einige Jahre, die Lücken im Führungskader zu schließen und damit das Ausbildungsniveau und die Einsatzbereitschaft der jungen Soldaten anzuheben.

Generalleutnant de Maizière, der ein Heer von etwa 300000 Mann führte und diesem 1965 die ersten Truppenfahnen übergeben konnte, erhöhte durch die Einführung des Kampfpanzers »Leopard I« die Schlagkraft und forcierte darüber hinaus den Ausbau der Luftmobilität. Er erreichte, daß Verteidigungsminister von Hassel im Juni 1966 die Beschaffung von 135 Transporthubschraubern für die Heeresflieger billigte.

Währenddessen erreichte der Streit zwischen der zivilen und der militärischen Hardthöhenführung, der dazu noch durch die »Starfighter«-Unfallserie an Brisanz gewann, seinen Höhepunkt und gipfelte im Sommer 1966 in den Rücktrittserklärungen von Generalinspekteur Trettner und Luftwaffeninspekteur Panitzki sowie Generalmajor Pape. Um noch größeren politischen Schaden zu vermeiden, entschloß sich Verteidigungsminister von Hassel zu schnellem Handeln und wollte die Generalleutnante de Maizière und Steinhoff zu den Nachfolgern von Trettner und Panitzki berufen. Während sich jedoch der dynamische Luftwaffengeneral Steinhoff zehn Tage Bedenkzeit für sein neues Amt erbat und später klare Bedingungen stellte, wurde de Maizière, der einen Tag zuvor aus dem Urlaub zurückgerufen worden war, noch am Abend des 25. August 1966 zum General befördert und zugleich zum vierten Generalinspekteur der Bundeswehr ernannt. Kurz darauf vermeldete die Hardthöhe: »Mit dieser Berufung kann die Führungskrise in der Spitze der Gesamtstreitkräfte als überwunden angesehen werden.«

Große Teile der Armee, vor allem aber des Offizierskorps, sahen nach den berechtigten Rücktritten Trettners und Panitzkis in der schnellen und offenbar bedingungslosen Amtsübernahme de Maizières ein allzu nachgiebiges Verhalten gegenüber Politikern und zivilen Verteidigungsbeamten. Sie sollten mit ihren Vermutungen teilweise recht bekommen. Die Voraussetzungen – insbesondere ein unmittelbares Vortragsrecht beim Verteidigungsminister und die Zusage, unter den Hauptabteilungsleitern des Ministeriums die Stellung »sui generis« zugebilligt zu erhalten – teilte de Maizière allerdings nur den hohen Bundeswehr-Kommandeuren mit. Dieses der Öffentlichkeit bekanntzugeben, entsprach nicht seinem Loyalitätsverständnis.

Im September kündigte Hassel selbst an, daß in dem umstrittenen und nun revidierten Organisationsgesetz-Entwurf der Generalinspekteur jetzt auch die bereits unter Trettner geforderten truppendienstlichen Befugnisse erhalten solle, wodurch über die Inspekteure und Kommandierenden Generale ein direkter Befehlsstrang zu den Einheiten gewährleistet sei. De Maizière versäumte es nun jedoch, die günstige Stimmungslage im Verteidigungsausschuß für diese bislang strittige Kompetenzregelung und die damit zusammenhängende Frage des »politischen Vertreters« zu nutzen. Vielmehr erklärte er zurückweichend in einem Schreiben an Hassel, daß »der Generalinspekteur nicht in eine Position gebracht werden sollte, die ihn zwingen würde, gegebenenfalls unter parteipolitischen Gesichtspunkten aufzutreten oder aktiv zu werden«. Dies erweckte obendrein den Anschein, als distanziere er sich sogar von Trettners Forderungen.

In dem Minister-Erlaß vom 4. November 1966 wurde dann die Vertretung des Staatssekretärs geregelt, wonach der Generalinspekteur als »ranghöchster

Abteilungsleiter« diesen vertritt, »soweit es sich nicht um politische Funktionen handelt«, und hielt damit praktisch am Status quo fest. Nicht zugestanden wurde dem »dritten Mann« im Verteidigungsministerium beispielsweise die von dem de Maizière-Vorgänger gewünschte Disziplinargewalt. Auch an der schleppend arbeitenden Ministerialbürokratie, die Vorgänge wie die »Starfighter«-Krise nur unzureichend meistern konnte, hielt sich de Maizière mit der Kritik vornehm zurück. Insgesamt schien die bisherige Gemeinsame Geschäftsordnung der Hardthöhe, die die Mehrheit der parlamentarischen Experten bereit war zu überprüfen, nicht in Ordnung. Das zeigte de Maizières Bitte an Hassel, jetzt aber sicherzustellen, »daß bei allen anstehenden wichtigen Entscheidungen, die Soldaten betreffen und berühren, der Generalinspekteur beteiligt wird«.

Durch die seit dem 1. Dezember 1966 in Bonn regierende Große Koalition von CDU/CSU und SPD unter Bundeskanzler Kiesinger, die durch den Auszug der FDP-Minister aus der Regierung Erhard entstanden war, veränderte sich die innenpolitische Lage gravierend. Der neue Verteidigungsminister Schröder verfolgte die von Hassel noch zugesagte Frage der truppendienstlichen Befugnisse für den obersten Soldaten der Bundeswehr nicht mehr weiter. Und auch die dafür notwendige Novellierung der Wehrdisziplinarordnung unterblieb ebenso wie die gesetzliche Regelung der Organisation der Hardthöhe. Der von Schröder mitgebrachte Staatssekretär Carstens, der Gumbel ablöste, und der später hinzutretende Staatssekretär von Hase, der als ehemaliger hochdekorierter Generalstabsoffizier großes Verständnis für die militärischen Belange zeigte, sorgten jedoch wieder für einen ordentlichen Arbeitsablauf im Ministerium.

Generalinspekteur de Maizière sollte trotz der jetzt etwas günstigeren Vorzeichen allerdings eine unruhige Amtszeit bevorstehen. Aufgrund der angespannten Finanzlage des Bundes unterstützte der General das Vorhaben von Verteidigungsminister Schröder, das bisherige Planungsziel von 508000 Soldaten fallenzulassen und die sich immer noch im Aufbau befindliche Bundeswehr bei ihrem erreichten Umfang von etwa 465000 Mann »einzufrieren«. Zugleich wurden erstmals Pläne zur Kaderung der Streitkräfte erstellt. Zu Spannungen in der heterogenen militärischen Spitze, in der Generalleutnant Steinhoff dominierte, kam es dann im Sommer 1967 unter anderem wegen der teilweisen Fusion des Feldheeres mit der »Territorialverteidigung«, einem Gebilde, das de Maizière 1957 als Kompromißlösung mitkonzipiert hatte. Parallel dazu galt es, die Ausbildungsvorschriften und Einsatzpläne der seit

Frühjahr 1967 offiziell gültigen NATO-Strategie der nuklearen flexiblen und abgestuften Reaktion anzupassen, die die längst unglaubwürdig gewordene »massive Vergeltung« ersetzte.

Der seit einiger Zeit zu beobachtende gesellschaftspolitische Gärungsprozeß entlud sich schließlich 1968 und in den nachfolgenden Jahren. Demonstrationen, Studentenkrawalle und massenhafte Wehrdienstverweigerungen gehörten zum Alltag und signalisierten einen tiefgreifenden Wandel im Staatswesen. Für kurze Zeit wurde diese Revolte im August überschattet durch die Besetzung der CSSR durch Truppen des Warschauer Paktes. Während dieser Krise, in deren Verlauf Teile des II. süddeutschen Korps in ihre Verfügungsräume ausrückten, fanden zweimal täglich unter der Leitung von Minister Schröder auf der Hardthöhe Lagevorträge statt. De Maizière stimmte seine weiteren Vorhaben täglich mit dem ihm bestens vertrauten General Bennecke ab, der seit kurzem NATO-Oberbefehlshaber in Mitteleuropa war. Als Randnotiz dieser Krise blieb festzuhalten, daß die Bundeswehr-Kaderungspläne nach den Ereignissen in der CSSR vorerst fallengelassen wurden.

Die Bundestagswahl am 28. September 1969 brachte dann erstmals in der Geschichte der Bundesrepublik Deutschland die SPD an das politische Ruder. Nach vier Unionspolitikern wurde der neue Verteidigungsminister in der Regierung Brandt ein Sozialdemokrat: der einstige Hamburger Innensenator Helmut Schmidt, der sich während der Flutkatastrophe 1962 den Ruf eines zupackenden und entscheidungsfreudigen Politikers erworben hatte. Als solcher kam er auch zur Hardthöhe und kündigte sofort eine »kritische Bestandsaufnahme« an. Unter seiner Führung leitete nun General de Maizière die nach 15 Jahren unumgänglich gewordene Reform der Bundeswehr ein und trieb diese zügig voran.

Die Dynamik des gesellschaftspolitischen Umwälzungsprozesses brachte es mit sich, daß insbesondere das Image und die Berufsstruktur des Offiziers grundlegend verändert wurden. Ursache dafür war, daß seit 1969 die Rekrutierung von Offiziersanwärtern hauptsächlich in den Kampftruppen des Heeres zu 70 Prozent nicht mehr erreicht wurde, während die Luftwaffe und Marine mit ihren technischen Ausbildungsangeboten weniger Probleme hatten. So wurde aus der Not eine Tugend gemacht und die Errichtung von zwei Bundeswehrhochschulen beschlossen. Auf diesen sollte künftig der Offiziersnachwuchs eine akademische Ausbildung erhalten, wobei der Plan, das überwiegend zivilberuflich ausgerichtete Studium für Zeitoffiziere an das Ende ihrer Dienstzeit zu legen, an fiskalischen Gründen scheiterte. Darüber hinaus wurde auch die noch von de Maizières Vorgänger Trettner initiierte sogenannte Fachoffizierslaufbahn, die sich aus dem Unteroffizierskorps rekrutiert, eingeführt.

Die als elitär geltende Generalstabsausbildung indes war vielen Sozialdemokraten bei ihrem Umbau der Bundeswehr noch ein Dorn im Auge, und so versuchten sie diese, einhergehend mit der an den Ostblock gerichteten Entspannungspolitik, abzuschaffen. Als dies an dem geschmeidig geführten Widerstand von General de Maizière scheiterte, wurde die Parole ausgegeben, daß, wenn man schon Elite brauche, diese dann wenigstens im großen Marschblock aufgehen solle. Und so wurden die klassischen Lehrpläne der Generalstabsschüler um die verschiedensten Aspekte der Sozialwissenschaften erweitert.

Anläßlich einer Klausurtagung an der Führungsakademie war es aber der launige Minister Schmidt, der am 21. März 1970 in dem »Blankeneser Erlaß« erstmalig die Position und Befugnisse des Generalinspekteurs definierte und ihn zum »Gesamtverantwortlichen für die Bundeswehrplanung im Verteidigungsministerium« erklärte. Gleichzeitig wurde auch die Stellung der Inspekteure in allen Einzelheiten geregelt, die damit endlich truppendienstliche Vorgesetzte und somit wirkliche Befehlshaber ihrer Teilstreitkraft wurden. Doch mittlerweile war de Maizière an einem anderen Frontabschnitt gefordert. In der Truppe rumorte es gefährlich.

Hamburger Leutnante formulierten öffentlich provokante Thesen zu ihrem Beruf, und die Disziplin und Einsatzbereitschaft der Truppe erfüllte die Vorgesetzten zunehmend mit Sorge. Gegen die Warnung aller Kommandeure erlaubte Schmidt den Soldaten schulterlanges Haar und buschige Bärte, die als Zeichen des »Protestes« galten, zu tragen. Erst Anfang 1972 wurde der »Haarnetzerlaß« revidiert. 30 Kompaniechefs der 7. Panzergrenadierdivision aus Unna veranlaßte dieser Disziplinverfall zu einer Denkschrift. In einer internen Diskussion warfen die jungen Offiziere, wie übrigens auch zahlreiche seiner Generalskameraden, de Maizière ein zu weiches und nachgiebiges Verhalten vor. Der General, der nie einen rechten Kontakt zur Truppe gefunden hatte und dessen Handeln von dieser wiederum oft nicht verstanden und wohl auch verkannt wurde, räumte später ein, daß diese Unterredung mit den »Hauptleuten von Unna« die schwierigste in seiner Amtszeit als Generalinspekteur gewesen sei, weil er gewußt habe, daß er die Truppenführer nicht habe überzeugen können. Für den Unnaer Divisionkommandeur, Generalmajor Middeldorf, der die Erstellung der Denkschrift erlaubt hatte, endete diese Affäre jedoch mit seiner vorzeitigen Pensionierung.

Schließlich blieb es de Maizière nicht erspart, auch noch die am 10. September 1971 von der sozialliberalen Bundesregierung beschlossene Wehrdienstverkürzung von 18 auf 15 Monate einzuleiten, mit der eine größere »Wehrgerechtigkeit« erreicht werden sollte, durch die aber die Bundesrepublik Deutschland wieder unter die NATO-Norm sank. Am 31. März 1972 endete dann die 42jährige aktive Dienstzeit von General de Maizière. Bevor er sein Amt an seinen Nachfolger, Admiral Zimmermann, übergab, wurde ihm in Wunstorf die seltene Ehre einer Truppenparade zuteil.

Fünfeinhalb Jahre, länger als alle Generalinspekteure, war Ulrich de Maizière der ranghöchste Soldat der Bundeswehr. Er diente unter drei parteipolitisch völlig unterschiedlich ausgerichteten Regierungen und paßte sich allen Ministern an. Weder Hassel noch Schröder oder gar Schmidt empfanden ihn als eine Person, die an ihrer Führungsverantwortung Teilhabe forderte. Mit seinem Namen verbanden sich Attribute wie feinsinnig, künstlerisch, herzlich, bescheiden und unauffällig. So kam es, daß er als Generalinspekteur häufig unsicher wirkte, oft zauderte und dadurch verhältnismäßig wenig voranbrachte. Vielmehr waren seine Kräfte darin gebunden, die zahlreichen Demontageversuche der SPD zu verhindern oder abzufedern. Dem General, der stets den Ausgleich suchte, ist es aber vielfach geglückt, Bewährtes zu bewahren. General de Maizière, an dem sich wie bei kaum einem anderen General die Geister scheiden, war jedoch zweifelsfrei ein Generalinspekteur, dessen Fähigkeiten den Anforderungen des Amtes gewachsen waren und der gegenüber der SPD für die Loyalität der Armee eine Lanze brach. In einer Periode starker Turbulenzen war er vielleicht gerade aufgrund seines bewußten Unterordnens der richtige Mann in diesen Jahren auf diesem Posten, denn viele seiner Kameraden wären vermutlich schon wegen der fehlenden militärpolitisch-diplomatischen Erfahrungen binnen kürzester Zeit gescheitert.

So nahm der General a. D. nach seinem Ausscheiden aus der Bundeswehr in Bonn-Bad Godesberg seinen Alterssitz, um aber schon 1978 für Verteidigungsminister Apel den Vorsitz einer nach de Maizière benannten Kommission zu übernehmen, die der Armee beim Kampf gegen Bürokratie und Papierkrieg helfen sollte, allerdings nicht viel ausrichten konnte. Zugleich verfaßte Ulrich de Maizière in den Jahren seines unsteten Ruhestandes die Bücher »Führen im Frieden« und »In der Pflicht« und fand Muße für sein Hobby, das Klavierspiel.

JÜRGEN BENNECKE

Oberbefehlshaber der NATO-Streitkräfte Mitteleuropa
von 1968 bis 1973

Jürgen Bennecke

Sowjetische Fallschirmjäger landeten überfallartig auf den Flugplätzen Prag, Kladno, Zatec und besetzten Kontrolltürme, Elektrizitätswerke und Treibstofflager. Wenig später marschierten von allen Seiten Truppen aus der UdSSR, Polen, Ungarn, Bulgarien und der DDR in die Tschechoslowakei ein. Damit wurde schlagartig das im Frühjahr begonnene Experiment der neuen Staatsführung des Landes, einen eigenen Weg zum Sozialismus unter demokratischen Voraussetzungen zu finden, beendet. Es war die Nacht zum 21. August 1968.

Bereits Monate zuvor hatte Moskau mit Beschwörungen, Ermahnungen und Drohungen Prag zur Umkehr gedrängt. Im Mai schon hatte auch der Präsident des Bundesnachrichtendienstes (BND), Reinhard Gehlen, erste Warnmeldungen über mögliche Aktionen an die NATO geliefert. Im Sommer fand dann eine Vielzahl hintereinandergeschalteter sowjetischer Manöver im Grenzterritorium rings um die Tschechoslowakei statt. Am 2. August – also 19 Tage vor der Intervention – wies Gehlen die politische NATO-Führung auf den nun unmittelbar bevorstehenden Ausbruch einer ernsten Krise hin, da der Aufmarsch gegen die CSSR abgeschlossen und ab sofort ein Überfall ohne Vorwarnzeit möglich sei. Die Absichten des Warschauer Paktes zu bewerten, war jetzt Aufgabe der Politiker. Doch in einer beispiellosen Fehlkalkulation verneinten alle NATO-Regierungen die Gefahr eines Einmarsches.

In der niederländischen Hendrik-Mine von Brunssum indes herrschte Krisenstimmung und rege Betriebsamkeit. In dem stillgelegten Bergwerk, das seit 1966 das NATO-Hauptquartier AFCENT beherbergte, liefen die Meldungen über die Lage in der CSSR pausenlos ein. Oberbefehlshaber General Jürgen Bennecke beobachtete die Entwicklung äußerst sorgfältig, zumal die Operationen seinen eigenen Befehlsbereich, Europa-Mitte, unmittelbar tangierten. Obwohl erst seit gut vier Monaten im Amt, war Bennecke für Krisen geradezu prädestiniert, denn wie kaum ein anderer hatte er frühzeitig auf höchster Ebene gelernt, mit gefährlichen Situationen umzugehen.

Jürgen Bennecke, geboren am 12. September 1912 zu Halberstadt, wuchs mit drei Brüdern in der Uckermark auf. Sein Vater Ludwig, ein schwer kriegsbeschädigter königlich-preußischer Hauptmann, verheiratet mit einer Offizierstochter, bewirtschaftete ein Gut. Seine Vorfahren waren vorwiegend Landwirte, Ärzte und Juristen gewesen, doch Jürgen Bennecke wollte, wie sein Vater und auch später sein jüngerer Bruder Louis-Ferdinand, Berufssoldat werden, und so trat er nach dem Abitur im Frühjahr 1930 in seiner Geburtsstadt als Offiziersanwärter in das Reichswehr-Infanterieregiment 12 ein.

Als Hauptmann und Regimentsadjutant erlebte er in den Reihen des Infanterieregiments 183 den Polen- und den Westfeldzug mit, ehe er an der Kriegsakademie in Berlin einen verkürzten Generalstabslehrgang absolvierte. Der ausgesprochen humorvolle und agile Hauptmann wurde im Januar 1941 als Erster Ordonnanzoffizier (O 1) zur Heeresgruppe A versetzt, deren Oberkommando in der Nähe von Paris lag. Oberbefehlshaber des im April in Heeresgruppe Süd umbenannten Großverbandes war der überragende Stratege, Generalfeldmarschall Gerd von Rundstedt. Dieser 65jährige aufrechte Patrizier und fast schon als genial zu bezeichnende Heerführer lehrte fortan Bennecke, im großen militärischen Rahmen zu denken. Die erste Lektion begann gleich nach seiner Ankunft mit den Aufmarschvorbereitungen für den »Fall Barbarossa«, jenes Unternehmens, das den Feldzug gegen Rußland beinhaltete. Bennecke erlebte die nie abreißende gedankliche Vorarbeit, die mit der Führung großer Truppenverbände verbunden ist. Und wenn der junge O 1 den Feldmarschall auf dessen Spaziergängen gelegentlich zu begleiten hatte, wurde er vertraut mit dessen Bemühen, sich für die Grundlage eigener Entschlüsse insbesondere in die Lage des Feindes zu versetzen und alle Möglichkeiten zu überdenken, wie dieser künftig operativ handeln könnte. Hierfür hatte Rundstedt ein besonderes Gespür, und Bennecke erlebte schon bald Beispiele einer erstaunlich treffenden, weiten Vorausschau.

Als engster Mitarbeiter des für die Bearbeitung der Operationen zuständigen Ersten Generalstabsoffiziers (I a), des damaligen Oberst und späteren Generals der Gebirgstruppe August Winter, machte Hauptmann Bennecke den gewaltigen Vorstoß in die Ukraine, den Durchbruch der stark befestigten »Stalinlinie« und die Vernichtung zweier russischer Armeen bei Uman mit, der nur zwölf Tage später im Zusammenwirken mit der Heeresgruppe Mitte bei Kiew die größte Kesselschlacht der Kriegsgeschichte folgte. Sieben sowjetische Armeen wurden geschlagen, mehr als 600000 Rotarmisten zogen in Gefangenschaft. An der Seite der deutschen Truppen kämpften auch große rumänische, italienische und ungarische Verbände, und Jürgen Bennecke erhielt somit eine erste Gelegenheit, Erfahrungen im Umgang mit Verbündeten zu sammeln.

Schlamm und Frost ließen dann die Front am Donez erstarren. Bennecke wurde Vierter Generalstabsoffizier (Id) und war nunmehr als Gehilfe des Ia für Unterbringungsfragen und Marschvorbereitungen der Heeresgruppe zuständig. Im Juni 1942 wurden die deutschen Truppen umgruppiert für den Stoß in Richtung Kaukasus und Wolga, doch diese Offensive endete mit der Stalingrad-Katastrophe und dem drohenden Zusammenbruch des Südflügels der deutschen Ostfront.

Ende März 1943 wurde Bennecke, seit Juni 1942 Major, I a der neuformierten 100. Jägerdivision, deren Kern in Stalingrad untergegangen war. Eineinhalb Jahre bestimmte er maßgeblich, nun in permanenten Rückzugsgefechten, die Operationsführung dieses Großverbandes. Während der schweren Kämpfe zur Rettung der mit 200000 Mann eingeschlossenen 1. Panzerarmee im Raum Uman – Winniza im März und April 1944 zeichnete sich Bennecke erneut durch die bestechende Klarheit seines taktischen Urteils, aber auch durch persönliche Kühnheit aus. Er wurde nicht zuletzt hierfür später mit dem Deutschen Kreuz in Gold dekoriert. Inzwischen Oberstleutnant, kehrte er als Stellvertretender Ia in seinen alten Stab der nunmehrigen Heeresgruppe Nordukraine, die später noch in Heeresgruppe Mitte umbenannt wurde, zurück. Unter dem Oberbefehlshaber Generaloberst Harpe und später dem als äußerst zäh und rücksichtslos kämpfenden Generalfeldmarschall Schörner erlebte Bennecke den aus dem Baranow-Brückenkopf geführten sowjetischen Durchbruch der deutschen Abwehrstellungen, die Verteidigung Schlesiens und den blutigen Endkampf in der Slowakei, ehe er im Mai 1945 in britische Gefangenschaft geriet. Bennecke zog Bilanz: Seine drei Brüder Hermann, Konrad und Louis-Ferdinand waren gefallen, seine Heimat verwüstet und von den Sowjets besetzt.

Im März 1947 aus der Kriegsgefangenschaft entlassen, wurde der einstige Generalstabsoffizier Landwirt und lebte mit seiner Ehefrau Ursula, mit der er seit 1937 verheiratet war, und seinen vier Kindern im Markgräflerland auf dem Hofgut Kaltenherberge nahe Badenweiler. Der Kontakt zu früheren Kameraden war nicht abgebrochen, und so kam es, daß er im August 1952 in das mit der Aufstellung einer westdeutschen Streitmacht betraute »Amt Blank« eintrat. Bennecke traf dort unter anderen auch seinen Jahrgangskameraden Ulrich de Maizière, mit dem ihn seit der Fähnrichszeit eine enge Freundschaft verband. Bis zum Juni 1953 nahm er als Mitglied der deutschen Delegation an den Pariser EVG-Gesprächen, die die Gründung einer europäischen Armee zum Ziel hatten, teil. Nach einigen Kontroversen über gewisse für Deutschland nicht akzeptable Absichten einiger Alliierter kehrte Bennecke dann aber nach Bonn zurück und beschäftigte sich nunmehr in der Abteilung »Heer« mit Organisationsfragen. Als am 12. November 1955 in der Bonner Ermekeil-Kaserne die Bundeswehr aus der Taufe gehoben wurde und die ersten 101 Soldaten ihre Ernennungsurkunden erhielten, wurde Bennecke als Oberst übernommen und erhielt die Leitung der für die Organisation und den Aufbau des Heeres zuständigen Unterabteilung übertragen.

Freudig und voller Elan übernahm der 45jährige Offizier, der zuletzt 1939 als Kompaniechef ein Truppenkommando ausgeübt hatte, am 1. April 1958 dann in Flensburg die im Aufbau begriffene Kampfgruppe A6, die später in Panzergrenadierbrigade 16 umbenannt wurde. Nach mehr als zwei Jahren Kommandeurzeit kehrte Bennecke in den Bonner Führungsstab des Heeres zurück, wo er sich in den nächsten drei Jahren als Brigadegeneral überwiegend mit Ausbildungsfragen befaßte. Es folgte eine neuerliche Truppenverwendung, diesmal als Kommandeur der im westfälischen Unna stationierten 7. Panzergrenadierdivision, die ihm auch den zweiten goldenen Stern einbrachte. In Unna wurde, wie schon in Flensburg, neuerlich Benneckes überaus großes taktisch-operatives Geschick deutlich. Die außerordentlich kameradschaftliche Art, die er auch jungen Soldaten entgegenbrachte, trug dem General, der seine sachliche Kritik stets mit ein bißchen Ironie und väterlich-wohlwollender Belehrung würzte und dabei immer aufbauend und motivierend wirkte, in der Truppe Sympathien und höchsten Respekt ein. Bennecke, der durch sofortiges Erkennen von Schwachstellen frappierte, galt als geborener Truppenführer.

Im Oktober 1964 folgte er seinem Kameraden de Maizière im Amt des Kommandeurs der Hamburger Führungsakademie. Auch hier sah der Praktiker Bennecke seine Aufgabe hauptsächlich darin, die künftigen Generalstabsoffiziere zu soliden Gehilfen ihrer späteren Kommandeure heranzubilden. So kam es denn auch vor, daß er zwei Drittel der Übungsarbeiten eines Generalstabskursus mit der Bemerkung zurückwies, diese nochmals zu erstellen – und zwar erheblich geraffter, denn die Truppe verkrafte soviel Papier nicht. Besonderen Wert legte der Generalmajor aber auch darauf, den Lehrgangsteilnehmern das Zusammenwirken mit der Territorialverteidigung nahezubringen und sie zugleich zu befähigen, deutsches taktisches und operatives Denken in die Verteidigungsplanung des Atlantischen Bündnisses einzubringen. Doch nicht nur an der Führungsakademie, sondern auch in seiner darauf folgenden Verwendung als Kommandierender General des I. Korps in Münster, die er seit Oktober 1966 versah, schöpfte er unablässig aus seinem reichhaltigen Erfahrungsschatz, den er während seiner langen Kriegstätigkeit im Heeresgruppenstab erworben hatte. Ein letztes eindrucksvolles Beispiel dafür, daß der fraglos für höhere Weihen bestimmte Generalleutnant energisch und wendig führen konnte und selbst die hohe Kunst des Improvisierens beherrrschte, lieferte er bei dem von ihm geleiteten großen Wintermanöver »Hermelin«.

Bennecke, der durch seine stattliche Länge von 1,91 Meter und sein strahlendes Äußeres noch immer wie »Jung-Siegfried« wirkte, war als Nachfolger des Heeresinspekteurs Josef Moll vorgesehen, als plötzlich die Regierung in Den Haag die Bundeswehr-Personalplaner zum Umdenken zwang. Die Niederländer hatten nämlich in einer für die Allianzgeschichte bislang beispiellosen Brüskierung den Generalleutnant Albert Schnez, der General Graf Kielmansegg als NATO-Oberbefehlshaber Europa-Mitte nachfolgen sollte, abgelehnt. Der Anlaß war, daß Schnez vor Eintritt in die Bundeswehr geschrieben hatte, er könne erst dann wieder Soldat werden, wenn die Frage der »Kriegsverurteilten« auf »honorige Weise« geregelt sei. Exakt das hatte Bundeskanzler Adenauer allen Soldaten damals versprochen, doch für die Holländer war genau dies der Grund, Schnez als »Nazi« zu diffamieren. Die Folge war, daß Bonn nun rasch einen neuen Kandidaten suchen mußte. Generalinspekteur de Maizière war zwar zu einem Wechsel bereit, doch lehnte dies Verteidigungsminister Schröder aus Gründen der Kontinuität ab. Und auch die beiden anderen Aspiranten, Luftwaffeninspekteur Steinhoff und Generalleutnant Gerhard Wessel, schieden für den NATO-Posten aus. So fiel die Entscheidung für Jürgen Bennecke.

In einem Crash-Kurs erlernte der humanistisch gebildete General, der bis dahin über keinerlei internationale NATO-Erfahrungen verfügte, Englisch, um am 1. April 1968 das Amt des Oberbefehlshabers der Alliierten Streitkräfte in Mitteleuropa anzutreten. Seine äußerst konsequente Zeiteinteilung – allmorgendlich von sechs Uhr bis sechs Uhr dreißig paukte er am Sprachtrainer die neue Fremdsprache – und seine herzliche Art, die es ihm ermöglichte, schnell Vertrauensverhältnisse aufzubauen, erleichterten ihm den Start. Hinzu kamen sein fundiertes Wissen und seine preußisch-bescheidene Erziehung, die es ihm bei dem im internationalen Bereich üblichen Changieren und Taktieren trotz seiner Geradlinigkeit gestatteten, auf diesem ungewohnten Parkett seinen Mann zu stehen. Auch wenn es weniger seinem Naturell entsprach, Kompromisse auszuhandeln und die oft divergierenden Interessen von sechs Nationen zu koordinieren, so meisterte Jürgen Bennecke dieses neue Arbeitsfeld später dennoch nahezu perfekt.

Knapp fünf Monate erst war der General im Amt, als am 21. August 1968 die CSSR durch ihre Warschauer-Pakt-»Waffenbrüder« überfallen wurde und dadurch auch für Benneckes Kommandobereich eine prekäre Lange entstand. Denn in der NATO hatte niemand ins Kalkül gezogen, daß möglicherweise Flüchtlingsströme oder sogar tschechoslowakische Truppen sich über die Grenze absetzen könnten. Die scheinbar glänzend durchgeführte Intervention offenbarte Bennecke dann aber schon sehr bald interessante Einblicke in Führung und Organisation der Truppen des Warschauer Paktes. War noch die Luftlandeaktion ziemlich reibungslos verlaufen, so zeigte insbesondere das Nachschubsystem erhebliche Schwächen. Neben vielen technischen Mängeln machte die Organisationsform – vor allem bei der multinationalen Zusammenarbeit – deutlich, daß vor allem die sowjetische Armee keine ausreichende Regenerationsmöglichkeit besaß.

Dennoch veränderte sich die militärische Lage in Mitteleuropa durch diesen Einmarsch nachhaltig, denn fünf sowjetische Divisionen blieben als ständige Besatzung in der CSSR zurück. Dies hatte zur Folge, daß nicht nur das Angriffspotential des Warschauer Pakts in Grenznähe größer geworden war und in die Planungen a priori auch die Möglichkeit einbezogen werden mußte, daß in einem Kriegsfall das neutrale Österreich zu einem »Durchmarschland« für östliche Truppen werden konnte, sondern daß auch General Bennecke die Verteilung seiner zur Verfügung stehenden Truppen neu konzipieren mußte. Vor allem die kampfkräftigste alliierte Kräftegruppe, die 7. US-Armee, war jetzt stärker als bisher gebunden. Noch gravierender aber war die Tatsache, daß nunmehr durch verkürzte Vorwarnzeiten die nichtnukleare Verteidigungsphase der NATO sich auf annähernd zwei Tage reduziert hatte. Der schnellen Umsetzung der seit 1967 offiziell gültigen Strategie der »flexiblen Antwort« und der operativen Planung, Benneckes Domäne, galt deshalb das vordringliche Interesse.

Angesichts der veränderten Bedrohungslage drängte General Bennecke auch ständig auf eine umfangreichere und schnellere Zuführung vor allem amerikanischer Verstärkungskräfte im Krisenfall. Mit großer Skepsis beobachtete der fast apolitische General, der die unangenehmen Seiten des politischen Geschehens und den Grabenkrieg der Parteien weitgehend ignorierte und gelassen über dem Tagesgeschehen stand, die in der Bundesrepublik wie in den übrigen NATO-Staaten wachsende Entspannungseuphorie. Die größte Sorge von Bennecke bestand darin, daß die politischen Instanzen im Falle einer akuten Bedrohung den Entschluß zu weitreichenden militärischen Maßnahmen nicht rechtzeitig fassen könnten. Für ihn war es deshalb oberstes Gebot, alle nur denkbaren Lagen planerisch vorzubereiten. Der Oberbefehlshaber, der im Frieden über keine Truppen verfügte, war darüber hinaus bemüht, eine gewisse Gleichartigkeit der Ausbildung und schnellere Einsatzfähigkeit der in seinem Kommandobereich stehenden Streitkräfte zu erreichen.

Nach fünfeinhalb Jahren Arbeit als NATO-Oberbefehlshaber Europa-Mitte, der längsten Amtszeit aller bisherigen Stelleninhaber, wurde »Big Ben«, wie ihn auch die Alliierten nannten, am 30. September 1973 in den Ruhestand verabschiedet. General a. D. Jürgen Bennecke, der sich ganz der soldatischen Tradition verpflichtet fühlt und eine gute Mischung eines preußischen Offiziers und Landedelmannes verkörpert, nahm seinen Alterssitz in jenem Flecken, der ihm nach Kriegsende zur zweiten Heimat geworden war: dem südbadischen Markgräfler Land. 1978 wurde er dann für einige Zeit zum Präsidenten der international renommierten Gesellschaft für Wehrkunde gewählt und nahm an der Universität Freiburg noch einen Lehrauftrag für das Fach Strategie wahr, ehe er sich aus der Öffentlichkeit zurückzog.

JOHANNES STEINHOFF

Vorsitzender des NATO-Militärausschusses
von 1971 bis 1974

Johannes Steinhoff

Mit mehr als 200 Stundenkilometern jagte die Me-262 über die Startbahn, eine simple Rasenpiste. Oberst Steinhoff, eben 31 Jahre alt, war im Begriff, die Maschine hochzuziehen, als sie plötzlich das linke Fahrgestell verlor, ins Schleudern geriet und gegen eine Straßenböschung prallte. Der Düsenjäger wurde etwa 150 Meter hochgeschleudert. Geistesgegenwärtig zurrte Steinhoff während dieses kurzen Fluges seine Sitzgurte fester, da schlug bereits das Flugzeug auf und verschwand in einem riesigen Feuerball. Wie durch ein Wunder überlebte Steinhoff das Unglück am 18. April 1945 mit lebensgefährlichen Verletzungen. Schwerste Verbrennungen hatten sein Gesicht bis zur Unkenntlichkeit entstellt.

Johannes Steinhoff gehörte zu den Jagdflieger-Assen der Wehrmacht, denen eine überragende Karriere beschieden war. Am 15. September 1913 im thüringischen Bottendorf als Sohn eines wohlhabenden Mühlenbesitzers geboren, machte er 1932 an der Klosterschule Roßleben, wo einige Jahre zuvor auch Johann-Adolf Graf von Kielmansegg seine Reifeprüfung abgelegt hatte, sein Abitur, um anschließend in Jena Philologie zu studieren. Aber Anfang 1934 entschloß sich der mit einigen Schmissen gezeichnete Korporationsstudent und begeisterte Segelflieger, in die Reichsmarine einzutreten. Dort erhielt er eine fliegerische Ausbildung, und bereits 1936 wechselte der Oberfähnrich zur See als Leutnant zu der im Aufbau befindlichen Luftwaffe über. Bei Kriegsbeginn führte Oberleutnant Steinhoff die erste Nachtjagdstaffel der Luftwaffe, doch schon im Mai 1940 wurde er zum Jagdgeschwader (JG) 52 versetzt und nahm ab August an der sogenannten Luftschlacht um England, die eine deutsche Invasion vorbereiten sollte, teil. Mit Beginn des Rußlandfeldzuges wurde das JG 52 an die Ostfront verlegt.

Ende März 1943 wurde der 29jährige Major Kommodore des in Nordafrika kämpfenden Jagdgeschwaders 77. Als im Mai das deutsche Afrikakorps zerschlagen wurde, rettete Steinhoff seinen Verband nach Sizilien, wo dieser jedoch wenig später einer erdrückenden feindlichen Luftarmada gegenüberstand. Mit dem Mut der Verzweiflung versuchten die Jagdflieger ihr letztes zu geben und erzielten – wenn auch bescheidene – Erfolge. So unbarmherzig der Kampf auch tobte, so ritterlich blieb Steinhoffs Handeln. Am 28. Juli 1944 wurde ihm als Oberstleutnant und einem von insgesamt nur 159 Wehrmachtsoldaten das Ritterkreuz mit Eichenlaub und Schwertern verliehen. Im Dezember darauf erfolgte seine Ernennung zum Kommodore des Jagdgeschwaders 7. Damit war der Auftrag verbunden, das erste Düsenjägergeschwader der Welt, das mit Me-262 ausgerüstet war, aufzustellen.

Die sich abzeichnende Niederlage war allerdings nicht mehr abzuwenden und führte in der Luftwaffe zu einer tiefen Mißstimmung gegen den Oberbefehlshaber Göring, der inzwischen Unmögliches von den Soldaten forderte und aus Enttäuschung über die ausbleibenden Erfolge schließlich pauschal den tapferen Jagdfliegern Feigheit vorwarf. Am 19. Januar 1945 kam es dann in Berlin zu einer dramatischen Begegnung zwischen Göring und den Obristen Lützow, Trautloft, Neumann, Rödel und Steinhoff. Oberst Lützow, Sprecher der Gruppe von Kommodores, wies dabei Görings infamen Vorwurf entschieden zurück und forderte die sofortige Freigabe der Me-262 zur Bomberjagd. Schließlich warf er dem Reichsmarschall fachliches Versagen vor, woraufhin Göring seine Fassung verlor und drohte, Lützow »füsilieren« zu lassen. Alle an dieser Auseinandersetzung beteiligten Geschwaderkommodores wurden unverzüglich ihrer Posten enthoben. Steinhoff, den seine Kameraden »Mäcki« nannten, wurde in den nur staffelgroßen Jagdverband 44 versetzt, der von dem ebenfalls in Ungnade gefallenen Generalleutnant Galland geführt wurde.

Als Steinhoff am 18. April 1945 in München-Riem neuerlich zum Einsatz starten wollte, ahnte er nicht, daß dies sein letzter von mehr als 900 Feindflügen werden sollte. Mit 176 anerkannten Siegen in Luftkämpfen war Steinhoff, der zwölfmal selbst abgeschossen worden war, einer der erfolgreichsten Jagdflieger überhaupt. Das draufgängerische Handeln dieses Soldaten, der binnen fünf Jahren vom Oberleutnant zum Oberst befördert worden war, wurde jedoch stets von der Disziplin bestimmt, die das Wägen vor das Wagen setzte.

Schwerverletzt erlebte er in einem Münchner Reservelazarett das Kriegsende, wo er bis September als amerikanischer Kriegsgefangener galt. In mehr als 70 Operationen versuchten die Ärzte in den folgenden zwei Jahren sein Gesicht wiederherzustellen. Zu seiner Frau Ursula, mit der er seit 1939 verheiratet war, und seinen beiden Kindern zurückgekehrt, wandte sich Johannes Steinhoff 1948 dem Keramikhandwerk zu, ehe er zu der Münchner Werbeagentur Gabler wechselte. Von 1952 an arbeitete der kriegsversehrte frühere Oberst dann im »Amt Blank« und nahm als Mitglied der deutschen

Delegation an den in Paris stattfindenden EVG-Verhandlungen teil. Der vornehmlich mit der zukünftigen Luftwaffen-Konzeption befaßte Steinhoff wurde schließlich knapp zehn Jahre nach seinem verheerenden Flugunfall zu einem Auffrischungskursus für Piloten zur amerikanischen Luftwaffe entsandt. Dort erhielt Steinhoff auch die notwendigen Einweisungen in die modernsten Militärjets, die für die Bewaffnung der geplanten westdeutschen Armee in Frage kamen.

Nach der offiziellen Gründung der Bundeswehr wurde der reaktivierte Oberst mit der Leitung der für Führungs- und Ausbildungsangelegenheiten zuständigen Abteilung im Luftwaffenstab des Bonner Verteidigungsministeriums betraut. 1958 zum Brigadegeneral befördert, wechselte Steinhoff im Oktober 1960 nach Washington als »Deutscher Militärischer Vertreter« zum NATO-Militärausschuß. Dort wurde der fließend englisch sprechende Luftwaffenoffizier für den seit Frühjahr 1961 amtierenden Vorsitzenden des Militärausschusses, General Heusinger, zu einem einflußreichen Berater. Als Generalmajor kehrte Steinhoff 1963 nach Deutschland zurück, um in Aurich die 4. Luftwaffendivision zu übernehmen. Nach nur 16 Monaten aber mußte er diesen Großverband, dem die Luftverteidigung ganz Norddeutschlands oblag, verlassen, denn Steinhoff war von Friesland nach Fontainebleau in das für Mitteleuropa zuständige NATO-Hauptquartier berufen worden. Er war jetzt Chef des Stabes und Stellvertretender Befehlshaber der alliierten Luftstreitkräfte. Zum ersten Mal seit der Gründung der Bundeswehr wurde damit einem deutschen General diese Funktion zuteil. Generalleutnant Steinhoff erhielt einen weitgefächerten Einblick, primär in die nukleare Planung mit der Einsatzführung, und konnte nun auch die operativen Vorhaben für die deutschen Kampfgeschwader, die alle dem Bündnis unterstellt waren, mitbestimmen.

Ein Routineflug, auf dem sich der Oberleutnant Siegfried Arndt mit seinem »Starfighter« befand, beeinflußte dann indirekt Steinhoffs weiteres Schicksal. Bei Helgoland überzog Arndt die Maschine beim nahezu senkrechten Steigflug. Der sogenannte Steuerknüppel-Rüttler, der den Piloten normalerweise davor warnt, war aus seinem Flugzeug ausgebaut worden, weil es damit Fehlfunktionen gegeben hatte. Die F-104G kam ins Trudeln – ein Flugzustand, aus dem der »Starfighter« nicht mehr zu retten war. Oberleutnant Arndt kam in der Nordsee um. Es war der 18. Juli 1966, jener Sommer, in dem fast keine Woche für die deutsche Luftwaffe verging, ohne daß nicht der Verlust eines »Starfighters« gemeldet werden mußte.

Zehn Tage nach dem Absturz von Arndt erfuhr im Jagdgeschwader »Richthofen« Verteidigungsminiser Kai-Uwe von Hassel in Gesprächen mit Kameraden des Toten, welche Seenotrettungsmaßnahmen Generalleutnant Steinhoff bereits im Dezember 1964 offensichtlich vergeblich vorgeschlagen hatte. Die »Starfighter«-Krise hatte ihren Höhepunkt erreicht, als nun auch noch wegen vorenthaltener Kompetenzen Luftwaffeninspekteur Panitzki zurücktrat – und wenige Tage später auch Generalinspekteur Trettner und Generalmajor Pape ebenfalls wegen Kompetenzstreitigkeiten mit der politischen Hardthöhen-Führung ihren Abschied einreichten. Die Spannungen drohten sich zu einer Regierungskrise auszuweiten. In seiner Not erinnerte sich schließlich Hassel der Gespräche im »Richthofen«-Geschwader und holte aus Frankreich Generalleutnant Steinhoff auf die Hardthöhe.

Von Steinhoff wurde nun erwartet, die »Starfighter«-Krise zu meistern. Er machte jedoch keinen Hehl daraus, daß »die Arbeitsweise des Ministeriums mit seinen vielen Zuständigkeiten häufig schnelle Entscheidungen erschwert«. Gerade aber diese benötigte die in Bedrängnis geratene Luftwaffe. Der Generalleutnant erbat von Hassel zehn Tage Bedenkzeit, während der er eine nüchterne Beurteilung der Lage vornahm und ein Konzept zur Überwindung der Krise erstellte.

Johannes Steinhoff war ein unpathetischer Offizier, der als begeisterter Pilot gleichermaßen technisch versiert wie organisatorisch begabt war und bewiesen hatte, daß er auch ohne Generalstabsausbildung große Stäbe führen konnte. Der hochgewachsene, temperamentvolle General mit dem unbeugsamen Optimismus galt als selbstlos, ideenreich, hart gegen sich und andere und als Feind von Halbheiten. Gelassenheit und Geradlinigkeit zeichneten diesen sensiblen Intellektuellen aus, der auch auf das Risiko hin, unbequem zu erscheinen, die Mißstände schonungslos beim Namen nannte.

Nach zehn Tagen des Überdenkens kam Steinhoff zu dem Resultat, daß in der Bundeswehr ein erhebliches Defizit in der Technologiebeherrschung wie auch im modernen Management bestand. Steinhoff wußte, daß auch Generalleutnant Panitzki bereits zu ähnlichen Ergebnissen gelangt war, diese jedoch nicht hatte umsetzen können. Deshalb stellte Steinhoff dem Minister nunmehr harte Bedingungen und verlangte Garantien, bevor er das Amt des Luftwaffeninspekteurs übernahm. So forderte er die Bildung eines »Projektstabes« für das Waffensystem F-104G sowie genügend Einfluß auf die Auswahl von höheren Luftwaffenoffizieren nach dem bei verschiedenen

NATO-Streitkräften praktizierten Muster der »Personal-Boards«. Des weiteren beanspruchte er völlige Handlungsfreiheit, um jene Maßnahmen ergreifen zu können, die ihm nötig erschienen. Dazu gehörte auch das unmittelbare Vortragsrecht beim Minister. Steinhoffs Absicht kam einer Palastrevolte gleich, wußte er doch, daß der unbewegliche Ministerialapparat mit seinen eifersüchtig gehüteten Kompetenzen nicht ohne Grund so konstruiert worden war, um ein Übergewicht der Soldaten bei der Entscheidungsfindung auszuschließen. Sein Argument, diese Bürokratie habe sich als unfähig erwiesen, einer technischen Krise Herr zu werden, verfehlte allerdings nicht seine Wirkung.

Der Not gehorchend, stimmte Verteidigungsminister von Hassel Steinhoffs Wünschen zu. Der Generalleutnant übernahm daraufhin am 2. September 1966 den Posten des Inspekteurs der 97000 Mann starken Luftwaffe. Hassels Erlaß, worin Steinhoffs umfassende Vollmachten für das Waffensystem F-104G, die er »zur Durchführung seiner Aufgaben benötigt«, verbrieft waren, wurden aber insbesondere von den zivilen Ministeriellen restriktiv interpretiert. Am 5. Oktober schien Steinhoff deshalb zum Rücktritt entschlossen, doch Hassel setzte die rettenden Maßnahmen schließlich doch durch, und so wurde quasi die Ministerialordnung außer Kraft gesetzt, denn der Inspekteur erhielt nun die Alleinzuständigkeit zugebilligt für das gesamte technologisch-logistische Systemmanagement für die F-104G und später sogar auch für das Kampfflugzeug Fiat G-91, die Transportflugzeuge und die Hubschrauber.

Den Kommodores und Staffelkapitänen aller Geschwader gab der General die Parole aus: »Fliegen, fliegen, immer mehr fliegen!« Andere hatten nämlich während der Krisenmonate 1965/66 aus Besorgnis über jeden »Starfighter«-Start die Ansicht vertreten, alle schwierigen Flugmanöver seien zu vermeiden. Hassel, den in tragischer Verkettung einige Jahre später das gleiche Schicksal vieler Pilotenfamilien treffen sollte, als sein einziger Sohn mit einem »Starfighter« tödlich abstürzte, hatte sogar kurzzeitig Startverbot erteilt. Steinhoff indes befahl die Aufhebung der einschneidenden Beschränkungen der Tief- und Nachtflugausbildung, um den Piloten mehr Sicherheit beim Fliegen zu geben und so die Unfallquoten zu senken. Gleichzeitig ordnete er für die Wartung und Technik auf den Fliegerhorsten ein modernes Industriemanagement an.

In der Tat gingen die Abstürze drastisch zurück. Waren es 1965 und 1966 insgesamt 47, so wurden 1967 nur noch elf sogenannte Totalverluste registriert. Hauptursache dieser schrecklichen Unfallserie war, daß der noch jungen Luftwaffe nicht nur zehn entscheidende Jahre Flugpraxis, sondern vor allem die Erfahrung mit der modernen Flugtechnik fehlte. Bereits im Mai 1961 hatte Steinhoff bei der Beschaffung dieses amerikanischen »Schönwetter-Abfangjägers«, der auf Wunsch der Deutschen auch zum Aufklärer und Jagdbomber umgerüstet worden war und durch mehr als 2000 technische Änderungen schließlich anderthalb Tonnen schwerer als die US-Version war, appelliert, nicht mehr als 200 Maschinen zu kaufen. Er befürchtete, daß die Luftwaffe personell und technisch sonst mit dem überzüchteten Flugzeug überfordert werde. Doch Verteidigungsminister Strauß und Luftwaffeninspekteur Kammhuber stockten das »Starfighter«-Programm 1960 von 250 auf 700 Jets auf. Die Katastrophe zeichnete sich ab.

Nachdem es Steinhoff mit seinen Sicherheitserlassen, Fangvorrichtungen auf den Landepisten, dem Wechsel des Schleudersitzes und der Seenot-Überlebensausbildung gelungen war, die Krise in den Griff zu bekommen und das Vertrauen in die Qualität der deutschen Piloten, der Waffensysteme und der Führung zurückzugewinnen, setzte er die von ihm als überfällig erkannten Reformvorhaben in Gang. Die bereits eingeleitete schnelle Ablösung der kriegsgedienten Verbandführer durch jüngere Offiziere wurde durch die Neudefinition des Berufsbildes ergänzt. So war auf seine Initiative die Einführung der nur für Düsenjägerbesatzungen geltenden Sonderlaufbahn, die die Piloten von der obligatorischen Ausbildung der Truppenoffiziere weitestgehend befreit und ihnen die Möglichkeit gewährt, mit dem 40. Lebensjahr auszuscheiden, zurückzuführen. Darüber hinaus entwarf er aufgrund des gesellschaftspolitisch bedingten Fehls an Offiziersanwärtern eine revolutionierende bundeswehreinheitliche Offizierslaufbahn. Er wolle nicht tatenlos zusehen, »wie wir bankrott gehen, weil der Offiziersnachwuchs ausbleibt«, und schlug deshalb vier verschiedene Laufbahnen für Akademiker, Abiturienten, Realschüler und Volksschüler vor, die je nach Funktion höchste, höhere und mittlere Offiziersränge einnehmen sollten. Dazu zählte auch die Schaffung der Fachoffizierslaufbahn, die sich ausschließlich aus dem Unteroffzierskorps rekrutiert. Das einheitliche Offizierskorps – soweit es noch existierte – stand auf dem Prüfstand.

Steinhoffs fortschrittliche Ideen und seine Forderung nach der »technischen Disziplin« anstelle der »traditionellen, soldatischen Formaldisziplin« führten zu manchen Differenzen mit Generalinspekteur de Maizière. Verstärkt wurden diese Spannungen noch, als Steinhoff, der mittels einer Public-

Relation-Kampagne die Luftwaffe als modern und zukunftsorientiert darstellte und zugleich seine Aversion gegen das ihm als mausgrau und antiquiert erscheinende Heer offen zeigte, die Stellung des Generalinspekteurs in Frage stellte. Denn als aus Rationalisierungsgründen die gemischte Organisation der »Territorial-Verteidigung« in das Heer überführt werden sollte, befürchteten Steinhoff und die Marineführung Beeinträchtigungen ihrer Teilstreitkräfte. Leidenschaftlich opponierte der Luftwaffeninspekteur gegen die Fusion und forderte zudem, die Bundeswehrspitze nach dem amerikanischen System der »Joint Chiefs of Staff« umzugestalten. Doch Steinhoff scheiterte mit seinen Vorstellungen, und so blieb nicht nur das Weisungsrecht des Generalinspekteurs erhalten, sondern wurde auch die Fusion am 1. Januar 1969 wie geplant realisiert.

Nach einer Inspekteurzeit von mehr als vier Jahren, in denen er seine Möglichkeiten optimal genutzt und die Luftwaffe nachhaltig geformt hatte, gab Johannes Steinhoff am 31. Dezember 1970 sein Amt an Generalleutnant Günther Rall ab.

In Anerkennung seiner Verdienste – er hatte letztlich die Bundesrepublik vor einer Staatskrise bewahrt – wurde Steinhoff am 1. Januar 1971 zum General befördert und übernahm drei Monate später den Vorsitz des NATO-Militärausschusses in Brüssel. General Steinhoff war damit nach Heusinger der zweite deutsche Soldat, der dieses hohe Bündnisamt innehatte. Auch wenn es bei seiner Nominierung Bedenken gab, die allerdings nichts mit seiner Person zu tun hatten, sondern vielmehr mit der von den Allianzpartnern mit Zurückhaltung verfolgten Ost- und Entspannungspolitik der sozialliberalen Bundesregierung, zu der Steinhoff keine Affinität hatte, so erwarb sich der dreisprachige General rasch das Vertrauen seiner NATO-Kameraden. Seine globalstrategische Denkfähigkeit wie seine Weltoffenheit hatten sich längst herumgesprochen. Unablässig forderte er eine sinnvolle und damit kostensparende Aufgabenteilung in der Verteidigungsallianz, da nur so die NATO auf Dauer wirksam operieren könne.

Unter dem Eindruck des Yom-Kippur-Krieges vom Herbst 1973 hielt er es für erforderlich, daß in den NATO-»Frontstaaten« die Truppen aus dem Stand zur Verteidigung befähigt sein müßten. Seine Appelle blieben jedoch ohne großen Widerhall. Am 31. März 1974 endete dann die Dienstzeit Steinhoffs, der wohl zu den markantesten Persönlichkeiten gehörte, die die Bundeswehr hervorgebracht hat.

Der General lebt seitdem in dem südlich von Bonn gelegenen Dorf Pech. Er betätigte sich noch einige Zeit im Aufsichtsrat der Luftfahrtfirma Dornier. Immer mehr wandte er sich aber dem Musischen zu. Er malte meist südliche Motive und schrieb zeitgeschichtliche Bücher wie »Die Straße von Messina«, »In letzter Stunde« oder »Wohin treibt die NATO?«, die monatelang auf den Bestsellerlisten standen. Das Reiten bietet dem geistig agilen pensionierten General, der nach dem Ramstein-Flugschauunglück 1988 noch mit 75 Jahren eine Kommission zum Thema Tiefflug leitete, einen körperlichen Ausgleich.

Armin Zimmermann

Generalinspekteur der Bundeswehr
von 1972 bis 1976

Armin Zimmermann

Dumpf grollte der Donner der Schiffskanonen über die See. In Abständen von drei Minuten fielen 17 Schuß – Trauersalut. Trauersalut wurde in der gleichen Stunde auch in allen Häfen der Bundesmarine, in der Nordsee, im Atlantik und wo immer deutsche Kriegsschiffe kreuzten, abgefeuert. Die Flotte nahm Abschied von dem obersten Soldaten der Bundeswehr, von Admiral Armin Zimmermann.

Einen Tag vor Heiligabend wurde Armin Zimmermann 1917 in Blumenau, der deutschen Siedlungskolonie in Brasilien, geboren. Seine Ahnen mütterlicherseits lebten bereits in der vierten Generation fern der Heimat in Brasilien, wo sein Vater als Lehrer tätig war. Als der 14jährige Junge 1931 an Bord der »Weser« von Südamerika zurück in die deutsche Heimat fuhr, beeindruckte ihn diese Atlantiküberquerung derart, daß er fortan alles daransetzte, später zur See fahren zu können. Am 1. April 1937 trat der 20jährige Abiturient als Seeoffiziersanwärter in die Kriegsmarine ein. Mit Kriegsausbruch kam der Angehörige der Crew 37a als Flaggleutnant in den Stab des Führers der Minensuchverbände West, Kapitän zur See Friedrich Ruge. Dieser überaus gebildete und humorvolle Seeoffizier, der später die Bundesmarine aufbauen sollte, übte auf den jungen Leutnant einen bleibenden Einfluß aus. Schon im April 1940 erhielt Zimmermann ein eigenes Bootskommando. Bei seinen Einsätzen zeichnete er sich immer wieder durch Umsicht und persönlichen Mut aus und erwarb bereits Anfang März 1942 das Deutsche Kreuz in Gold. Im Ärmelkanal wurde sein Minensuchboot versenkt, und nur kurze Zeit später verlor er sein nächstes Boot durch Torpedotreffer. Zimmermann wurde mit schweren Kopfverletzungen aus dem Meer gerettet. Wieder genesen, absolvierte er die Admiralstabsausbildung, ehe er als Kapitänleutnant und Chef der 46. Minensuchflottille im März 1944 wieder an die Front zurückkehrte. Als Erster Führungsstabsoffizier im Stab des Seekommandanten und Wehrmachtbefehlshabers Kanalinseln geriet Zimmermann, der kurz vor Kriegsende noch Korvettenkapitän geworden war, in britische Gefangenschaft.

Kurz vor seinem 30. Geburtstag, Ende 1947, wurde Zimmermann aus der Gefangenschaft entlassen, doch sollte sich seine künftige Tätigkeit von der bisherigen Arbeit kaum unterscheiden. Denn er wurde nun Angehöriger des Deutschen Minenräumdienstes, einer Institution unter Aufsicht des britischen Militärs, die die Aufgabe hatte, die Wasserwege vor der deutschen Küste von den zahllosen während des Krieges gelegten Minen zu räumen. Fast nahtlos wechselte Zimmermann, der trotz des Kriegsendes weiterhin das dunkelblaue Tuch der Marineuniform getragen hatte, dann am 21. Februar 1956 zu der im Aufbau begriffenen Bundeswehr über. Der reaktivierte Korvettenkapitän wurde zum Militärattaché ausgebildet und anschließend in London, später in Dublin eingesetzt. Der ausgesprochen gewandt auftretende, auch menschlich stets zugängliche Offizier, der oft zu einem gewissen Understatement neigte, fiel bei den Verbündeten wie in der Bundeswehr durch seine nüchternen Überlegungen zu seestrategischen Problemen auf. So avancierte Fregattenkapitän Zimmermann sehr bald zum Kommandeur des 5. Minensuchgeschwaders und 1963, inzwischen Kapitän zur See, zum Stellvertretenden Chef des Stabes im NATO-Kommando Ostseezugänge (NAVBALTAP). Dort fiel dem Admiralstabsoffizier die Aufgabe zu, alle Operationspläne zur Verteidigung der dänischen Inseln, die bisweilen sogar als »Achillesferse der Allianz« bezeichnet wurden, auszufeilen. Denn durch die schnelle Schließung dieses maritimen Nadelöhrs im Kriegsfall sollte die für die NATO äußerst bedrohliche Zusammenführung der beiden stärksten sowjetischen Flottenverbände, die Baltische Rotbannerflotte und der im Nordmeer operierende Großverband, vereitelt werden.

Im Juli 1965 wurde Zimmermann in das militärpolitische Ressort des Bonner Führungsstabes der Streitkräfte versetzt. Er arbeitete dort nunmehr in jener Schaltzentrale, in der alle wesentlichen wehrpolitischen Nachrichten gebündelt und weiterführende Beschlüsse vorbereitet wurden. Die permanente enge Zusammenarbeit mit den Generalinspekteuren Trettner und de Maizière sowie mit den Verteidigungsministern von Hassel und Schröder vermittelte Zimmermann wertvolle Einblicke in Entscheidungsmechanismen. Zum Flottillenadmiral ernannt, wurde Zimmermann Befehlshaber der Seestreitkräfte in der Nordsee. Doch schon am 1. Oktober 1970 erfolgte in Anerkennung seiner Führungsqualitäten unter Überspringung des Konteradmiral-Ranges seine Beförderung zum Vizeadmiral und gleichzeitige Ernennung zum Befehlshaber der gesamten Flotte. Zu seinem vorrangigsten Anliegen wurde es, das allzu starre und eingeengte strategische Denken auf allen Führungsebenen zu erweitern. So gelang es ihm, den See- und Seeluftstreitkräften zu verdeutlichen, daß die beiden Operationsräume Nordsee und Ostsee eine strategische Einheit bilden.

Der schlanke, sportliche Admiral mit den buschigen Augenbrauen war bei seinen Soldaten nicht nur aufgrund seiner überragenden fachlichen Kompetenz eine geschätzte, ja bisweilen verehrte Autorität, sondern auch wegen seines warmherzigen, kameradschaftlichen Auftretens. Der ausgesprochen kontaktfreudige Marineoffizier, der Tanzen und Jazzmusik als sein Steckenpferd bezeichnete, imponierte dadurch, daß er allzeit offen und geradlinig zur Sache stand und sich freimütig zu seinen Entscheidungen bekannte; dabei bewies er stets auch Respekt vor der fundierten Meinung derer, die ihm widersprachen. Zimmermann verkörperte den Typ des Moderators, der fähig war, durch zupackende, motivierende Art auseinanderlaufende Entwicklungen wieder zu vereinen.

Am 1. April 1972 war es dann für den 54jährigen Grandseigneur so weit, daß er als erster Offizier der Bundesmarine zum Admiral befördert wurde und zugleich das Amt des in Pension gehenden Generalinspekteurs de Maizière übernahm. Zimmermann wußte seit seiner militärpolitischen Hardthöhen-Verwendung, welch risikoreichen Posten er nunmehr antrat. Obwohl ihn die Ärzte aufgrund seiner Kriegsverletzung schon bei seiner Einstellung in die Bundeswehr 1956 für die durch Streß gekennzeichnete Arbeit im Verteidigungsministerium nur für bedingt verwendungsfähig befunden hatten, willigte Zimmermann, der diesen ärztlichen Befund kannte, dennoch ein, dieses gleichermaßen bedeutsame wie auch strapaziöse Amt zu übernehmen.

Ohne viel Zeit zu verlieren, machte er sich daran, die nunmehr vorliegenden Ergebnisse der im Juli 1970 eingesetzten Wehrstrukturkommision umzusetzen. Deren Tätigkeit diente vor allem dem Zweck, die mittlerweile überproportional angestiegenen Betriebskosten im Wehrbudget so schnell wie möglich zugunsten des Investitionsanteils auszugleichen, sollte die Bundeswehr weiterhin über modernes Kampfgerät verfügen. Dem seit Juli 1972 amtierenden Verteidigungsminister Georg Leber leuchteten Zimmermanns Argumente zur Modernisierung sofort ein, und so leitete Leber daraufhin die umfangreichste materielle Runderneuerung der Bundeswehrgeschichte ein.

Eine noch tiefer greifende Maßnahme stellten jedoch die am 1. Januar 1973 in Kraft getretene Verkürzung des Wehrdienstes von 18 auf 15 Monate (W-15) und die damit einhergehenden Umgliederungen der Armee dar. Die Reduzierung des Grundwehrdienstes bedeutete eine Reaktion auf die mittlerweile besorgniserregend angewachsene Zahl der Kriegsdienstverweigerer, die nicht zuletzt aufgrund mangelnder Wehrgerechtigkeit 1972 mit mehr als 33000

Antragstellern einen traurigen Rekord erreicht hatte. Angesichts der prekären Lage hob die sozialliberale Bundesregierung die Dauer des Zivildienstes von zwölf auf 16 Monate an. Und mit der gleichzeitig verfügten Wehrdienstverkürzung und der Änderung der Tauglichkeitskategorien standen statt bislang 50 Prozent nunmehr 75 Prozent eines Wehrpflichtigenjahrgangs der Bundeswehr zur Verfügung.

Die Einführung von W-15 war allerdings seitens der NATO nur unter der Bedingung gebilligt worden, daß die Bundeswehr weiterhin einen hohen Präsenzgrad zu garantieren hatte. Flankierend dazu wurde mit dem Jahreswechsel 1973/74 die sogenannte Verfügungsbereitschaft eingeführt. Sie bedeutete, daß die Wehrpflichtigen für die Dauer eines Jahres nach ihrem Ausscheiden aus dem aktiven Dienst damit rechnen mußten, innerhalb von drei Tagen zu ihren Einheiten zurückgeholt zu werden, ohne daß zeitraubende Formalitäten für ein neuerliches Einberufungsverfahren notwendig waren. Diese mobilmachungsähnliche Regelung sollte die Truppenpräsenz sinnvoll und ohne große Kosten ergänzen.

Die Auswertung der Berichte über den im Oktober 1973 ausgebrochenen israelisch-arabischen Yom-Kippur-Krieg nahm Zimmermann in der folgenden Zeit stark in Anspruch. Denn die Erkenntnisse aus diesem Krieg, von dem die ganze Welt überrascht worden war, bedeuteten für den Generalinspekteur, die Vorwarnzeiten für die Bundeswehr, ihre Präsenz, das Mobilmachungssystem, vor allem aber die Luftverteidigungskonzeption zu überprüfen und zu verbessern. Es war nämlich offensichtlich geworden, daß Ägypten und Syrien zu Beginn des Krieges nach sowjetischen Doktrinen operiert hatten.

Wie schon sein Amtsvorgänger de Maizière, so plagte auch Zimmermann sich mit dem Problem, die Fehlquote an Unteroffizieren zu senken. Doch für Bundeswehr-Werbemaßnahmen war die Stimmung im Volk alles andere als günstig. Vielmehr schwappte die allgemeine Protestwelle der Jugend bis in die Kasernen. Nicht zuletzt durch wehrdienstverweigernde Soldaten wurde die Disziplin und Ordnung der Truppe beeinträchtigt, die durch ihr langmähniges und bärtiges Erscheinungsbild im Volksmund bald als »Hair-Force« bespöttelt wurde. Die Fälle der eigenmächtigen Abwesenheit von der Truppe und der Tätlichkeiten gegen Vorgesetzte häuften sich. Ein Bericht des Wehrbeauftragten Fritz-Rudolf Schultz veranlaßte Zimmermann, die Kommandeure anzuweisen, während des Dienstes und der Pausen für alle Soldaten ein Alkoholverbot zu befehlen.

Ende April 1974 schlug dann die Nachricht von der Enttarnung des Kanzleramtsspions Günter Guillaume wie eine Bombe ein. Bundeskanzler Willy Brandt zog aus dieser beispiellosen Agentenaffäre die Konsequenzen und trat zurück. Sein Nachfolger wurde Finanzminister Helmut Schmidt. Aber auch für Admiral Zimmermann bedeutete dieser Verratsfall, die Sicherheitsvorkehrungen in der Bundeswehr drastisch zu verschärfen. Darüber hinaus gelang es ihm, daß die Truppe allmählich zur gewohnten Disziplin zurückkehrte, so daß sich das Image der Armee wieder verbesserte. Dennoch stieg die Zahl der Wehrdienstverweigerer weiter an. Unverständlicherweise unterstützte Zimmermann aber die von Leber vorgelegten Pläne, das umstrittene Verfahren der Gewissensprüfung für Kriegsdienstverweigerer vorübergehend abzuschaffen und erst dann wieder einzuführen, wenn die Bundeswehr Gefahr liefe, ihren Bedarf an Wehrpflichtigen nicht mehr rekrutieren zu können. Dies war ein aus mißdeuteter Entspannungspolitik entsprungenes Vorhaben, das trotz aller Bedenken schließlich 1977 als »Postkartennovelle« in Kraft trat, aber bereits wenige Monate später vom Karlsruher Bundesverfassungsgericht für mit dem Grundgesetz unvereinbar und somit für nichtig erklärt wurde.

Zimmermann gelang es als Generalinspekteur innerhalb von vier Jahren, die in »unruhiger See« befindliche Bundeswehr wieder in ruhiges Fahrwasser zu steuern, doch der Admiral konnte nicht mehr vollenden, was er sich zum Ziel gesetzt hatte. Am 18. Juni 1976 erlitt er während einer Besprechung einen Schwächeanfall. Er ging zurück in sein Arbeitszimmer und stürzte dort so unglücklich gegen die Schreibtischplatte, daß er mit einem Schädelbruch in die Bonner Universitätsklinik eingeliefert werden mußte. Zimmermann wußte, wie es um ihn stand und bat, von Besuchen an seinem Krankenlager Abstand zu nehmen. Die einzigen Besucher waren seine Frau Anneliese und seine mit dem Sohn des früheren Marineinspekteurs Kühnle verheiratete Tochter Regina. Am 30. November 1976 verstarb Admiral Armin Zimmermann 58jährig an den Folgen dieses Unfalls. Erstmals in der Geschichte der Bundeswehr war ein amtierender Generalinspekteur gestorben. Erstmals mußte ein Verteidigungsminister das »Große Ehrengeleit« anordnen. Auf seinen besonderen Wunsch erhielt Admiral Zimmermann eine Bestattung auf hoher See. Ein Verband der Bundesmarine, zu dem mehrere Boote des einst von ihm geführten 5. Minensuchgeschwaders gehörten, erwies dem Toten die letzte Ehre.

Ernst Ferber

Oberbefehlshaber der NATO-Streitkräfte Mitteleuropa
von 1973 bis 1975

Ernst Ferber

Die aus den Studentenkrawallen des Jahres 1968 entstandene militante Anti-Bundeswehr-Kampagne zeigte Wirkung. Extremistische und anarchistische Kreise verstanden es geschickt, die Armee als Entspannungs- und Friedenshindernis darzustellen und die mangelnde Wehrgerechtigkeit für ihre Zwecke auszunutzen. Die Zahl der Wehrdienstverweigerer stieg sprunghaft an und erfaßte in erschreckendem Maße auch jene Wehrpflichtigen, die bereits ihrer Einberufung gefolgt waren. Die Spannungen in der Truppe beunruhigten die Führung zunehmend. Als Anfang Dezember 1969 dann noch ein von Heeresinspekteur Schnez abgezeichneter Maßnahmenkatalog zur Wiederherstellung der gefährdeten soldatischen Ordnung an die Öffentlichkeit gelangte, brach ein Sturm der Entrüstung los. Denn in der Schlußbewertung der als »Schnez-Studie« bekanntgewordenen Schrift hieß es: »Jedes Kurieren an Symptomen verspricht ebensowenig durchschlagenden Erfolg wie die Beseitigung einzelner Mängel. Nur eine Reform an ›Haupt und Gliedern‹, an Bundeswehr und Gesellschaft, mit dem Ziel, die Übel an der Wurzel zu packen, kann die Kampfkraft des Heeres entscheidend heben.« Verteidigungsminister Helmut Schmidt bezeichnete das Papier als »diskussionswürdig«, aber auch als »diskussionsbedürftig«.

Bereits Anfang 1970 formulierten daraufhin acht Leutnante der Hamburger Heeresoffiziersschule ein provokantes Kontrast-Programm. Ihre Thesen lauteten unter anderem: »Wir wenden uns gegen das ständische Denken von Offizieren«, oder »Wir wollen eine scharfe Trennung zwischen Dienst und Freizeit, weil wir unseren Beruf als verantwortungsvollen und strapaziösen Job ansehen«. Im Mai schließlich veröffentlichte eine Gruppe von 13 Wehrpflichtigen unter dem Titel »Soldat 70« eine Schrift zur politischen Situation in der Bundeswehr, deren Verbreitung in der Truppe Generalinspekteur de Maizière verbot, weil sie im wesentlichen Gedankengut der Deutschen Kommunistischen Partei (DKP) und der Sozialistischen Deutschen Arbeiterjugend (SDAJ) ausdrückte. Die Unruhe in der Truppe indes nahm stetig zu. 30 Hauptleute, meist Kompaniechefs der 7. Panzergrenadierdivision aus Unna, beklagten mit Zustimmung ihres Divisionskommandeurs Eike Middeldorf in einer Denkschrift Anfang 1971 die sinkende Disziplin und zeigten sich besorgt darüber, daß der Verteidigungsauftrag bald nicht mehr erfüllt werden könne, wenn nicht rasch politisch etwas unternommen werde, die Notwendigkeit der wehrhaften Demokratie deutlich zu machen. Unter diesen keineswegs rosigen Vorzeichen trat am 1. Oktober 1971 der Schnez-Stellvertreter, Generalleutnant Ernst Ferber, das Amt des Inspekteurs des Heeres an.

Ernst Ferber war ein zupackender Mann mit großer Durchsetzungskraft und Ideenreichtum, der darüber hinaus als Kosmopolit galt. Letzteres überrascht jedoch nicht, wenn man weiß, daß die Vorfahren des am 27. September 1914 in Wiesbaden geborenen Sohnes eines Majors teils aus dem bayerischen Schwaben und Nassau, teils aus Italien, der Schweiz und den Niederlanden stammten. Aufgewachsen in München, legte der junge Ferber, der drei moderne Fremdsprachen als Wahlfächer zusätzlich erlernt hatte, dort im März 1933 seine Reifeprüfung mit Auszeichnung ab. Wie sein Vater und Großvater ergriff auch er den Soldatenberuf und durchlief nach erfolgreich abgeschlossener Offiziersausbildung mehrere Verwendungen in der Truppe. Sein ehemaliger Friedens-Regimentskommandeur, Oberst Hans Zorn, holte ihn nach dem Polenfeldzug wegen seiner hervorstechenden Leistungen alsbald in den Stab des XXVII. Armeekorps, wo Ferber als Erster Ordonnanzoffizier (O 1) am Westfeldzug teilnahm.

Mittlerweile zum Hauptmann avanciert, machte Ferber nach einer verkürzten Generalstabsausbildung als Zweiter Generalstabsoffizier (Ib) im Rahmen der 134. Infanteriedivision den Vormarsch nach Weißrußland mit, ehe er für kurze Zeit Bataillonsführer und später Id der 2. Panzerarmee wurde. Im Februar 1943 wurde Ferber, kurz vor seiner Beförderung zum Major, in die Organisationsabteilung des Generalstabes des Heeres versetzt. Dort übernahm der 28jährige Generalstabsoffizier die Arbeit des damaligen Hauptmanns Ulrich de Maizière und war als Referent für die Organisation der Divisionen des Feldheeres zuständig. Ab Sommer 1944 wurde Ferber, der ein halbes Jahr hindurch auch die Personalersatzplanung des Feldheeres für Unteroffiziere und Mannschaften bearbeitet hatte, Gruppenleiter in dieser Abteilung und kurz vor Kriegsende, am 20. April 1945, noch zum Oberstleutnant i. G. befördert.

Ferber geriet in amerikanische Gefangenschaft und wurde bereits im Herbst 1945 entlassen. Er erlernte den Beruf des Kaufmanns und war bis 1951 in der freien Wirtschaft tätig. Während dieser Jahre unterhielt er auch enge Kontakte zu der damaligen »Organisation Gehlen«, dem späteren Bundesnachrichtendienst (BND) in Pullach. Aufgrund seiner Erfahrungen aus der

Organisationsabteilung des früheren Oberkommandos des Heeres wurde Ferber dann im »Amt Blank«, in dem unter anderen auch Maizière tätig war, eine ähnliche Position wie seinerzeit im Generalstab des Heeres angeboten, und so befaßte er sich fortan mit der Personalplanung für eine spätere Armee. Als Mitglied der deutschen Delegation für eine Europäische Verteidigungsgemeinschaft (EVG) leitete der ehemalige Oberstleutnant von Herbst 1951 bis in das Jahr 1954 hinein die Gruppe für Grundsatzfragen des militärischen Personalwesens und der »Inneren Führung«. Bei den EVG-Verhandlungen in der französischen Hauptstadt stießen allerdings die von Bonn entwickelten Ideen über das innere Gefüge bei den Franzosen und Italienern immer wieder auf Unverständnis. Nach dem Scheitern der EVG hatte Ferber über mehrere Monate als Angehöriger einer vierköpfigen Kommission Gelegenheit, an der Planung der Spitzengliederung des zukünftigen Bonner Verteidigungsministeriums mitzuwirken. Manch einen verwunderte dabei jedoch sein Verhalten bei den nicht seltenen Auseinandersetzungen zwischen Militärs und zivilen Beamten, in deren Verlauf sich Ferber häufig auf die Seite der Zivilisten geschlagen haben soll.

Mit der Aufstellung der Bundeswehr wurde Ernst Ferber im Januar 1956 als Oberst reaktiviert und übernahm die Unterabteilung für Grundsatzfragen in der Personalabteilung des Verteidigungsministeriums. Nach dem Besuch des NATO-Defense-College in Paris übernahm er am 30. Oktober 1958 das Kommando über die in Aufstellung befindliche Panzergrenadierbrigade 32 in Schwanewede bei Bremen. Die Brigade verfügte bei seinem Dienstantritt lediglich über zwei Bataillone; als er sie zweieinhalb Jahre später seinem Nachfolger übergab, umfaßte diese nunmehr sechs Bataillone und hatte zudem noch aus ihren Reihen zwei weitere Bataillone für eine andere Brigade aufgestellt. Oberst Ferber war ein gefürchteter, im Umgang oft schwieriger Vorgesetzter, der bei seinen Soldaten den Ruf eines mit allen Wassern gewaschenen Offiziers hatte. Dennoch fand dieser überaus intellektuelle Offizier, dem es kaum gelang, ein Verhältnis zum einfachen Mann zu schaffen, Beachtung, nicht zuletzt durch seine originelle Art der Lagebeurteilung. Denn regelmäßig faßte er diese sofort in Knittelverse.

Im Anschluß an diese Kommandeurstätigkeit wurde Ferber Chef des Stabes des Kölner Truppenamtes und bald darauf zum Brigadegeneral befördert. Von Oktober 1962 bis Ende Februar 1964 leitete er die Abteilung »Militärisches Nachrichtenwesen« im Führungsstab der Bundeswehr (FüB), ehe er sich in Vorbereitung auf seine nächste Funktion als Abteilungsleiter FüB III mit

Fragen der Operationsplanung und Militärpolitik befaßte. Inzwischen zum Generalmajor avanciert, führte Ferber von August 1964 an den neu geschaffenen internationalen Stab der »Standing Group« des NATO-Militärausschusses in Washington. Infolge des 1966 erfolgten Ausscherens Frankreichs aus der militärischen Organisation des Bündnisses wurde die »Standing Group« aufgelöst. Ferbers Aufgabe war es nun, die noch handlungsfähigen Teile des Stabes zu dem erweiterten »International Military Staff« (IMS) umzugliedern.

Im Februar 1967 kehrte Generalmajor Ferber nach Deutschland zurück und übernahm die 2. Panzergrenadierdivision in Marburg als Kommandeur. Er kam in die Stadt an der Lahn, als diese sich zu einer Hochburg der revoltierenden »Außerparlamentarischen Opposition« (APO) entwickelte. Mit großem argumentativen Geschick und dennoch sehr energisch bot er in Diskussionen auch ultralinken Gruppen die Stirn. Sein mit Tatkraft kombinierter hoher Intellekt, den er gegenüber vielen ausspielte, machte ihn zu einem angesehenen Divisionskommandeur. Sein Gedächtnis, auch für Kleinigkeiten, galt als geradezu phänomenal. Sein Ideenreichtum verführte ihn jedoch häufig zu Sprunghaftigkeit und Ungeduld, die die Zusammenarbeit mit ihm nicht immer ganz spannungsfrei machte. So geriet er beispielsweise mit seinem Chef des Stabes, dem damaligen Oberstleutnant Günter Kießling, aufgrund der unterschiedlichen Temperamente manches Mal heftig aneinander. Ferber, der ein bißchen den Primadonna-Typ verkörperte, war mitunter zu emotionsgeladenen, fast cholerischen Wutausbrüchen fähig. Stellte der General jedoch fest, daß er mit seiner Meinung schief lag, so besaß er auch die Größe, sich für seine unbeherrschte Art zu entschuldigen. Die Ursache für sein oft launisches Verhalten mag allerdings nicht zuletzt auch mit der ihn schwer bedrückenden Krankheit seiner Ehefrau Mette, geborene Freiin von Düring, zusammengehangen haben. Während seiner Marburger Zeit wies Ernst Ferber sich aber nicht nur als überzeugende Führerpersönlichkeit mit Ecken und Kanten aus, sondern auch als ein Fachmann von hoher Klasse, sowohl auf dem Feld der Operationsführung als auch auf dem Sektor der Sicherheitspolitik.

Diese Eigenschaften fielen auch Verteidigungsminister Schmidt auf, der Ferber eimal als »Löwe« bezeichnet hatte. Und so kam es, daß Ferber seinen Regiments-, Stuben- und Jahrgangskameraden, Generalmajor Hellmut Grashey, als Stellvertretender Inspekteur des Heeres ablösen mußte, weil dieser im Frühjahr 1969 sich vor Generalstabsoffizieren der Führungsakademie kritisch über den Zustand des Heeres geäußert und seine tiefe Skepsis gegenüber der

»Inneren Führung« unverhohlen zum Ausdruck gebracht hatte. Schmidt wollte Grashey daraufhin sofort außerhalb des Verteidigungsministeriums verwendet wissen, Grashey indes reichte seinen Abschied ein und verließ die Armee zum Jahresende. Die politische Polarisierung außerhalb und innerhalb der Bundeswehr nahm jedoch unaufhaltsam zu und führte schließlich zu erheblichen Turbulenzen in den Streitkräften. An der Seite von Heeresinspekteur Schnez bemühte sich Ferber vor allem, durch geschickte Presse- und Informationsarbeit das Heer aus der »Schußlinie« der öffentlichen Kritik zu manövrieren. Ferber, der keiner Partei angehörte und Parteipolitik in der Truppe strikt ablehnte, galt jedoch als Protegé von Helmut Schmidt.

Nach der Pensionierung des Generalleutnants Schnez wurde Ferber, seit Juli 1970 ebenfalls Generalleutnant, am 1. Oktober 1971 Inspekteur des Heeres. Bei seiner Amtsübernahme sah sich Ferber nicht nur dem ausufernden Phänomen der Wehrdienstverweigerungsflut gegenüber, sondern hatte nun in seiner Teilstreitkraft, die am härtesten von dieser Verweigerungswelle betroffen war, die Einführung des auf 15 Monate reduzierten Wehrpflichtsystems zu meistern. Denn nachdem 1972 insgesamt 33792 junge Männer einen Antrag auf Kriegsdienstverweigerung gestellt hatten – zehn Jahre zuvor hatte die Zahl der Wehrunwilligen noch bei 4489 gelegen – beschloß die Bundesregierung, das wohl brennendste Problem in diesem Zusammenhang, die Wehrgerechtigkeit, durch die Herabsetzung der Wehrdienstzeit von 18 auf 15 Monate zu lösen. Damit standen statt früher 50 Prozent nunmehr 75 Prozent der Wehrpflichtigen eines Jahrgangs zum Dienst in der Armee zur Verfügung. Etwa 50000 junge Männer konnten zusätzlich pro Jahr eingezogen werden. Für das Heer bedeutete diese am 1. Januar 1973 in Kraft getretene Entscheidung allerdings einen tiefen Einschnitt in die Organisation und Ausbildung.

Ferbers oberstes Ziel war es, diese gewaltige Aufgabe ohne Minderung der Einsatzbereitschaft zu lösen, denn er war bei diesem Projekt an die Forderung der Allianz gebunden, daß die Bundeswehrsoldaten mindestens zwölf Monate ihrer Dienstzeit voll präsent zu sein hätten. Und in der Tat, sein Bestreben, ein stets aufgefülltes, präsentes Heer zu haben, gelang. Allerdings schuf der General sich mit der Einführung des »Durchschiebeprinzips« zugleich einen zweifelhaften Ruhm. Während der 18monatigen Wehrdienstzeit waren die Einheiten alle eineinhalb Jahre mit Rekruten aufgefüllt worden, die dann ihre Dienstzeit zusammen »durchdienten«. Die einst sechs Monate dauernde Grundausbildung wurde nun jedoch auf drei Monate verkürzt. Dies bedingte, daß jedes Vierteljahr die Truppe mit neuen Wehrpflichtigen aufgefüllt wurde und das Ausbildungsziel sich nur noch auf die sogenannte Erstverwendung des Soldaten in seiner Feldeinheit beschränkte. Der Vorteil dieses Verfahrens bestand darin, daß die Einheiten nunmehr stets einsatzbereit waren. Die negative Folge dieses Systems war aber, daß aufgrund der Verwürfelung von erfahrenen und noch auszubildenden Soldaten in den Einheiten nie eine echte Kameradschaft entstehen konnte. Letztendlich blieb das »Durchschiebeprinzip« jedoch eine Verlegenheitslösung, die schließlich erst Mitte der achtziger Jahre durch das bereits früher einmal in der Bundeswehr bewährte Verfahren der geschlossenen, einheitsweisen Auffüllung wieder ersetzt wurde.

Generalleutnant Ferber versuchte darüber hinaus dem Heer das Odium des »Rückständigen« zu nehmen und die durch die zunehmende Technisierung bedingte »Fortschrittlichkeit« offenkundig zu machen. Mit Entschiedenheit wies Ferber eine von der Wehrstruktur-Kommission geplante Umorganisation des Heeres in 24 aktive und acht gekaderte Brigaden ab und leitete statt dessen Überlegungen für das Heeresmodell 4, das Anfang der achtziger Jahre verwirklicht wurde, ein. Die Früchte seiner Arbeit konnte Ferber jedoch nur in geringem Maße ernten, denn nach nur zweijähriger Amtszeit als Inspekteur wurde er zum Oberbefehlshaber der Alliierten Streitkräfte Europa-Mitte (CINCENT) ernannt und damit gleichzeitig zum General befördert.

Ferber trat am 1. Oktober 1973 im niederländischen Brunssum die Nachfolge von General Bennecke an und setzte dessen Arbeit fort. Durch den am 6. Oktober 1973 ausgebrochenen Yom-Kippur-Krieg im Nahen Osten wurde einen Monat später bereits auch Ferbers Befehlsbereich sehr massiv betroffen. Denn die arabischen Länder setzten das Öl als Waffe gegen all jene Staaten ein, die Israel unterstützten. Neben der Einleitung von Vorsorgemaßnahmen, um nicht neuerlich von einer Ölkrise getroffen zu werden, und der Auswertung und Nutzbarmachung der Erfahrungen dieses Krieges galt Ferbers Wirken als CINCENT der raschen Heranführung überseeischer Verstärkungskräfte und dem Ausbau insbesondere der deutschen schnell verfügbaren Reserveverbände.

Durch den türkischen Einfall auf Zypern im Juli 1974 und die darauffolgende griechische Generalmobilmachung wurde die NATO in eine tiefe Krise gestürzt. Denn die Folge war, daß aufgrund der Unfähigkeit des Bündnisses, die Invasion zu verhindern, nun Griechenland aus der militärischen NATO-Integration austrat. Aus dieser Situation ergaben sich vor allem für die amerikanischen Truppen in Europa neue Einsatzoptionen, die auch Ferbers Kommandobereich tangieren konnten. So war Ferber bemüht, vornehmlich die Befehlsstrukturen in seinem Bereich zu straffen sowie die höchst unterschiedlichen Einsatzverfahren und Waffensysteme einander anzugleichen, um die operative Flexibilität zu verbessern. Auf Anregung der USA wurde schließlich eine neue Organisation für alle in Mitteleuropa eingesetzten Luftstreitkräfte mit dem Namen »Allied Airforces Central Europa« (AAFCE) in Ramstein geschaffen. Dieses von einem US-General geführte Kommando wurde direkt dem Oberbefehlshaber in Mitteleuropa unterstellt.

Schon sehr bald jedoch war das amerikanische Bestreben unübersehbar, durch die neue Luftwaffenorganisation ihren nationalen Einfluß zu verstärken. Die Amerikaner stießen dabei allerdings vor allem auf britischen Widerstand. Parallel zu diesen machtpolitischen Zwistigkeiten gab es Tendenzen, die auf eine Verselbständigung der Luftkriegsoperationen in Mitteleuropa deuteten. General Ferbers Arbeit bestand nun hauptsächlich darin, die Aufgaben der Land- und Luftstreitkräfte zu koordinieren und Schwerpunkte für deren Einsatz zu setzen. Außer einigen grundsätzlichen Impulsen konnte er jedoch dieses neue Instrumentarium nicht mehr wesentlich beeinflussen, denn nach 42 Dienstjahren wurde General Ernst Ferber, der während seiner Bundeswehrzeit auf die Annahme jeglicher Auszeichnungen verzichtet hatte, am 30. September 1975 in den Ruhestand versetzt. Der General a. D., der neben der Jagd vor allem die Kunstgeschichte zu seinen Hobbies zählt, lebt heute in München und engagiert sich seit seiner Pensionierung in der Atlantischen Gesellschaft.

DR. KARL SCHNELL

Oberbefehlshaber der NATO-Streitkräfte Mitteleuropa
von 1975 bis 1977

Staatssekretär für Rüstungsangelegenheiten
von 1977 bis 1980

Karl Schnell

Das hatte es in der Geschichte der Bundeswehr und der Bundesrepublik noch nie gegeben: ein General sollte Staatssekretär werden, und noch dazu auf der Bonner Hardthöhe. Völlig überraschend für das politische Bonn hatte dies aus freien Stücken der sozialdemokratische Verteidigungsminister Georg Leber vorgeschlagen – und entfachte damit nicht nur in seiner eigenen Partei einen wilden Proteststurm. Denn, so die Kritiker, ein General bliebe ein General und denke stets in militärischen Kategorien, auch wenn er die Uniform ausgezogen habe. Und im übrigen habe Leber gegen ein ungeschriebenes Gesetz verstoßen, das vor ihm alle Minister strikt eingehalten hätten: nämlich die politische von der militärischen Führung fein säuberlich getrennt zu lassen. Doch Leber ließ sich nicht beirren und setzte seinen Kandidaten durch. Sein Name: Karl Schnell.

Für den neuen Spitzenbeamten, der am 18. Dezember 1916 in Sprendlingen bei Kreuznach als Sohn eines Volksschullehrers zur Welt kam, ging damit eine glanzvolle militärische Karriere zu Ende. Karl Schnell, der seine Ahnen in direkter Linie auf einen niederländischen Offizier im Dreißigjährigen Krieg zurückverfolgen konnte, der sich bei Sprendlingen niedergelassen hatte und dessen Nachkommen dort als Kaufleute und Bauern lebten, entschloß sich nach dem Ablegen eines herausragenden Abiturs, Berufssoldat zu werden. Der naturwissenschaftlich besonders begabte junge Mann wurde Offizier bei der Artillerie und nahm als Batteriechef am Westfeldzug teil, bevor er im Sommer 1941 eine Lehrtätigkeit an der Artillerieschule Jüterbog aufnahm. Als »Schlieffen-Pimpf« wurde Hauptmann Schnell vom Spätherbst 1942 bis zum Frühjahr 1943 im Rahmen der Generalstabsausbildung an die Front der Heeresgruppe Mitte nach Rußland kommandiert, wo er sich in einer sechswöchigen Verwendung als Ib der 330. Infanteriedivision durch seine Umsicht besonders hervortat. Als Quartiermeister, der für den gesamten Nachschub der Division zuständig war, zog er noch weit vor Beginn der Frühjahrsschlammperiode sämtliche Lastwagen der Division zur »Kolonne Schnell« zusammen und stellte dadurch weitgehend die Versorgung sicher.

Wegen seiner italienischen Sprachkenntnisse erhielt Schnell, mittlerweile Major i. G., sodann eine Verwendung als Ib bei der 3. Panzergrenadierdivision, die südlich Cassino eingesetzt war. Auch dort erwies er sich neuerlich als vorausschauender Planer. Kurz vor der Landung der Alliierten im Januar 1944 bei Anzio – Nettuno war die Division aus ihrem Verfügungsraum bei Rom zur Abwehr eines kanadischen Angriffs an die Adriaküste verlegt worden. Schnell beließ jedoch in den Albaner Bergen Versorgungspunkte, weil er eine feindliche Landung an der Westküste Italiens voraussah, die dann tatsächlich auch stattfand. Die Division konnte sich somit auf ein völlig intaktes Versorgungsnetz abstützen und dadurch einen Durchbruch des Gegners nach Rom verhindern.

Im Juli 1944 wurde Schnell Erster Generalstabsoffizier (Ia) des LXXVI. Panzerkorps und war dort während der Abwehrkräfte im »Flaschenhals bei Rimini« für den taktischen Einsatz der zeitweilig sieben unterstellten Divisionen verantwortlich, als die 8. britische Armee vergeblich versuchte, auf einer Frontbreite von 20 Kilometern die deutschen Linien zu durchstoßen. Es folgte ein Intermezzo als Ia bei der 90. Panzergrenadierdivision, das am 24. April 1945 während eines nächtlichen Rückzugmarsches endete. Schnell war in amerikanische Kriegsgefangenschaft geraten, und es begann für ihn wie für seine Kameraden eine entbehrungsreiche Zeit.

Im Herbst 1946 wurde er dann zwar aus der US-Gefangenschaft entlassen, aber von deutschen Behörden wieder interniert, weil er zur Gruppe der ehemaligen Generalstabsoffiziere gehörte, die pauschal in Nürnberg angeklagt waren. Nach der Entnazifizierung in zwei Lagern erhielt Schnell schließlich am 17. Mai 1947 endgültig die Freiheit zurück.

Er ging nach Karlsruhe, begann eine Banklehre und brach diese ab, nachdem er in Hamburg die Möglichkeit erhalten hatte, Betriebswirtschaft und Staatsrecht studieren zu können. Seinen Lebensunterhalt und die Studiengebühren verdiente er sich durch Arbeiten in Fabriken, auf Bauernhöfen, als Lebensmittelkarten- und Zeitungsausträger oder als Chauffeur. 1951 erreichte er sein Studienziel und bestand das Staatsexamen mit der Note »Gut«. Doch die Hamburger Zeit brachte Karl Schnell nicht nur den akademischen Titel, sondern mit der Hamburgerin Gisela Witte auch die Ehefrau. Der Diplomkaufmann wurde Direktionsassistent bei der Holdinggesellschaft Elektrische Licht- und Kraftanlagen AG in Köln, die ihm 1955 noch die kaufmännische Leitung der Vogel-Draht- und Kabelwerke AG übertrug. Zwischenzeitlich schrieb Schnell seine Doktorarbeit über »Die Prinzipien der Arbeitsvorbereitung im Industriebetrieb« und promovierte »cum laude« zum Dr. rer. pol.

Als Ende 1955 die Bundeswehr aufgestellt wurde, rang auch Dr. Schnell – wie so viele ehemalige Berufssoldaten – mit dem Für und Wider, erneut eine Uniform anzuziehen. Er hatte schließlich inzwischen in der Industrie erfolgreich Fuß gefaßt und sich eine gesicherte Position erarbeitet. Dennoch entschied er sich, seinen Beitrag zur Aufstellung der Streitkräfte zu leisten und die elf Jahre unterbrochene Laufbahn als Berufsoffizier fortzusetzen. Die alte Liebe zum Soldatenberuf hatte sich als stärker erwiesen, und so trat Schnell am 3. September 1956 als Major in die Bundeswehr ein.

General Heusinger wollte den früheren Generalstäbler in seinen Planungsstab holen, doch Schnell bat um eine Verwendung, in der er seine im Studium und in der Industrie erworbenen Kenntnisse verwerten konnte. So wurde er Hilfsreferent in der Abteilung des Führungsstabes des Heeres, die sich mit der Logistik des Feldheeres befaßte. Schnell befand sich nun auch wieder in seinem Metier, in dem er schon während des Krieges Großes geleistet hatte; er erarbeitete die logistischen Grundlagen für die Neugliederung der Heeresdivisionen (»Division 59«), erstellte für das Heer das G4/S4-Handbuch und nahm maßgeblich Einfluß auf die entstehende Heeres-Depotorganisation.

Im Februar 1959 wurde Dr. Schnell an die Deutsche Botschaft in Rom entsandt, wo er als Heeresattaché und später als Leiter des Militärattachéstabes tätig war. Aufgrund der Tatsache, daß es ihm als »Quartiermeister Rom« während des Krieges gelungen war, die Versorgung dieser Zwei-Millionen-Stadt sicherzustellen, besaß er das Vertrauen der Italiener und konnte recht bald ein gutes Verhältnis zwischen den neuen italienischen Streitkräften und der Bundeswehr herstellen. So fiel denn auch in seine Amtszeit die Beschaffung der italienischen Gebirgshaubitze 105/14 und des Kampfflugzeuges Fiat G-91 für die Bundeswehr. Nach Deutschland zurückgekehrt, wurde er für zwei Jahre Oberst beim Stabe und später Stellvertretender Kommandeur der 2. Panzergrenadierdivision in Marburg. Doch schon bald holte der damalige Inspekteur des Heeres, Generalleutnant Zerbel, der Schnells Laufbahn schon seit Jahren aufmerksam verfolgt hatte, ihn zurück in den Führungsstab des Heeres und übertrug ihm am 1. Oktober 1964 die Leitung der Unterabteilung Logistik.

In den umfangreichen Arbeitsbereich des am 30. September 1965 zum Brigadegeneral beförderten Offiziers fielen neben der Umrüstung der Feldartillerie und der Einführung des Kampfpanzers »Leopard 1« auch der weitere Ausbau der Elektronischen Datenverarbeitung für das Materialwesen. Zerbels Nachfolger, Generalleutnant Moll, betraute das Organisationstalent Schnell mit der Sonderaufgabe, die Fusion des Feldheeres mit der Territorialverteidigung (TV) voranzutreiben und zugleich ein Fünf-Jahres-Rüstungsprogramm zu erarbeiten, das eine Erhöhung der Beweglichkeit der Kampfverbände bewirken sollte. Denn oberste Vorgabe war es, so rasch wie möglich den Übergang von der NATO-Strategie der »Massiven Vergeltung« zur »Flexiblen Reaktion« abzuschließen.

Schnell erschien dabei neuerlich als unauffälliger, gewissenhafter und effizient arbeitender Offizier, dem am 4. November 1968 das Kommando über die fast 20000 Mann starke 6. Panzergrenadierdivision in Neumünster übertragen wurde. Dort setzte er seine ganze Kraft ein, die Wirkung des taktischen Einsatzes seiner Verbände zu erhöhen.

Durch eine Reihe systematisch angelegter Übungen und Studien hatte Schnell, der sich in seiner Freizeit mit der Geschichte der Windmühlen befaßte, festgestellt, daß die vielen Wassergräben einen weit höheren Hinderniseffekt für feindliche Panzerverbände hatten, als man bisher angenommen hatte, und so paßte er die Verteidigungsplanung für Schleswig-Holstein militärgeographischen Erkenntnissen an. Der General, menschlich warmherzig, aber ohne große Ausstrahlung, verließ nach knapp zwei Jahren das meerumschlungene Land, um als Stellvertretender Chef des Stabes für Planung und Operation in das NATO-Hauptquartier SHAPE im belgischen Mons zu wechseln.

In dem obersten Bündnis-Stab oblagen ihm – es war das erste Mal, daß Schnell in einer integrierten Verwendung Dienst tat – alle Operationsplanungen der NATO-Großverbände vom Nordkap bis in die Ost-Türkei ebenso wie die Vorbereitung von Übungen, Fragen der Truppenorganisation, des Ausbildungs- sowie des Alarmwesens. Auch in Mons fiel Generalleutnant Dr. Schnell wie schon in seinen vorigen Positionen durch eine abwartende Anlaufphase auf, in der er das Zusammenspiel seiner Mitarbeiter mit kritischer Wachsamkeit beobachtete. Erst nachdem er sich über ihr Wirken ein solides Urteil verschafft hatte, griff er lenkend ein – dann aber mit großer Konsequenz. Dennoch war Schnell, der übrigens über alles Buch führte und im Umgang mit Fremden etwas spröde wirkte, stets ein Mann des Ausgleichs, der jede Wichtigtuerei ablehnte. Seine Bedächtigkeit und die glasklaren Analysen vor allem schätzte auch der amerikanische Oberbefehlshaber, General Goodpaster, mit dem Schnell vorzüglich zusammenarbeiten konnte.

In Bonn hatte Georg Leber unterdessen das Amt des Verteidigungsministers von Helmut Schmidt übernommen, und schon bald fiel dem aus Hessen stammenden Leber der positive Arbeitsstil von Generalleutnant Schnell auf, mit dem ihn zudem noch die gleiche landsmannschaftliche Herkunft verband. So kam es, daß Schnell, der ursprünglich Generalleutnant Ferber als Inspekteur des Heeres folgen sollte, auf besonderen Wunsch Lebers als Stellvertretender Generalinspekteur nach Bonn berufen wurde. In diesem Amt hatte Schnell nun unter der Ägide von Admiral Zimmermann die Planung der Ausrüstung für die gesamten Streitkräfte zu verantworten sowie Überlegungen für eine neue Wehrstruktur weiterzuentwickeln. Es gelang allerdings nicht, die von Schnell vorgeschlagene weitere Fusion von Feldheer und Territorialheer durchzusetzen. Seine Konzepte scheiterten letztlich an den Bedenken und dem Argwohn der Luftwaffe gegenüber dem Heer sowie an einzelnen Bundesländern. Diese befürchteten nämlich infolge der Verschmelzung von drei Heereskorps und sechs Wehrbereichskommandos zu Generalkommandos einen Prestigeverlust einiger Städte und Amtsträger durch den Wegfall hochrangiger Befehlshaberstellen.

Als erster deutscher General besuchte Schnell nach dem Yom-Kippur-Krieg Anfang 1974 die Kampfgebiete im Golan und Sinai und wertete die Erfahrungen des israelisch-ägyptischen Feldzuges, in dem die modernsten Waffen – auch der Sowjetunion – zum Einsatz gekommen waren, für die weitere Bundeswehrplanung und Waffenentwicklung aus. Auch wurde während seiner Amtszeit der erste langfristige Streitkräfteplan für die Bundeswehr, der den Zeitabschnitt von 1978 bis 1990 umfaßte, erstellt. Minister Leber gefiel die Arbeit des Generals; und als der Posten des Oberbefehlshabers der Alliierten Streitkräfte Europa-Mitte (CINCENT) vakant wurde, schlug er dem NATO-Oberbefehlshaber, General Haig, Schnell für diese Position vor.

Zum General befördert, übernahm Dr. Schnell am 1. Oktober 1975 das Amt als Nachfolger des ausscheidenden Generals Ferber. Angesichts der sowjetischen Hochrüstung und der daraus entstehenden wachsenden Bedrohung räumte Schnell der Kampfkraft der Verzögerungstruppen in seinem Kommandobereich, der von Hamburg bis Berchtesgaden reichte, höchste Priorität ein. Er erreichte, daß bei diesen entscheidenden Verbänden Stärke und Feuerkraft ins Gleichgewicht gebracht wurden. General Dr. Schnell vereinheitlichte die in den verschiedenen nationalen Korpsabschnitten eingesetzten Verzögerungskräfte und erweiterte ihren Auftrag dahingehend, einem Feind entschlossen und kampfkräftig zu begegnen. Schnell forderte, im Fall eines gegnerischen Angriffs die Abwehrschlacht so heftig wie möglich vom ersten Kampftag in der vordersten Verteidigungszone aufzunehmen, die eigene qualitative Überlegenheit zu demonstrieren, um die Moral der eigenen Truppen zu stärken und der Initiative des Feindes die Spitze zu nehmen. Damit widersprach er den Auffassungen einiger Verbündeter, die erste Phase der Verteidigung lediglich zur Aufklärung und Vorbereitung des Abwehrkampfes zu nutzen.

Darüber hinaus setzte Schnell alles daran, die taktischen Vorstellungen der verschiedenen nationalen Korps unter seinem Kommando zu harmonisieren. Außerdem förderte er den Bereitschaftsgrad seiner Truppen durch Reorganisation des Alarmwesens und durch die Durchführung von gemeinsamen Großübungen. Eine weitere Aufgabe sah er darin, die Zusammenarbeit der beiden Luftflotten mit den Heeresverbänden zu vertiefen und den Ausbau eines gemeinsamen Kriegshauptquartiers für seinen Stab AFCENT und den Luftwaffenstab AAFCE zu forcieren.

Politischen Wirbel löste der General aus, als er in einer stabsinternen Studie, die durch Indiskretion bekannt wurde, untersuchen ließ, ob der Einsatz der sogenannten ADM (Atomminen) neu überdacht werden müßte. Letztendlich trug Schnell aber durch die nun öffentlich entbrannte Debatte keinen Schaden davon, sondern stand weiterhin in der Gunst seines Verteidigungsministers.

Verteidigungsminister Leber war es auch, der, als es zu politischen Differenzen mit seinem Rüstungsstaatssekretär Siegfried Mann kam, wohl sofort an den loyalen wie kompetenten General mit den zusammengepreßten Lippen und der großen, schwarzrandigen Brille dachte. Und als der Jurist Mann, den es zu neuen Aufgaben beim Bundesverband der Deutschen Industrie drängte, die Hardthöhe verließ, schockte Leber seine Umgebung einen Augenblick, als er verkündete, Manns Nachfolger werde General Dr. Schnell. In den Medien und Parteien war ein Aufschrei darüber zu vernehmen, daß ein General in ein hierarchisch darüberliegendes und dazu politisch so sensibles Amt – was in anderen westlichen Staaten durchaus üblich ist – berufen werden sollte. Von manch einem wurde auch bezweifelt, ob Schnell sich seinen ehemaligen Kameraden mit ihren teuren Rüstungsforderungen so überzeugend werde widersetzen können, wie es der kühle Staatssekretär Mann mehr als einmal getan hatte. Und zahlreiche SPD-Parteifreunde sahen in dem Leber-Coup einen neuerlichen Beweis für die »Uniformgläubigkeit« ihres Verteidigungsministers.

Leber indes war überzeugt, daß der keiner politischen Partei angehörende General aufgrund seiner breitgefächerten Erfahrungen im Ministerium, in der Truppe und in den höchsten NATO-Stäben für das Amt prädestiniert war. »Zuerst kommt es auf die Person und die Qualitäten und die spezifische Eignung für die Aufgabe an. Wenn es darüber keinen Zweifel gibt, dann muß es möglich sein, einem Bürger ein solches politisches Amt zu übertragen, auch wenn er General ist, so wie man jedem anderen Bürger, der die Voraussetzungen dafür besitzt, ein politisches Amt übertragen kann«, begründete Leber später diese Entscheidung in seinem Buch »Vom Frieden«.

Für Schnell ging damit eine beachtenswerte Offizierlaufbahn zu Ende, die ihn in die höchsten militärischen Spitzen gebracht hatte. Dabei hatte sich sein Aufstieg stetig, aber unauffällig vollzogen. Seine besondere Begabung für Taktik und Technik und sein großes organisatorisches Talent sowie sein Verständnis für wirtschaftliche Zusammenhänge und fiskalische Größenordnungen wurden von seinen Vorgesetzten frühzeitig erkannt und in die richtigen Bahnen gelenkt. Die Generale Zerbel, Schnez und de Maizière vor allen anderen steuerten und förderten seine Laufbahn genauso wie später Leber als Minister.

Am 11. Januar 1977 trat Dr. Karl Schnell dann sein neues Amt als Staatssekretär auf der Bonner Hardthöhe an. Zu seinem Aufgabengebiet gehörten die Beratung des Ministers in militärpolitischen Fragen, die Bundeswehrplanung und der komplexe Bereich der Entwicklung und Beschaffung des Wehrmaterials. Schnell, der an der Verabschiedung der neuen Wehrstruktur maßgeblich beteiligt war, sah den Schwerpunkt seiner Arbeit darin, die von Leber eingeleitete materielle »Runderneuerung« der Bundeswehr zu steuern. Dazu gehörte hauptsächlich die Einführung des Kampfpanzers »Leopard 2«, des Panzerabwehrhubschraubers, der sogenannten zweiten Kraftfahrzeug-Folgegeneration, der »Fregatte 122«, der Flugabwehrsysteme »Gepard« und »Roland« sowie der Kampfflugzeuge »Tornado« und »Alpha Jet«. Als ein besonders zäher Verhandlungspartner erwies sich der Staatssekretär, der sich auf dem Rüstungssektor den Ruf eines auch international angesehenen Experten rasch erworben hatte, bei dem schwierigen Kompensationsgeschäft mit den USA bei der Beschaffung des fliegenden Aufklärungs- und Frühwarnsystems AWACS. Während die ersten Teile dieser Großobjekte in die Truppe gelangten, vollzog sich im Verteidigungsministerium ein Wechsel in der politischen Führung, der auch für Schnell das gewohnte gut-kameradschaftliche Klima rauher werden ließ. Leber hatte am 1. Februar 1978 die Konsequenzen aus einer bekanntgewordenen illegalen Abhöraffäre des ihm unterstellten Militärischen Abschirmdienstes (MAD) gezogen und war zurückgetreten. Lebers Nachfolger wurde der ungediente, hanseatisch auftretende und etwas schnodderige bisherige Finanzminister Hans Apel. Mit ihm vollzog sich die weitere Zusammenarbeit sachlich-kühl, und Schnell tat sich, wie viele andere auch, schwer, sich auf die unorthodoxe und hemdsärmelige Arbeitsweise Apels einzustellen.

Zu ernsthaften Schwierigkeiten kam es schließlich Anfang 1980, als die Finanzierung des »Tornado« ins Stocken geriet. Denn in den Jahren 1978 und 1979 waren insgesamt 1,3 Milliarden Mark von den vorgesehenen »Tornado«-Geldern an das Finanzministerium zurückgeflossen, weil durch Streiks in den britischen Koproduktionsbetrieben der Zusammenbau der Flugzeuge bei dem deutschen Rüstungskonzern Messerschmitt-Bölkow-Blohm (MBB) nicht erfolgen konnte. Als dann mit Jahresbeginn 1980 die Gesamtproduktion wieder voll lief, zeichnete sich sehr bald ein zusätzlicher Finanzbedarf von 1,3 Milliarden Mark für die Jahre 1980 und 1981 ab. In dem durch Wahlen geprägten Jahr 1980 entstanden nunmehr zwischen Minister Apel einerseits, Schnell, der Luftwaffenführung und der Rüstungsabteilung andererseits Differenzen darüber, ob der Minister rechtzeitig über den Mehrbedarf an Haushaltsmitteln unterrichtet worden sei. Der im Frühjahr eingesetzte »Tornado«-Untersuchungsausschuß des Bundestages kam zu einem zwischen Koalition und Opposition entgegengesetzten Ergebnis über die rechtzeitige Unterrichtung des Ministers. Schnell, dem Apel Versäumnisse vorgeworfen hatte, wurde allerdings bescheinigt, ordnungsgemäß gehandelt zu haben. Nach vierjährigem Wirken als Staatssekretär schied Dr. Karl Schnell Ende 1980 aus dem aktiven Dienst aus. Er zog sich nach Baden-Baden zurück und beschäftigte sich fortan mit der Kriegsgeschichte – insbesondere über die Schlacht von Wörth 1870 verfaßte er mehrere Bücher – ebenso wie mit Fragen der Archäologie und der Farbfotografie.

HARALD WUST

Generalinspekteur der Bundeswehr
von 1976 bis 1978

Harald Wust

Eigentlich wollte der Abiturient Harald Wust Medizin studieren. Doch als Angehöriger des Jahrgangs 1921 – er wurde am 14. Januar als Sohn eines Verwaltungsbeamten in Kiel geboren – wurde sein Plan mit der Einberufung zur Wehrmacht im Herbst 1939 zunichte gemacht. Das weitere Bestreben des Wehrpflichtigen, nun wie sein Vater, der im Ersten Weltkrieg Flieger war, ebenfalls Pilot zu werden, scheiterte daran, daß er farbenblind war, und so kam Wust schließlich zur Luftnachrichtentruppe. Die guten Leistungen des inzwischen zum Feldwebel aufgestiegenen Soldaten führten dazu, daß er befördert und in das Berufsoffiziersverhältnis übernommen wurde. Von Januar 1942 an stand der Nachrichtenoffizier, der zeitweilig als Fliegerverbindungsoffizier zu Panzereinheiten beordert war, an der Ostfront und wurde als Oberleutnant und Kompaniechef 1945 von russischen Truppen gefangengenommen. Aber schon sehr bald wurde er aus deren Gewahrsam entlassen und begann nach kurzer britischer und amerikanischer Internierung wie viele seiner Generation, die in dem fast sechs Jahre dauernden Krieg den wohl größten Blutzoll entrichtet hatte, in dem zertrümmerten Deutschland ein Handwerk zu erlernen. An der Technischen Hochschule Braunschweig studierte Wust dann Architektur, doch wurde er bereits nach dem zweiten Semester exmatrikuliert, weil er Berufsoffizier gewesen war.

In Eutin fand Harald Wust schließlich als Kreisjugendpfleger Arbeit, heiratete 1949 Ingeborg Voigt, mit der er eine Tochter hat, und absolvierte neben seinem Beruf ein sozialpädagogisches Studium. Darüber hinaus schrieb er etwa ein Dutzend Kinderbücher, von denen die beiden »Erster Preis für Plimm« und »Jonny pfiff dreimal« zu beachtlichen Erfolgen gelangten.

Obwohl Wust sich mittlerweile in seinem Zivilberuf etabliert hatte, entschloß er sich, wieder Soldat zu werden, und trat im August 1956 als Hauptmann in die Bundeswehr ein. In den folgenden Jahren fand er Verwendung im Führungsstab der Luftwaffe, absolvierte als Lehrgangsbester die Generalstabsausbildung, wurde Chef einer Radarleit-Kompanie, anschließend A3-Generalstabsoffizier in der 4. Luftwaffendivision und kehrte als Hilfsreferent in die Bonner Unterabteilung »Führung« des Luftwaffen-Führungsstabes zurück. Nach kurzer Verweildauer bildete Oberstleutnant Wust als

Hörsaalleiter den 8. Generalstabslehrgang der Luftwaffe an der Hamburger Führungsakademie aus und avancierte zwei Jahre später zum Oberst und Referenten für Rüstungsplanung im Führungsstab der Streitkräfte. Sowohl in Betriebstechnik, Mathematik und Statistik wie auch in den Organisations- und Kommunikationswissenschaften ausgebildet, erwarb Wust sich sehr bald den Ruf eines Informatikspezialisten und erhielt so Gelegenheit, den ersten Rüstungsplan, den es in der deutschen Militärgeschichte je gegeben hatte, mit zu erstellen. Der Oberst, der ein guter Zuarbeiter war, befand sich dort ganz in seinem Element und konnte seine kreative Begabung und sein organisatorisches Geschick voll einsetzen.

Wust wurde in Anbetracht seiner Fähigkeiten Kommandeur der Technischen Schule der Luftwaffe II in Lager Lechfeld und konzipierte dort ein neues, effizienteres, weniger personalaufwendiges Modell für alle technischen Schulen seiner Teilstreitkraft. Bereits ein Jahr später erfolgte seine Beförderung zum Brigadegeneral. Damit war auch die Übernahme der Planungsabteilung im Führungsstab der Streitkräfte verbunden. Am 1. April 1971 erhielt Harald Wust dann seinen zweiten goldenen Stern und stieg zum Chef des Stabes auf. In den folgenden drei Jahren war es die Aufgabe dieses sympathischen und fröhlichen, 1,94 Meter großen Offiziers, die Arbeit des dem Generalinspekteur zuarbeitenden Führungsstabes zu koordinieren und sowohl General de Maizière wie auch später Admiral Zimmermann bei ihrer Entscheidungsfindung zu beraten. Unter gleichzeitiger Beförderung zum Generalleutnant avancierte Wust zum Stellvertreter des Luftwaffeninspekteurs Limberg und nahm maßgeblich Einfluß auf die in Planung befindliche neue Struktur der westdeutschen Luftstreitkräfte. Nach nur eineinhalbjähriger Tätigkeit auf diesem Posten kehrte Wust an die Seite von Admiral Zimmermann zurück, jetzt als dessen Stellvertreter.

Generalleutnant Wust, der den zur NATO gewechselten Dr. Schnell abgelöst hatte, fiel in diesem Amt die Aufgabe zu, den sogenannten gemischtbesetzten Teil der Armee, wie die Bundeswehrschulen, die Führungsakademie, den Militärattachédienst und die deutschen Kontingente, in den integrierten NATO-Stäben zu führen und den Generalinspekteuer in allen Dienstbereichen zu vertreten. Wust hatte gerade erst knapp seine Einarbeitungsphase abgeschlossen, als am 18. Juni 1976 Admiral Zimmermann einen Schwächeanfall erlitt. Plötzlich fiel Wust, dessen bisheriger Werdegang ihn jedoch in keiner NATO-Verwendung und überwiegend in Stellvertreter-Funktionen gesehen hatte, die Rolle des ersten Mannes der Bundeswehr zu.

Monatelang mußte der als nüchterner Technokrat und exakter Verwalter anerkannte Generalleutnant, dessen Begabung mehr im planerischen und organisatorischen, weniger aber im militärpolitisch-strategischen Sektor lag, die charismatische Persönlichkeit Admiral Zimmermanns ersetzen, ohne sich dabei zu einem Generalinspekteur eigenen Stils entfalten zu können.

Als Zimmermann am 30. November starb, wurde Wust unter denkbar ungünstigen Umständen und wohl auch aus der Not heraus am 21. Dezember zu dessen Nachfolger ernannt. Dem ersten Luftwaffenoffizier auf dem Stuhl des Generalinspekteurs sollte die Fortune, die ihn bisher begleitet hatte, künftig aber versagt bleiben. So mußte sich General Wust gleich zu Beginn um die höchst delikate Krupinski/Franke-Affäre kümmern. Die beiden Luftwaffengenerale hatten das Erscheinen des ehemaligen »Stuka«-Oberst Rudel bei einem Traditionstreffen im Aufklärungsgeschwader »Immelmann« gebilligt und bei einem vertraulichen Journalistengespräch zu ihrer Verteidigung erklärt, man müsse dem als rechtsradikal geltenden Rudel ebenso das Recht auf Läuterung zubilligen wie »Linksextremisten und Kommunisten, die früher in Moskau waren wie Herbert Wehner«. Daraufhin entließ Verteidigungsminister Leber, der wie Wehner der SPD angehörte, die beiden Generale nach Paragraph 22 des Soldatengesetzes fristlos – ein Vorgang, der meist nur für Straftäter angewendet wird, wenn man noch vor einem Urteil des Truppendienstgerichtes diese aus der Armee entfernen möchte. Der oberste Soldat der Armee, Wust, indes sekundierte seinen Luftwaffenkameraden Krupinski und Franke nicht und zeigte sich aufgrund seines Habitus zu schwach, sich gegen diese einzigartige Personalentscheidung zu stellen.

Mit seinem »Standgerichts-Urteil« begann jedoch auch Lebers Stern in der Bundeswehr zu sinken, und dessen Schatten fiel auch, nicht ganz berechtigt, auf General Wust. So brachte die Enttarnung der DDR-Agenten Lutze und Wiegel im Verteidigungsministerium Leber und Wust gemeinsam ins Kreuzfeuer der Kritik. Nach Überwindung dieser Anlaufschwierigkeiten machte sich der Generalinspekteur, dessen spürbar unruhige Stabsarbeit und ziviler Umgangston sich von dem Stil seines verstorbenen Vorgängers deutlich abhoben, daran, die unter Zimmermann begonnene und auf dem Bericht der Wehrstrukturkommission fußende Neuorganisation der Bundeswehr fortzusetzen. Oberstes Gebot war ihm dabei, das Mißverhältnis von militärischem Auftrag und finanziellen Mitteln in Einklang zu bringen, die Struktur für die Aufnahme neuer Waffensysteme zu schaffen und das brachliegende Reservistenpotential besser zu nutzen. General Wust entwickelte deshalb die

Idee des »Strukturmodells drei«, das unter anderem die Bildung eines neuen »Zentralen Unterstützungsbereichs« (ZUB) vorsah und letztlich auf die Bildung einer vierten Teilstreitkraft hinauslief.

Nach diesem Plan sollten Heer, Luftwaffe und Marine ihre Versorgungs- und Führungseinrichtungen zugunsten der neuen Großorganisation abgeben, um die Konzentration der drei klassischen Teilstreitkräfte auf ihre Einsatzaufgaben zu erhöhen und andererseits durch die Bündelung von Unterstützungsaufgaben im »ZUB« angesichts der gespannten Haushaltslage Kosten zu sparen. Wust, der als harter, unermüdlicher Arbeiter galt, der mit wenig Schlaf auskam, verlor sich allerdings bei diesem Projekt wie auch bei anderen Vorhaben mitunter in Nichtigkeiten. Mit einem geradezu besessenen Reformeifer, der ihn blind machte für die Einsicht, daß sein Theoriegebäude den realen Möglichkeiten widersprach, verrannte er sich in den Mißerfolg. Zwar fand sein »ZUB«-Plan bei Marineinspekteur Luther Unterstützung, doch Heeresinspekteur Hildebrandt und Luftwaffeninspekteur Limberg lehnten diesen vehement ab.

Der sensible General, der wahrscheinlich fühlte, daß er seinem schwierigen Amt nicht ganz gewachsen war, ohne es sich selber voll einzugestehen, wollte sich jedoch keine Blöße geben und trat deshalb betont energisch auf, wobei er sich immer mehr auch wohlwollendem Rat verschloß. Es schien, als halte er sich hinter einer Maske verborgen, die Kühle und Distanz ausstrahlte. Bei kontroversen Debatten war dann seine Reaktion mitunter übertrieben heftig. Hauptsächlich in den Stäben galt er als arrogant und machte sich zunehmend unbeliebt.

Durch den Sturz Lebers, der über eine widerrechtliche Abhöraktion des Militärischen Abschirmdienstes stolperte und am 16. Februar 1978 vom Amt des Verteidigungsministers zurücktrat, veränderte sich auch das Arbeitsklima auf der Bonner Hardthöhe. Lebers Nachfolger wurde der bisherige Finanzminister Apel, der erklärtermaßen »stolz ist, nie ein Gewehr in der Hand gehabt zu haben« und von der SPD in die Pflicht genommen worden war. So dauerte es auch nicht lange, bis Apel Wusts Reformpläne, ohne sich von dem General informieren zu lassen, aus Kostengründen ablehnte, denn Apel konnte auf die Zustimmung Hildebrandts und Limbergs hoffen und sich darüber hinaus auch des Beifalls der Presse sicher sein, die ihn als »energisch und entscheidungsfreudig« apostrophierte. Lediglich eine neue Heeresstruktur, das »Heeresmodell 4«, sowie Teile des Sanitätsmodells und die Neuordnung des militärischen Nachrichtenwesens wurden aus Dringlichkeitsgründen angenommen und von 1980 an realisiert. Das Zerwürfnis zwischen Wust und Apel, der später ihm gegenüber zugab, bereits mit dem Entschluß sein Amt übernommen zu haben, das »Strukturmodell drei zu töten«, war vorprogrammiert.

Die Basis einer engen und vertrauensvollen Zusammenarbeit zwischen Minister und Generalinspekteur war nicht mehr gegeben. Apel überging seinen militärischen Berater bei der Bearbeitung der neuen Heeresstruktur und den damit erforderlichen Konsultationen bei Bundeskanzler Schmidt und im Bündnis. Er berücksichtigte bei der Beschaffung des Frühwarnsystems AWACS Wusts schriftliche Bedenken hinsichtlich der Personalplanung nicht. Er gab eine grundsätzliche Weisung heraus, wonach Analysen und Stellungnahmen von militärpolitischer Bedeutung aus dem Arbeitsstab des Generalinspekteurs ihm, Apel, unmittelbar vorzulegen seien. General Wust war damit jede Möglichkeit einer vorherigen Stellungnahme genommen.

Mehr als vier Wochen versuchte Wust vergeblich, Apel vortragen zu dürfen. Der Minister hatte für seinen Generalinspekteur jedoch keine Zeit. Schließlich reichte Wust seinen Rücktritt ein. Der sich überrascht gebende Verteidigungsminister meinte zu dem Gesuch allerdings nicht ohne Überheblichkeit: »Man spürt aus dem Rücktrittsbrief, daß sich in den letzten neun Monaten der Führungsstil geändert hat und der Minister sagt, wo es lang geht. Und das wird auch so bleiben!« Für Apel, den Ungedienten, war der Generalinspekteur kaum mehr als einer von sieben Abteilungsleitern, aber nicht, wie es im Blankeneser Erlaß verbrieft ist, »der höchste militärische Berater« des Ministers. So schied General Harald Wust nach nur fast zweijähriger Amtszeit als Generalinspekteur am 11. Dezember 1978 aus der Bundeswehr aus.

Mit General Wust verließ ein tüchtiger und talentierter Offizier, der allerdings durch sein mangelndes politisches Einfühlungsvermögen kaum für das Amt des Generalinspekteurs geeignet war und infolge personalpolitischer Fehlentscheidungen aufgerieben wurde, die Armee. Harald Wust bezog in der Nähe Bonns ein Haus und beriet zeitweilig die FDP in militär- und sicherheitspolitischen Fragen. Der General a. D. unterstützte seither in zahlreichen Beiträgen, in denen er sich auch sehr kritisch zur »Inneren Führung« äußerte, die Bundeswehr auf diese Weise weiterhin.

FRANZ-JOSEPH SCHULZE

Oberbefehlshaber der NATO-Streitkräfte Mitteleuropa
von 1977 bis 1979

Franz-Joseph Schulze

Zweifel an Washingtons Bereitschaft, im Fall eines Krieges in Mitteleuropa die gültige Nuklearstrategie der »flexible response« nötigenfalls voll anzuwenden, machten sich bei Politikern und Generalen des Bündnisses breit. Ähnlich wie nach dem Sputnik-Schock 1956, der den USA die atomare Verwundbarkeit schlagartig verdeutlicht hatte und die Debatte aufwarf, weshalb man bei einem lokalen Krieg in Europa nur aufgrund einer als unverbrüchlich geltenden Bündnistreue die Zerstörung des eigenen Territoriums riskieren sollte, schien auch die Situation Ende 1978 zu sein. Denn nachdem die Vereinigten Staaten bislang konsequent an der Modernisierung des in Europa gelagerten taktischen Atomwaffenpotentials gearbeitet hatten, ließ sich nun die amerikanische Administration unter dem nachgiebigen Präsidenten Carter durch die massive sowjetische Propagandaoffensive gegen die sogenannte Neutronenwaffe, die ein Teil des Modernisierungsprogramms war, einschüchtern und verzögerte die Produktionsentscheidungen. NATO-Oberbefehlshaber General Haig, der auch das rechtzeitige Eintreffen von Verstärkungen aus den USA in einer Krise mit Skepsis bewertete, und der Oberbefehlshaber der alliierten Truppen in Zentraleuropa, General Schulze, erwogen deshalb, den Kommandoabschnitt Mitteleuropa durch konventionelle Kräfte drastisch zu stärken. So hielten sie es für erforderlich, acht weitere Divisionen aus schnell zu mobilisierendem Personal als operative Reserve verfügbar zu machen.

Der deutsche General Schulze, der insbesondere bei den Amerikanern sehr geschätzt war, galt allgemein als ein strategisches As. Dabei war er so etwas wie ein Selfmademan, denn die Vorfahren des am 18. September 1918 in Salzkotten als Sohn eines Lehrers geborenen Franz-Joseph Schulze hatten nichts mit dem Soldatenstand zu tun: sie waren westfälische Bauern, Beamte, Juristen und Pastoren. Schulzes soldatische Laufbahn begann 1937 als Wehrpflichtiger in der Luftwaffe. Als Reserveoffiziersanwärter erlebte er den Kriegsausbruch mit und sollte von Dezember 1940 bis zum Ende des Zweiten Weltkrieges ausschließlich in der Truppe eingesetzt bleiben. Schulze gehörte einem Verband an, der zunächst im Rahmen der Luftverteidigung Oberitaliens, sehr bald aber schon in der Luftabwehr und im Erdkampf an allen Brennpunkten der Südfront eingesetzt war. An seinem 26. Geburtstag war es wesentlich ihm mit seiner schweren Flak-Batterie zu verdanken, daß ein britischer Panzerangriff während der Endphase der Rimini-Schlacht zerschlagen und damit der Frontdurchbruch der Westmächte in diesem Abschnitt zum Scheitern gebracht werden konnte. Hauptmann Schulze wurde für diese hervorragende Tat am 30. September 1944 das Ritterkreuz verliehen.

Bereits im Oktober 1945 von den Engländern aus der Kriegsgefangenschaft entlassen, immatrikulierte sich Franz-Joseph Schulze an der Westfälischen Landes-Universität in Münster, um das Studium der Rechts- und Wirtschaftswissenschaften aufzunehmen. Nach einem kurzen Studienverbot, das speziell für Offiziere und Ritterkreuzträger galt, legte er im Februar 1949 sein erstes juristisches Staatsexamen mit dem Prädikat »gut« ab. Der Jurist bildete sich fortan zum Wirtschaftsprüfer aus und war als solcher bis Anfang 1956 in der Industrie tätig.

Im März 1956 ließ sich der ehemalige Frontoffizier reaktivieren. In den folgenden Jahren wurde er in mehreren Offiziersprüfstellen, beim Militärischen Abschirmdienst, im Verteidigungsministerium und als Kommandeur des niedersächsischen Flugabwehrbataillons 1 in Langenhagen eingesetzt. Der von starkem Ehrgeiz getriebene Offizier, der mittlerweile auch zum Generalstäbler ausgebildet worden war, wurde von seinen Vorgesetzten wegen seines klaren, selbständigen Urteils, seiner Eigeninitiative und seiner nie erlahmenden Arbeitskraft geschätzt. So wurde der inzwischen zum Oberst aufgestiegene Schulze im Frühjahr 1965 in die Operationsabteilung des NATO-Hauptquartiers AFCENT nach Fontainebleau kommandiert. In dem multinationalen leitete er die Abteilung Planung und wirkte an der Verfeinerung der Gesamtverteidigungspläne (GDP) mit, in denen die Ersteinsatzräume der einzelnen Verbände koordiniert sowie die nuklearen Operationspläne für den Befehlsbereich Mitteleuropa erarbeitet wurden. Kurzfristig unterbrochen wurde diese Tätigkeit durch die im Juli 1966 erforderlich gewordene Zwangsverlegung des Stabes aus Frankreich in das niederländische Brunssum. Nur ungern akzeptierte dann am 30. September 1967 der Oberbefehlshaber Europa-Mitte, General Graf Kielmansegg, die Versetzung des Oberst i. G., denn Schulze war einer seiner begabtesten Gehilfen, und so wurde wohl auch Kielmanseggs Beurteilung, die er über Schulze abgab, in entscheidendem Maße zum Kriterium für dessen weitere Laufbahn.

Schulze wurde Kommandeur der in Ahlen stationierten Panzergrenadierbrigade 19. Dort führte er mit Strenge und war für viele nur schwer durchschaubar. Leidenschaftlich dozierte der als egozentrisch geltende, patriarchisch auftretende Oberst über hochgesteckte sicherheitspolitische Themen, die vor allem für die Praxis der jüngeren Truppenoffiziere wertlos waren. Nur selten ließ er die Truppe spüren, daß tief in seiner massigen Gestalt auch ein Herz für den einfachen Landser schlug. Im Oktober 1968 wurde er dann mit der Leitung des Ressorts »Militärpolitik, Führung und Operationen« im Bonner Führungsstab der Streitkräfte betraut und zugleich zum Brigadegeneral befördert. Damit befand er sich nun in dem angestrebten Spannungsfeld zwischen militärischen Erfordernissen einerseits und diplomatischem Kalkül andererseits.

Schulze, der sich völlig der Strategielehre, die auch sein Hobby war, verschrieben hatte, wurde nach zwei Jahren auf der Hardthöhe Kommandeur der schleswig-holsteinischen 6. Panzergrenadierdivision, die er von Generalmajor Dr. Schnell übernahm. In Neumünster forcierte Schulze eine kriegsnahe Ausbildung sowie eine anspruchsvolle Offizierschulung. Als er nach zweieinhalb Jahren die Division, die die Hauptstütze der Landesverteidigung nördlich der Elbe bildete, abgab, hinterließ er auch als Troupier einen guten, anerkannten Namen. Zum zweiten Mal wollte es der Lauf der Dinge, daß er General Dr. Schnell, diesmal in der Funktion des Stellvertretenden Chefs des Stabes bei SHAPE, folgte. Schulze unterstanden dort fünf der insgesamt sieben Abteilungen dieses höchsten Bündnisstabes in Europa, nämlich die Sektionen Planung, Operationen, Feindlage, Führungssysteme und Fernmeldewesen. Generalleutnant Schulze übte als »rechte Hand« der NATO-Oberbefehlshaber Goodpaster und Haig somit maßgeblichen Einfluß auf die operativen Planungen im NATO-Befehlsbereich Europa aus.

In diese Zeit seiner mehr als dreijährigen Tätigkeit bei dem obersten alliierten Hauptquartier SHAPE fielen auch der israelisch-arabische Yom-Kippur-Krieg sowie die Zypern-Krise. Aufgrund der genauen umfassenden Beobachtungen des Nahost-Krieges gelang es Schulze, die wohl umfassendste Analyse, die jemals über diesen Konflikt erstellt worden ist, zu erarbeiten und daraus wertvolle Schlußfolgerungen für die NATO zu ziehen. Durch die Zypern-Krise im Sommer 1974 geriet die Allianz in eine mißliche Lage, an der die politische Führung der USA nicht völlig schuldlos war. Die Türkei sah sich nicht ganz ohne Grund in der Rolle des »gleichberechtigten Bündnispartners« in Frage gestellt, nachdem die Vereinigten Staaten und die NATO es für richtig erachtet hatten, zu Verhandlungen nach Israel US-Außenminister Kissinger, zu Konsultationen nach Ankara aber nur Stellvertreter zu entsenden. Die türkische Landung auf Zypern führte zu der folgenschweren Entscheidung Griechenlands, aus der militärischen Integration, ähnlich wie bereits 1966 Frankreich, auszuscheiden. Für die NATO bedeutete dies nun, an ihrer Südflanke die Türkei als Eckpfeiler des Bündnisses hauptsächlich im Bereich der Luftverteidigung auszubauen.

Generalleutnant Schulze, der bereits frühzeitig in auffälliger Weise die Nähe einflußreicher Politiker gesucht hatte, überzeugte auch bei SHAPE durch intellektuelle Brillanz, wobei er eine von Untergebenen oft als unerbittlich empfundene Härte zeigte. Auch der sozialdemokratische Verteidigungsminister Leber war von den klaren strategischen Analysen ebenso wie von dem politischen Mitdenken des Generals, der der CDU nahestand, begeistert. So wurde schließlich Franz-Joseph Schulze für den Posten des Oberbefehlshabers der verbündeten Streitkräfte in Europa-Mitte nominiert. Der Zufall wollte es, daß der zum General beförderte Schulze am 10. Januar 1977 zum dritten Mal unmittelbarer Amtsnachfolger von General Schnell wurde.

Schulze übernahm das Kommando im niederländischen Brunssum zu einem Zeitpunkt, der von zahlreichen Umwälzungen gekennzeichnet war. Dabei standen die logistische Straffung und die Förderung der Zusammenarbeit von Heeres- und Luftwaffenstäben im Mittelpunkt. Die Mehrzahl dieser Anregungen ging von dem amerikanischen General Haig direkt aus, wie beispielsweise die schnelle Truppenverstärkung Europas oder auch die Manöverserie »Autumn Forge«, die die Zusammenfassung nationaler und internationaler Übungen zum Inhalt hatte. General Schulze fiel dabei die Aufgabe zu, diese Vorhaben planerisch umzusetzen. Darüber hinaus führte er die Arbeit seines Vorgängers Schnell fort, die Führungs- und Einsatzgrundsätze der ihm im Kriege unterstehenden Truppen aus sechs Nationen einander anzugleichen und die Kampfkraft der neu geordneten Verzögerungskräfte zu erhöhen.

Auch die Harmonisierung der verschiedenen Alarmsysteme, die einen raschen Übergang vom Friedens- zum Kriegszustand und einen reibungslosen Aufmarsch gewährleisten sollten, bildete einen weiteren Schwerpunkt seiner Tätigkeit. Ferner trieb er das Infrastrukturprogramm voran, das den Ausbau von Depots sowie die Bereitstellung von Hafenanlagen und Flugplätzen für die schnelle Heranführung überseeischer Verstärkungen beinhaltete. Die möglichst optimale Verwirklichung der von SHAPE geforderten Pläne, an denen Schulze noch vor kurzem selbst mitgewirkt hatte, war ihm oberstes Gebot. Allerdings gelang die Realisierung des Vorhabens, acht zusätzliche

Heeresdivisionen als operative Reserven verfügbar zu machen, aufgrund politischer und fiskalischer Schwierigkeiten nur in ganz wenigen Teilbereichen.

General Schulze galt im Stab als schroffer und äußerst viel fordernder Oberbefehlshaber, der schwer zu beraten war. Er war eher respektiert als beliebt, und der ihm entgegengebrachte Respekt galt denn auch wohl mehr seiner Tüchtigkeit und seinem Können, als seinem Wesen. Am 30. September 1979 schied General Schulze, dessen Amtszeit von Lebers Nachfolger Apel um ein Jahr verlängert worden war, um die Kontinuität der internationalen Stabsarbeit und Truppenverflechtung zu gewährleisten, mit 61 Jahren aus dem aktiven Militärdienst aus. Der pensionierte General, der in zweiter Ehe mit Renate, geborene Sasse, verheiratet ist, siedelte bewußt in Bonn-Bad Godesberg an, um auch weiterhin sich unmittelbar an bündnispolitischen wie strategischen Überlegungen beteiligen zu können.

Gerd Schmückle

Stellvertretender Oberbefehlshaber der NATO-Streitkräfte Europa
von 1978 bis 1980

Gerd Schmückle

Im Bonner Verteidigungsministerium wurde der Major die »feldgraue Eminenz« genannt, denn er war nicht nur oft besser informiert als mancher General, sondern wußte auch perfekt die Fäden hinter den Kulissen zu einem dichten, nutzbringenden Netz zu spinnen. Die Eigenwilligkeit seines Denkens, seine saloppen und ironischen Formulierungen, mit denen er amtliche Verlautbarungen verkündete, und sein Auftreten in Zivil fielen auf. Der Mann, der die Bundeswehr gegenüber der Presse so vertrat und mit den Eigenheiten der Journalisten bestens vertraut war, hieß Gerd Schmückle, und war Leiter des Pressestabes des Verteidigungsministeriums.

Gerhard Schmückle, der später das moderner klingende »Gerd« bevorzugte, erblickte am 1. Dezember 1917 in Bad Cannstatt das Licht der Welt. Er entstammte einem großbürgerlichen, sehr wohlhabenden Elternhaus. Sein Vater war der Schriftsteller und spätere Gaukulturrat Georg Schmückle, von dem der Bestseller-Roman »Engel Hiltensperger« stammte. Der Großvater emigrierte nach Italien und besaß dort fünf große Hotels; zur Familie seiner Mutter Lucie, geborene Schönhut, gehörten Fabrikanten und Unternehmer.

Im Herbst 1936 »baute« Gerd Schmückle, der, wie er selbst sagte, »stets ein sehr schlechter Schüler« gewesen war, sein Abitur. Nach zweimonatiger Pflichtzeit im Reichsarbeitsdienst trat er an seinem 19. Geburtstag als aktiver Soldat in das Ulmer Artillerieregiment 5 ein. Auf der Kriegsschule Potsdam wurde er durch seinen Lehrgruppenkommandeur und Landsmann Erwin Rommel, der auf den jungen Schmückle großen Einfluß ausübte, in die Grundlagen der militärischen Taktik eingewiesen, ehe er als Batterieoffizier zur Truppe kam. Der folgende »Sitzkrieg« 1939/40 an der oberrheinischen Front zwischen Schwarzwald und Vogesen entsprach jedoch in keiner Weise dem Geschmack des tatendurstigen Leutnants, und so telegraphierte er schließlich 14 Tage nach Beginn des Westfeldzuges an Rommel, der nun an der Spitze der siegreich vorpreschenden 7. Panzerdivision stand, und bat um seine Versetzung in dessen »Gespensterdivision«, wie sie aufgrund ihres sagenhaften Tempos bei den Landsern hieß.

Schmückles Gesuch wurde ohne Verzug stattgegeben, und er erhielt seine Kommandierung als Regimentsadjutant zum Panzerartillerie-Regiment 78, in dessen Reihen er später auch den Rußlandfeldzug erlebte. Als Kommandeur der ersten Artillerieabteilung auf Selbstfahrlafetten im deutschen Heer wurde er mit dem Deutschen Kreuz in Gold ausgezeichnet. An seinem 26. Geburtstag zum Major befördert, wurde Schmückle, der bis dahin ausschließlich in der Truppe Dienst getan hatte und sechs Mal verwundet wurde, Mitte 1944 zur 25. Panzerdivision kommandiert, die zur Auffrischung in Dänemark lag und in der er nun die Funktion des Ersten Generalstabsoffiziers (Ia) ausübte. Die noch erforderliche Generalstabsausbildung erhielt der Major von Januar bis April 1945, ohne daß diese vollinhaltlich noch hatte abgeschlossen werden können. Schmückle, dem es bei Kriegsende gelang, sich bis nach Bayern durchzuschlagen, meldete sich dort bei amerikanischen Truppen und erklärte den verblüfften US-Offizieren kurzerhand, daß er im Falle seiner Gefangennahme beabsichtige, sofort zu fliehen. Seine unverfrorene Art verfehlte nicht ihre Wirkung, und schon drei Stunden später händigte ihm ein Amerikaner tatsächlich den gültigen Entlassungsschein aus.

Ohne viel Zeit zu verlieren, übernahm der einstige Major sodann den vom Vater ererbten Allgäuer Hof nahe Marktoberdorf und arbeitete nun als Landwirt. Er lebte dort zusammen mit seiner Frau Maria, geborene von Minckwitz, die einer alten Offiziersfamilie entstammt, und seinen drei Kindern. Als für diese der Besuch der Oberschule anstand, entschloß er sich, nach mehr als zehn Jahren die ländliche Idylle zu verlassen und mit seiner Familie nach München überzusiedeln. Als freier Journalist, der Agrarthemen behandelte, Reisebeschreibungen verfaßte, Werbetexte entwarf und Kurzgeschichten schrieb, verdiente er nun seinen Lebensunterhalt.

Von dem früheren Major und jetzigen Mitarbeier im »Amt Blank«, Wolf Graf Baudissin, zu dem er seit langem ein freundschaftliches Verhältnis hatte, wurde Schmückle eines Tages darauf angesprochen, ob er sich entschließen könne, in den Soldatenberuf zurückzukehren; er akzeptierte und trat im Januar 1956 als Major in die Bundeswehr ein. Doch schon bald eckte er durch offen vorgetragene Kritik an und erwog ein Ausscheiden. Das Wohlwollen der Generale Speidel und Laegeler, beide wie Schmückle Schwaben, ermöglichte dem als aufmüpfig geltenden Offizier dann aber doch ein Unterkommen in der von Baudissin geleiteten Abteilung »Innere Führung«.

Der gerade neuernannte Heeresinspekteur Röttiger war es, der einige Monate später dem agilen und dominanten Verteidigungsminister Strauß den Major Schmückle für die vakante Stelle des Pressereferenten vorschlug. Strauß war von dem locker auftretenden, sich zivil gebenden Soldaten angetan und übertrug Gerd Schmückle von Januar 1957 an die Geschäfte des Ministeriumsprechers.

Ein kleiner Stab – mit allen Schreibkräften umfaßte das Referat zuerst nur vier, später 15 Personen – unterstützte den Leiter, der es vortrefflich verstand, alle Mitarbeiter für diese neue Aufgabe stark zu motivieren. Auch die Presseoffiziere, ein Novum in der deutschen Militärgeschichte, wurden nicht nur im Ministerium, sondern vor allem in der Truppe sehr unterstützt. So bekam die Pressestelle schon binnen kurzer Zeit ein unverkennbares, positives Profil. Schmückle, inzwischen Oberstleutnant, verstand es, die Presse stets in freundschaftlicher Atmosphäre zu unterrichten und dabei die oftmals sehr sachkundigen Diskussionen mit leichter Hand, taktisch klug und durch ständigen Informationsfluß mit Erläuterungen positiv zu steuern. So forderte er eines Tages die Atomgegner in der Bundesrepublik auf, selbst zu ihrer Glaubwürdigkeit beizutragen und »mit gleichem Engagement und erregten Protestversammlungen, mit Sternfahrten, Briefen und Demonstrationen« auch gegen Ulbrichts Drohungen vorzugehen, als dieser erklärte, die Nationale Volksarmee mit Atomwaffen ausrüsten zu wollen. Schmückle, der mittlerweile zum Oberst befördert war, begegneten allerdings auch viele Militärs und Politiker mit deutlicher Distanz, wenn nicht sogar mit Mißtrauen. So forderte die SPD im März 1960 sogar die Streichung seiner Planstelle.

Hart am Abgrund seiner Karriere stand Oberst Schmückle dann jedoch durch die am 26. Oktober 1962 ausgelöste »Spiegel«-Affäre. Die militärpolitische Analyse »Bedingt abwehrbereit« über die NATO-Übung »Fallex 62« führte, da seitens der Bundesanwaltschaft der Verdacht des Landesverrates bestand, zu einer nächtlichen Polizeiaktion gegen das Hamburger Nachrichtenmagazin. Herausgeber Rudolf Augstein und mehrere leitende Redakteure wurden verhaftet. Der in Spanien Urlaub machende Artikelverfasser Conrad Ahlers wurde, nachdem Strauß mit dem deutschen Militärattaché in Madrid, Oberst Oster, telefoniert hatte, durch Interpol festgenommen. Schmückle galt als Anstifter dieses Telefonats. In Bonn schlug die Affäre mittlerweile höchste politische Wogen. Bundeskanzler Adenauer sprach am 7. November vor dem Bundestag von einem »Abgrund von Landesverrat im Lande«. Schon zwei Tage danach aber gab Strauß, der zunächst versichert hatte, er habe mit der Affäre »nichts« zu tun, seine aktive Beteiligung an der Festnahme von Ahlers zu. Zehn Tage später zog aus Protest über die Falschinformation durch Strauß die FDP ihre fünf Minister aus der Bundesregierung zurück. Die Koalition zerbrach. Doch bereits am 11. Dezember einigten sich die Unionsparteien und die Freidemokraten, wieder eine Koalition zu bilden, da Strauß am 30. November nach der inzwischen rechtlich höchst fragwürdigen »Spiegel«-Aktion auf sein Ministeramt verzichtete und Adenauer am 2. Dezember zugesagt hatte, im Herbst des folgenden Jahres als Bundeskanzler zurückzutreten.

Schmückle, dem nach dem Abtritt von Strauß eine gewisse »Mittäterschaft« angelastet wurde, reichte daraufhin seinen Rücktritt ein, doch wurde diesem Gesuch nicht entsprochen. Vielmehr wurde er auf Weisung des neuen Verteidigungsministers Kai-Uwe von Hassel zu Beginn des Jahres 1963 an die Bundeswehr-Sprachenschule Euskirchen zu einem »erweiterten Englisch-Kursus« kommandiert, um zunächst einmal dem Bonner Blickfeld zu entschwinden. Es schloß sich ein Lehrgang am NATO-Defense-College in Paris an, dessen Kommandeur der Schmückle-Freund Baudissin war.

Am 1. April 1964 erhielt Schmückle die Insignien eines Brigadegenerals und wurde zugleich militärischer Berater des deutschen NATO-Botschafters Wilhelm Grewe in Paris. Dort erlebte er auch im Sommer 1966 das Ausscheren Frankreichs aus der militärischen NATO-Integration und erhielt Gelegenheit, an der neuen Bündnisstrategie »Flexible Response« mitzuwirken. Für Furore sorgte der Brigadegeneral, als er am 31. Dezember 1966 zusammen mit dem damaligen Generalleutnant Graf Baudissin und Generalarzt Dr. Ammermüller demonstrativ in die Gewerkschaft Öffentliche Dienste, Transport und Verkehr (ÖTV) eintrat. Er begründete diesen Schritt später mit den Worten: »Nachdem es der ÖTV neben dem Bundeswehrverband offiziell gestattet war, innerhalb der Bundeswehr Mitglieder zu werben, kann die traditionelle Schranke zwischen Armee und Gewerkschaft nur durch ein solches Engagement überwunden werden.«

Neuerlichen Unmut erregte Schmückle, als er sich Anfang 1968 mit seinem ganzen Temperament gegen die bereits sanktionierten Pläne, die Bundeswehr um 6000 Mann zu vermindern, aussprach und sogar einflußreiche Militärs und Politiker für sein Engagement gewann. Dies führte zu Unstimmigkeiten mit dem Generalinspekteur de Maizière und hatte die Versetzung von der Brüsseler NATO-Zentrale zur Truppe in die unterfränkische Provinz von Veitshöchheim zur Folge. Brigadegeneral Schmückle war nicht ohne weiteres bereit, diese auch zeitlich außerplanmäßige Veränderung ohne weiteres zu akzeptieren, und so fragte er bei mehreren Stellen nach den »Gründen« für seine plötzliche Versetzung, ohne allerdings eine befriedigende Antwort zu erhalten. Daraufhin trat Schmückle an den Wehrbeauftragten heran, und so geschah es, daß erstmals in der Geschichte der Bundeswehr nun ein Wehrbeauftragter sich mit der Frage der dienstlichen Verwendung eines aktiven Generals befassen mußte.

Schmückle mußte dennoch am 1. April 1968 sein neues Amt als Stellvertretender Kommandeur der 12. Panzerdivision in Veitshöchheim bei Würzburg antreten. Während der folgenden zwei Jahre setzte er sich intensiv auch mit Fragen der modernen Personalführung auseinander. Im Vergleich zu Neuerungen hielt er jedoch das alte Prinzip der Wehrmacht-Personalführung für weit überlegen, denn das zentralistische Personalwesen der Bundeswehr, so argumentierte er, lasse die Individualität weitgehend unberücksichtigt und beschränke sich statt dessen mehr und mehr auf eine schablonenhafte Verwaltung der Soldaten. Schmückle stellte deshalb die fast ketzerische Frage: »Warum soll ein Brigadekommandeur nicht einen Kompaniechef und ein Divisionskommandeur nicht einen Bataillonskommandeur seines Verbandes ernennen können?« Eine Antwort indes blieb aus.

Im Jahre 1970 wurde er zum Generalmajor befördert und gleichzeitig zum Stellvertretenden Chef der Operationsabteilung im NATO-Stab SHAPE ernannt. Ihm fiel dort die Aufgabe zu, die gesamten Operationen des Bündnisses taktisch aufeinander abzustimmen. Der ihm vorgesetzte deutsche Generalleutnant Dr. Schnell wurde für ihn zu einer entscheidenden und dauerhaften Hilfe von oben. Er ermöglichte, daß Schmückle weitgehend seinen Wunsch erfüllen konnte, im Hauptquartier die Voraussetzungen für ein NATO-Krisenmanagement zu schaffen. Zunehmend fesselte ihn die Einführung moderner Techniken und computergestützter Führungssysteme. Auch bei SHAPE setzte sich der meisterliche Taktiker Schmückle, der als schwieriger Untergebener und keinesfalls angenehmer Vorgesetzter galt, wieder einmal auf eine für ihn charakteristische Art durch. Als Schmückle feststellte, daß ein gleichrangiger US-General aus jeder Abteilung wöchentlich nur die amerikanischen Stabsoffiziere holte und mit ihnen die weitere Marschrichtung festlegte, schaute er sich dies kurze Zeit an, ehe auch er – nun nur die deutschen Stabsoffiziere – zu einer regelmäßigen Kaffeerunde einbestellte. Die Folge war, daß der US-Generalmajor wenig später seine Gesprächsrunde aufgab. Schmückle hatte sich elegant durchgesetzt: Bei der ganzen Angelegenheit war kein böses Wort gefallen, und niemand hatte sein Gesicht dabei verloren.

Mit Beginn des Jahres 1974 wurde Schmückle Stellvertretender Kommandierender General des I. Korps in Münster, das er aber schon nach acht Monaten wieder verließ. Während dieser kurzen Zeit fiel er, wie auch einst bei der 12. Panzerdivision, durch ungewöhnliche und unkonventionelle Übungseinlagen bei Vorgesetzten und erfahrenen Kameraden keineswegs immer positiv auf. Dennoch wurde er zum Generalleutnant befördert und am 1. Oktober in das Amt des Direktors des Internationalen Militärstabes (IMS) in Brüssel berufen. Der Vorsitzende des NATO-Militärausschusses, General Steinhoff, hatte diese Ernennung mit Verteidigungsminister Leber eingefädelt. Denn Steinhoffs Anliegen war es, – nach seiner Pensionierung – den deutschen Einfluß in Brüssel zu erhalten. Der Stab, dem Schmückle nun vorstand, war ein gleichermaßen militärisches wie politisches Organ, das als Verbindungsglied zum NATO-Generalsekretär fungierte und dem Militärausschuß zuarbeitete. Generalleutnant Schmückle war dort die »rechte Hand« des britischen Großadmirals Sir Peter Hill-Norton, Steinhoffs Nachfolger.

Eine umfassende wissenschaftliche Prognose über die zunehmende Bedeutung der Satellitenaufklärung veranlaßte Schmückle, die Produktion eigener Aufklärungssysteme für Europa zu fordern und ein Konzept für fliegende Frühwarnsysteme auszuarbeiten. Ihm gelang es ferner, die beiden Bereiche der Fernmelde- und der Computerorganisation im Bündnis zu koordinieren sowie die Zeitspanne für weitere Verteidigungsplanungen bis auf 15 Jahre zu verlängern. Schließlich entsprang auch jener Plan Schmückles Initiative, eingemottete Rüstungsfabriken zu entwerfen, deren Produktion im Frieden ruhen, aber im Notfall ohne Verzug in Gang gesetzt werden könne – eine volkswirtschaftlich kostspielige Utopie.

Auf der NATO-Frühjahrstagung 1977 beanstandete Verteidigungsminister Leber aufgrund einer von Schmückle veranlaßten Untersuchung, daß die Bundeswehr in Anbetracht ihrer mittlerweile gewachsenen militärischen und politischen Bedeutung in der Besetzung hoher atlantischer Führungsstellen nicht ausreichend vertreten sei. Dieses zweifelsfreie Ungleichgewicht in der Generalsarithmetik war allerdings bereits länger bekannt, so daß man erwog, künftig den Posten des auf die NATO-Operationen wirklich einflußnehmenden Chefs des Stabes SHAPE nicht mehr durch einen Amerikaner, sondern durch einen Deutschen besetzen zu lassen. Obwohl im Grundsatz nahezu abgesegnet, blieb diese Entscheidungsprozedur aufgrund des komplizierten Abstimmungsgeflechts der NATO recht zeitaufwendig. Der am 1. Dezember 1977 das Pensionsalter von 60 Jahren erreichende Generalleutnant Schmückle drängte Leber, Tempo zu machen. Schließlich bot der amerikanische NATO-Oberbefehlshaber Haig Bundesverteidigungsminister Leber an, er möge ihm einen deutschen Stellvertreter im Rang eines Vier-Sterne-Generals vorschlagen, der ein Amt neben dem seit dreißig Jahren existierenden britischen Stellvertreterposten übernehmen solle.

Leber mußte nicht lange nach einem geeigneten Kandidaten suchen, wußte er doch, in Schmückle einen überaus talentierten Taktiker parat zu haben. Einen Monat nach seinem 60. Geburtstag übernahm Gerd Schmückle am 1. Januar 1978 das neugeschaffene, wenngleich auch nicht sonderlich wirkungsvolle Amt des Stellvertretenden Oberbefehlshabers der Alliierten Streitkräfte in Europa (DSACEUR) und wurde damit gleichzeitig zum General befördert. Schmückle hatte trotz der vorausgegangenen Befürchtungen, die dieses Amt betrafen, das seltene Glück, in Haig auf einen Vorgesetzten zu treffen, der mit seinen eigenen Auffassungen nahezu völlig übereinstimmte, so daß er tatsächlich einigen Einfluß auf die atlantischen Planungen ausüben konnte. Die harmonische Zusammenarbeit mit Haig wurde zu einer geradezu vorbildlichen übernationalen Teamleistung.

Zu Schmückles wesentlichsten Aufgabengebieten gehörte die dringend notwendige Verbesserung in den Verteidigungsbemühungen des Nordatlantik Pakts, die Erhöhung der Kampfbereitschaft der niederländischen Armee, die friedensmäßige Einlagerung amerikanischer Waffen und Geräte in großen Depots, der Ausbau von Flugplätzen in Europa sowie die Sicherstellung der Rohstoffversorgung für die westliche Allianz. Sein Verdienst war es, zahlreiche dieser Projekte mit Nachdruck vorangetrieben zu haben. Nach 24 recht wechselvollen Jahren in Bundeswehr und Bündnis wurde der General dann am 31. März 1980 in München mit dem Großen Zapfenstreich aus dem aktiven Dienst verabschiedet.

Mit Gerd Schmückle verließ einer der schillerndsten, aber wohl auch begabtesten Offiziere, die die Bundeswehr gehabt hat, die Armee. Wegen seiner Eigenwilligkeiten, seines unbefangenen und legeren Auftretens und auch wegen seines Temperaments, das zu zügeln er nicht immer bereit war, schuf er sich manchen Widersacher. Was für andere galt, betrachtete er für sich noch lange nicht als unumstößlich; entgegen der gültigen Regel unterzeichnete er beispielsweise Schriftstücke grundsätzlich mit seinem Vor- und Familiennamen. Seine innere Unabhängigkeit und Gelassenheit, die schon das Verhältnis zu Strauß gelegentlich unter Spannung gesetzt hatte, wurde dennoch gerade von diesem wie auch von den Verteidigungsministern Schmidt und Leber sehr geschätzt. Seine Improvisationsfähigkeit, seine Toleranz, das direkte Vorgehen und dazu ein diplomatisches wie politisches Einfühlungsvermögen qualifizierten ihn zweifellos. Schmückle wurde, wie er sagte, »militärisch durch Rommel, diplomatisch durch Grewe und politisch durch Strauß und Leber ausgebildet«. Allerdings maßte er sich beileibe nicht an, etwa eine Synthese dieser Persönlichkeiten zu verkörpern. Schmückles gravierendster Nachteil jedoch war, daß er seine großen taktischen Gaben oft nur zur Förderung seiner eigenen Laufbahn einsetzte.

Der leicht schwäbelnde, hochgewachsene Individualist mit dem vollen weißen Haar und der breitrandigen Hornbrille im scharfgeschnittenen Gesicht sorgte auch nach seiner Pensionierung für allerlei Publicity, indem er immer wieder zur Feder griff und nach seinem bereits 1971 erschienenen Buch »Komiß a. D. – kritische Gänge durch die Kasernen« schließlich 1982 seine aufschlußreichen, teils ins Fabulieren gehenden Memoiren »Ohne Pauken und Trompeten« herausgab. Unablässig meldete er sich zu politischen Ereignissen zu Wort, so vor allem im Januar 1984 in der brisanten »Wörner-Kießling-Affäre«, als er im Fernsehen ungezügelt Kritik an dem dubiosen Verhalten des Verteidigungsministers übte. Aber auch in die Legitimationsdebatte um die westdeutschen Streitkräfte griff Schmückle, der in München lebt, ein. So empfahl der eigenwillige General a.D. im Frühjahr 1989 der Hardthöhenführung als zeitgemäße Aufgabe, die Bundeswehr in die erste »Umweltschutz«-Armee der Welt umzugliedern.

Jürgen Brandt

Generalinspekteur der Bundeswehr
von 1978 bis 1983

Jürgen Brandt

Das militärische Kräfteverhältnis drohte aus dem Gleichgewicht zu geraten. Durch die sowjetische Hochrüstung verloren die Vereinigten Staaten Anfang der siebziger Jahre ihre Überlegenheit bei den Interkontinentalraketen. Doch damit nicht genug. Die UdSSR verstärkte auch noch zusätzlich ihr Potential an nuklearen Mittelstreckenwaffen durch die Stationierung der neuen SS-20-Raketen. Die Zahl der gegen Europa gerichteten Atomsprengköpfe wurde dadurch drastisch vergrößert. Bundeskanzler Schmidt nutzte jede Gelegenheit, um der Kremlführung unter Staats- und Parteichef Breschnew klarzumachen, wie sehr diese Aufrüstung von der nordatlantischen Verteidigungsgemeinschaft als zusätzliche Bedrohung bewertet wurde, und er forderte einen sofortigen Rüstungsstopp. Moskau indes ignorierte diese Appelle. Daraufhin faßten die NATO-Außen- und Verteidigungsminister auf einer Sondersitzung am 12. Dezember 1979 in Brüssel den sogenannten Doppelbeschluß, um nicht die für ihre Strategie notwendige Flexibilität zu verlieren und politisch erpreßbar zu werden.

Der Doppelbeschluß sah vor, daß einerseits die hauptsächlich in der Bundesrepublik gelagerten amerikanischen Raketen mittlerer Reichweite durch 108 moderne Pershing-2-Raketen und 96 Marschflugkörper (Cruise Missiles) ersetzt und andererseits der UdSSR Verhandlungen über den Abbau dieser Waffenkategorie angeboten werden. Den Sowjets wurde zugleich aber eine Frist bis Ende 1983 gesetzt und deutlich gemacht, daß im Falle des Scheiterns der Gespräche mit der Aufstellung unverzüglich begonnen würde. Einer der engsten Berater von Schmidt, der als Initiator dieses Nachrüstungsprogramms galt, war General Jürgen Brandt.

Der am 19. Oktober 1922 in Kiel als Sohn eines Kommunalangestellten geborene Offizier besaß ein stark ausgeprägtes Gespür für die subtile Militärpolitik, die seine Domäne war. Dabei begann sein Werdegang in den Bahnen des durchaus Herkömmlich-Traditionellen. Jürgen Brandt, der nach dem Abschluß der Mittleren Reife Schiffbauingenieur werden wollte, leistete zunächst seine Pflichtzeit im Reichsarbeitsdienst (RAD) ab und fungierte dort anschließend über ein Jahr als Ausbilder. Während seiner RAD-Tätigkeit hatte Brandt vorwiegend beim Ausbau von Flugplätzen in Frankreich und in

Schwaben mitgewirkt. Als Wehrpflichtiger kam er Anfang 1942 zur Infanterie, wurde Reserveoffizieranwärter, kämpfte in Rußland und wurde im Februar 1944 zur Division »Brandenburg« versetzt, jener Spezialtruppe, die während des Krieges zahlreiche Kommandounternehmen ausführte. Mittlerweile in die aktive Offizierlaufbahn übernommen, geriet der mit dem EK I ausgezeichnete Leutnant als Zugführer und Kommandant eines Motorkanonenbootes im Mai 1945 in Griechenland in britische Gefangenschaft. Für mehr als zwei Jahre mußte Brandt dann in Ägypten, in einem Lager am Westufer des Großen Bittersees, leben.

Erst 1947 entlassen, kehrte Brandt in seine Geburtsstadt zurück, in der er als zweiter Pressesprecher, später als Redakteur beim Max-Budweg-Verlag Arbeit fand. Ein ehemaliger Lagerkamerad aus der Kriegsgefangenenzeit, der dem Stab des Panzergenerals Graf Schwerin angehört hatte, warb Brandt im Sommer 1950 zur Mitarbeit in der »Dienststelle Schwerin«, die sich mit Fragen der Wiederbewaffnung befaßte. Zu dem kleinen Arbeitskreis gehörte auch Oberst a. D. Graf Kielmansegg, mit dem Brandt nach der Auflösung der Dienststelle das am 1. Dezember neu gebildete Amt unter Leitung des CDU-Abgeordneten Blank aufbaute. Dem Leutnant a. D., der dort in der Funktion eines Adjutanten tätig war und der SPD nahestand, fiel nunmehr die Aufgabe zu, die in der Opposition befindlichen Sozialdemokraten über Gedanken und Entwürfe eines westdeutschen Wehrbeitrages innerhalb der geplanten Europäischen Verteidigungsgemeinschaft zu informieren. Dabei hatte Jürgen Brandt als Verbindungsmann hauptsächlich mit dem Oppositionsführer und einstigen Frontoffizier Kurt Schumacher zu tun, der zwar wie seine Parteifreunde zunächst das Wiederbewaffnungsvorhaben ablehnte, es später allerdings unter dem Eindruck des Korea-Krieges als überzeugter Patriot und Antikommunist für ein »notwendiges Übel« hielt und damit guthieß.

Unter Überspringung eines Dienstgrades wurde Brandt, der seit Ende 1955 als Zivilangestellter in der Abteilung »Nachrichtenwesen« des Bonner Verteidigungsministeriums gearbeitet hatte, am 1. April 1957 als Hauptmann in die Bundeswehr eingestellt. Er führte in Munster eine Kompanie des Panzergrenadierlehrbataillons und redigierte später als Vorschriftenbearbeiter im Stab der Panzertruppenschule die als »Reibert« bekannte alte Dienstvorschrift des Wehrmachtsheeres. Es folgte die Ausbildung zum Generalstabsoffizier und eine Verwendung als G 3 der Panzergrenadierbrigade 32 in Schwanewede, wobei sich erstmals seine besondere Neigung für das Gebiet Taktik und Operationsführung herauskristallisierte. Zur weiteren Förderung seiner

Begabung erfolgte 1966 die Versetzung in den NATO-Stab AFCENT, mit dem er auch die Verlegung aus Frankreich in die Niederlande miterlebte. Der fließend englisch und französisch sprechende Oberstleutnant wurde nunmehr ein zweites Mal zum engsten Mitarbeiter des Grafen Kielmansegg, der inzischen als Oberbefehlshaber die Verteidigungsplanung für alle im mitteleuropäischen Abschnitt stehenden NATO-Truppen zu leiten hatte. Als persönlicher Generalstabsoffizier des Generals Graf Kielmansegg, wie auch bei dessen Nachfolger General Bennecke, schärfte Brandt seinen Blick für die Zusammenhänge zwischen den nationalen Verteidigungsanstrengungen und jenen Forderungen des Bündnisses.

Nach fast sechs Jahren Stabsdienst kehrte Brandt 1969 als stellvertretender Kommandeur der Hamburger Panzergrenadierbrigade 7 zur Truppe zurück. Doch schon im Herbst 1970 berief sein Duzfreund und nunmehriger Verteidigungsminister Helmut Schmidt den frischgebackenen Oberst auf die Bonner Hardthöhe. Schmidt wollte Brandt zu seinem Adjutanten machen. Der Oberst, der eine Parteizugehörigkeit für Soldaten ablehnte, bat jedoch um eine andere Aufgabe und erhielt diese schließlich in dem militärpolitischen Ressort des Führungsstabes der Streitkräfte – ein Metier, das für seine weitere Laufbahn richtungweisend werden sollte. Brandt befand sich an jener Stelle, an der alle sicherheitspolitisch relevanten Nervenstränge zusammenliefen, und er hatte nicht nur Generalinspekteur de Maizière zu assistieren, sondern war als Referent auch ein häufiger Begleiter von den Ministern Schmidt und Leber auf internationalen Konferenzen.

Der agile Oberst spann hinter den Kulissen ein Netz von Kontakten, die weit in das Atlantische Bündnis hineinreichten. Dabei war sein Vorgehen nüchtern, behutsam und unaufdringlich. Mehr und mehr entwickelte er sich zu einer Art uniformiertem Militärpolitiker. So war es denn nur konsequent, wenn auch untypisch für das Bundeswehr-Personalverfahren, daß Brandt nach zweieinhalbjähriger Referententätigkeit zum Stellvertretenden Leiter der ihm inzwischen gut vertrauten Stabsabteilung »Militärpolitik« ernannt wurde. Auch Schmidts Nachfolger Leber nutzte ebenso wie der jetzt amtierende Generalinspekteur Zimmermann gerne Brandts profunde Kenntnisse und förderte ihn weiter.

Nur ein Jahr nach der Ernennung zum Brigadegeneral stieg Brandt zum Generalmajor auf und übernahm am 1. Juli 1974 das Kommando über die 10. Panzerdivision in Sigmaringen. In der folgenden knapp 15 Monate dauernden Kommandeurzeit wurde der Generalmajor als tüchtiger und fürsorglicher Vorgesetzter gelobt, der schnell Zugang zu den Soldaten fand. Nach dieser kurzen Truppenverwendung führte Brandts Weg von Sigmaringen wieder nach Bonn. Er kehrte in die ihm schon fast zur Heimat gewordene Abteilung »Militärpolitik« zurück, nunmehr als deren Leiter. Für beinahe zweieinhalb Jahre lenkte er dann die Geschicke dieses Kernstücks des Verteidigungsministeriums. Er beeinflußte wesentlich die westdeutsche Verhandlungsführung der seit Ende 1973 laufenden Wiener Gespräche über einen Truppenabbau in Mitteleuropa ebenso wie die Überlegungen zur Strukturveränderung der Bundeswehr.

Als militärpolitischer Repräsentant der Bundeswehr wurde Brandt, inzwischen Generalleutnant, am 1. April 1978 zur NATO nach Brüssel entsandt. Er war als »Deutscher Militärischer Vertreter« der ranghöchste Offizier der Bundesrepublik im Militärausschuß, der sowohl ständig den deutschen NATO-Botschafter als auch die Bonner Hardthöhen-Führung über die Allianz-Aktivitäten unterrichtete. Nach nur sieben Monaten wurde Generalleutnant Brandt dann aber überraschend nach Bonn zurückbeordert. Die seit längerem bekannten Spannungen zwischen dem erst seit Februar amtierenden Verteidigungsminister Apel und Generalinspekteur Wust entluden sich und führten zu Wusts Demissionierung. Für die politische Hardthöhen-Leitung war dies ein Fiasko, denn nach Lebers Rücktritt und dessen zahlreichen Reibereien mit der Generalität wurde die Gefahr einer neuen Generalskrise offenkundig. Sämtliche Spitzen-Personalplanungen waren hinfällig geworden; zudem wollten nun zahlreiche sozialdemokratische Politiker einen Gesinnungsgenossen auf dem Generalinspekteurs-Posten haben. Dieser müsse schon mit Blick auf die schwierigen Abrüstungsverhandlungen ein bedeutender militärpolitischer Kopf sein, hieß es. Und zweitens ein Mann mit großem politischen Fingerspitzengefühl sowie mit guten Beziehungen zum Kanzler und zum Verteidigungsminister, um das zu diesem Zeitpunkt mit reichlich Konfliktstoff belastete Verhältnis zwischen politischer und militärischer Führungsspitze wieder zu normalisieren. Schließlich war, nicht zuletzt durch Bundeskanzler Schmidts Votum, Jürgen Brandt der auserwählte Mann.

Brandt kannte die Verflechtungen innerhalb der Hardthöhe haargenau und hatte sich seit langem in der Militärpolitik als überaus versiert erwiesen. Hinzu kam, daß es seinem Naturell entsprach, Auseinandersetzungen leise auszutragen. Brandt, der bisher kaum öffentlich hervorgetreten war, machte allerdings Verteidigungsminister Apel deutlich, daß er das Amt nur übernehmen könne, wenn der ihm zustehende Kompetenzbereich als oberster Soldat der Bundeswehr unangetastet bleibe. So wurde Brandt noch am 12. Dezember 1978 zum General befördert und gleichzeitig zum siebenten Generalinspekteur ernannt. Der neue Generalinspekteur, der zugleich der letzte noch aktive Soldat aus der Blank'schen Gründerzeit war, hatte eine bemerkenswerte Karriere durchlaufen. Den einen, weitaus geringeren Teil seiner Laufbahn hatte er in der Truppe absolviert, den bedeutsameren Teil aber auf der Hardthöhe zugebracht. Und innerhalb von gut fünfeinhalb Jahren erlebte er den Aufstieg vom Brigadegeneral zum General.

Der gedrungen und robust wirkende, grauhaarige General, dem mitunter die Verbindlichkeit fehlte, sollte nun nach einer Periode der Wirrnisse die Bundeswehr in eine Phase der geistigen Konsolidierung lenken. Er bestach durch seine klare wie oft scharfe, aber bisweilen auch barsche und schnodderige Wortwahl, die aber meist nicht ohne Humor war, gleichermaßen wie durch die Tatsache, daß er stets Zeit für seine Untergebenen hatte. Durch seine etwas volkstümliche Art gewann er leicht Sympathien. Sein Arbeitsstil galt entsprechend als gelockert, wobei Brandt sich nicht in Kleinigkeiten verlor, sondern diese delegierte.

General Brandt bemühte sich, im Zuge der zunehmenden Bürokratisierung und Zentralisierung der Armee die immer häufiger praktizierte Befehlstaktik im Truppenalltag einzudämmen und der bewährten deutschen Auftragstaktik wieder mehr Raum zu verschaffen. Seiner Initiative blieb aber infolge der zahlreichen friedensbedingten Reglementierungen weitestgehend der Erfolg versagt. Förmlich den Kampf erklärte er den etwa seit Mitte der siebziger Jahre in Mode gekommenen »meßbaren Leistungsprinzipien« und »Erfolgskontrollen« in der Menschenführung. Als letzter kriegsgedienter Generalinspekteur betonte er stets und überall, daß »nach jedem Gefecht – und dies auf allen Kommandoebenen – die erste Frage den eingetretenen Verlusten und der Stimmung der Truppe galt«. Die Stimmung in der Truppe sei das entscheidende Kriterium für die Personalführung. Um so mehr bedrückten den General die Probleme des sogenannten Verwendungs- und Beförderungsstaus bei den Offizieren und Unteroffizieren ebenso wie die Tatsache, daß mehr als 125000 Soldaten, also über ein Viertel der gesamten Bundeswehr, länger als 60 Stunden in der Woche Dienst leisten mußten. Die Lösung dieser Schwierigkeiten genoß für ihn höchste Priorität. Allerdings gelang es General Brandt dennoch nicht, den politisch Verantwortlichen eine Entscheidung in diesen Fragen abzutrotzen.

Die Nichtbewältigung dieses Dilemmas innerhalb der Bundewehr hielt er in Anbetracht der geburtenschwachen Jahrgänge, die in der zweiten Hälfte der achtziger Jahre zum Wehrdienst heranstehen würden, für ausgesprochen werbehemmend. Hinzu kam, daß das Image der Streitkräfte immer noch negativ geprägt war, die Zahl der wehrunwilligen »Kriegsdienstverweigerer« allein in den Jahren 1970 bis 1980 von 19363 auf mehr als 54000 geklettert und die Armee nach wie vor Zielscheibe militanter Angriffe war. So gab es im Sommer 1980 während eines öffentlichen Rekrutengelöbnisses im Bremer Weser-Station bei Krawallen mit Chaoten Hunderte von Verletzten. Ähnliche Proteste fanden auch in anderen Städten statt. General Brandt suchte deshalb Möglichkeiten, nicht nur das ramponierte Ansehen der Bundeswehr, sondern auch die Bedingungen für deren zukünftigen Personalersatz und dessen Motivation zu verbessern. Er richtete an die Wehrpolitiker die Frage, ob unter dieser Perspektive nicht völlig neue Wege gegangen werden und nicht vielleicht die Streitkräfte sich auch für Frauen öffnen müßten und meinte, dies erfordere sehr bald eine Antwort. Doch diese wurde verschoben und blieb schließlich ganz aus.

Als Militärpolitiker war General Brandt nach den westlichen Erkenntnissen über die massiven sowjetischen SS-20-Stationierungen einer der wichtigsten Berater von Bundeskanzler Schmidt und trug dazu bei, daß die NATO im Dezember 1979 den Doppelbeschluß faßte. Innenpolitisch führte die geplante NATO-Nachrüstung dann zu heftigen, langwierigen Auseinandersetzungen in der Bevölkerung, die in einer etwa 300000 Menschen umfassenden Demonstration der Friedensbewegung in Bonn gipfelte. Seit der sowjetischen Invasion in Afghanistan Ende 1979 trat Generalinspekteur Brandt immer wieder dafür ein, Schiffe der Bundesmarine über die Nordsee hinaus im gesamten Nordflankenbereich der NATO einzusetzen, falls die Vereinigten Staaten oder Großbritannien zur Sicherung der Rohstoffzufuhren nach Europa ihre militärische Präsenz im Mittleren Osten verstärken müßten. Und so kam es, daß die Bundesmarine Mitte 1980 ihr Operationsgebiet über den 61. Breitengrad ausdehnte.

Für einigen Unmut in der NATO sorgte dann im Sommer 1982 die Nominierung Brandts für das Amt des Vorsitzenden des Militärausschusses. Es ging dabei weniger gegen die Person des Generals als vielmehr gegen Verteidigungsminister Apel. Dieser hatte nämlich zu Beginn des Jahres versäumt, Brandts Kandidatur bekanntzumachen, und so hatte sich in einer schriftlichen Vorentscheidung die Mehrheit der alliierten Generalstabschefs bereits darauf geeinigt, den niederländischen General de Jager zum »Chairman« zu wählen. Apel verlangte aber nun eine Änderung dieses Votums, doch das NATO-Gremium lehnte dieses Ansinnen ab.

So blieb auch nach der politischen »Wende« von der sozialliberalen zur unionsliberalen Regierungskoalition am 1. Oktober 1982 General Brandt weiterhin im Amt des Generalinspekteurs. Am 31. März 1983 trat er dann nach mehr als vierjähriger Amtszeit mit 61 Jahren in den Ruhestand. Der General a. D., der seit 1948 mit Martha, geborene Ruhland, verheiratet ist und zwei Töchter sowie einen Sohn hat, der Berufsoffizier ist, zog sich nach Meckenheim-Merl bei Bonn zurück. Dort beschäftigt er sich neben dem Züchten und Veredeln von Blumen allerdings auch weiterhin als langjähriger Präsident der Gesellschaft für Wehrtechnik intensiv mit sicherheitspolitischen Themen.

DR. FERDINAND VON SENGER UND ETTERLIN

Oberbefehlshaber der NATO-Streitkräfte Mitteleuropa
von 1979 bis 1983

Ferdinand von Senger und Etterlin

Russe dringt kämpfend in Traktorenwerk ein; es lebe Deutschland!« lautete der letzte deutsche Funkspruch, der um etwa neun Uhr des 2. Februar 1943 von der Funkstelle der 24. Panzerdivision abgegeben wurde. Es war dies die einzige noch intakte Funkverbindung aus dem Kessel in Stalingrad – und jener Text das wohl letzte Lebenszeichen der einst 330000 Mann starken deutschen 6. Armee, das zur Außenwelt gelangte. Noch wenige Wochen zuvor hatte der 19jährige Leutnant von Senger und Etterlin selbst in den verschneiten Ruinen der Stadt gekämpft. Nachdem er bereits im September mit einer Kopfverletzung ausgeflogen und nach seiner Genesung schon im Oktober wieder eingeflogen worden war, wurde er jetzt, wiederum schwerverwundet, mit einem Sanitätsflugzeug herausgeholt und entrann somit dem Inferno. Wie auch seine Kameraden, die sich bei den restlichen Teilen der Division außerhalb des Kessels befanden, erschütterte ihn die Nachricht vom Untergang der Stalingrad-Armee zutiefst.

Seit dem 23. August 1942, jenem Tag, an dem die 155 Tage dauernde Schlacht um Stalingrad begann, hatte er mit seinen Soldaten an der Wolga gekämpft. Als Schwadronsführer erlebte Senger die Gefechte um die Stadtteile »Roter Oktober« und »Rote Barrikaden«. Die Eroberung des »Schnellhefterblocks«, die zermürbenden Straßen- und Häuserkämpfe, das mörderische Ringen um Stockwerke und Keller, um Trichter, Kanalisationsröhren und zerstörte Fabrikanlagen gruben sich ebenso unauslöschlich in sein Gedächtnis ein, wie der quälende Hunger, die klirrende Kälte und das unbeschreibliche Leid der Verwundeten. Die Tragödie an der Wolga machte auch dem jungen, draufgängerischen Panzeraufklärungsoffizier die unheilbringende Wende des Krieges drastisch deutlich. Senger wurde spürbar nachdenklicher, geriet aber dennoch nicht aus dem Gleichgewicht, denn der aus dem oberfränkischen Reichsadel stammende Soldat war tief in der Familientradition verwurzelt und schöpfte aus ihr seine Kraft.

Als Sohn des Oberleutnants und späteren Generals der Panzertruppe Fridolin von Senger und seiner Frau Hilda Margarethe, einer Tochter des preußischen

Generals von Kracht, am 8. Juni 1923 in Tübingen geboren, war ihm das Berufsziel bereits in die Wiege gelegt. Wie seine Vorfahren, die seit mehr als 250 Jahren den Soldatenberuf ausgeübt hatten, fühlte sich auch Ferdinand Maria von Senger und Etterlin von Jugend an verpflichtet, seinem Vaterland in der Armee zu dienen. Der passionierte Reiter startete seine militärische Laufbahn am 1. Oktober 1940 in der Ersatzabteilung des Göttinger Kavallerieregiments 3, dessen letzter Friedenskommandeur sein Vater gewesen war.

Seit dem Beginn des Rußlandfeldzuges am 22. Juni 1941 stand der Kavallerist an vorderster Front. Der Weg der 24. Panzerdivision, die aus der einstigen 1. Kavalleriedivision entstanden war, führte ihn als Leutnant und Zugführer nach Stalingrad. Nach dem Untergang der 6. Armee, zu der auch die 24. Panzerdivision gehörte, die in den Kämpfen weitgehend ausgelöscht worden war, wurde diese Division neu aufgestellt und zunächst nach Oberitalien verlegt. Doch bereits im Oktober 1943 ging Senger mit seinem Verband wieder an die Ostfront und erlebte als Oberleutnant und Regimentsadjutant die verlustreichen Rückzugskämpfe zum Bug mit.

Während der erbittert geführten Abwehrschlacht zwischen San und Weichsel im August 1944 griff dann neuerlich der Tod nach dem Leben dieses tapferen Offiziers, der mit dem Deutschen Kreuz in Gold, dem Panzervernichtungsabzeichen und der Silbernen Nahkampfspange, die erst nach mindestens 30 anerkannten Nahkämpfen verliehen wurde, ausgezeichnet war. Senger wurde zum achten Mal verwundet. Sein rechter Arm mußte amputiert werden; die Ärzte gaben ihm keine großen Chancen. Aber Senger wollte leben. Und so schaffte er es mit ungeheurer Willensanstrengung, bereits im Herbst wieder dienstfähig zu sein.

Als persönlicher Adjutant des Inspekteurs der Panzertruppe, General Geyr von Schweppenburg, kam er dann zum Oberkommando des Heeres (OKH). Der in zahlreichen Schlachten als Korpsbefehlshaber bewährte, ebenso kritisch wie treffsicher urteilende Geyr vermittelte dem 21jährigen, mittlerweile zum Rittmeister beförderten Ferdinand von Senger unschätzbare Einblicke in das diffizile Räderwerk, das die Panzertruppe in Bewegung hielt. Neben den permanent laufenden Absprachen mit der Rüstungsindustrie, den mitunter quälenden Personalersatzfragen und den Problemen neuer Gliederungsformen hatte sich Senger vornehmlich mit der Ausbildung der Panzertruppe zu befassen. Geyr, der bei der kriegsnahen Gefechtsausbildung im scharfen Schuß stets besonderen Wert auf die Tarnung und die Nahkampfausbildung bei Tag und Nacht legte, wurde für den jungen Offizier zu einem richtungweisenden Lehrmeister. Doch das nahende Kriegsende machte die Realisierung der meisten Vorhaben unmöglich. Zusammen mit Teilen des Stabes geriet Senger dann in amerikanische Gefangenschaft.

Der Kriegsversehrte hatte das Glück, schon nach kurzer Zeit entlassen zu werden, und er konnte somit noch im selben Jahr in seiner alten Garnisonsstadt Göttingen das Jura-Studium aufnehmen und dieses später in Zürich und Oxford fortsetzen. 1951 promovierte Ferdinand von Senger, der seit 1946 mit Ebba von Keudell verheiratet war, über das Thema »Der Parteienstaat: Ein Vergleich zwischen Weimarer Reichsverfassung und Bonner Grundgesetz« zum Doktor der Rechte und wurde bald darauf Beamter des Höheren Dienstes beim neu geschaffenen Bundesamt für Verfassungsschutz, das dem Bonner Innenministerium unterstand.

Die Nachrichten aus den nahegelegenen Bonner Entscheidungsgremien sowie wohl nicht zuletzt die detaillierten Informationen seines Vaters, der als Mitglied des Personalgutachterausschusses fungierte, bewogen Senger, der in seinem Herzen stets Soldat geblieben war, sich im März 1956 reaktivieren zu lassen. Und so setzte der überaus begabte Offizier ähnlich rasch wie in der Wehrmacht auch in der Bundeswehr seine Karriere fort. Aufgrund seiner profunden Rußlandkenntnisse fand er zunächst Verwendung im Referat »Grundsatzfragen des Militärischen Nachrichtenwesens und Fremde Streitkräfte Ost«, ehe er nach der Generalstabsausbildung in der Munsteraner Panzerlehrbrigade 9 als G3 seine Fähigkeiten insbesondere auf dem Gebiet der Truppenausbildung entfalten konnte. Darüber hinaus war Dr. von Senger maßgeblich an der Erprobung des neuen deutschen Kampfpanzers »Leopard« beteiligt. Für ein Jahr befaßte sich der Panzerspezialist sodann in der Studiengruppe des Heeres an der Führungsakademie mit Fragen der nuklearen Taktik und Heeresplanung. Als Kommandeur des Panzerlehrbataillons 94 kehrte er 1964 nach Munster zurück und erhielt Gelegenheit, das ihm aus der Erprobungsphase vertraute Waffensystem »Leopard« nunmehr im Verbandsrahmen praxisnah zu führen.

Der überzeugend gelösten Aufgabe folgte ein Kursus am NATO-Defence-College in Rom, dem sich eine zweijährige Tätigkeit im NATO-Hauptquartier NORTHAG in Mönchengladbach anschloß. Dort wurde der Generalstabsoffizier, dessen überdurchschnittliche taktische wie operative Begabung bereits in Munster aufgefallen war, mit der Einsatzplanung der in diesem

Kommandobereich stehenden niederländischen, britischen, belgischen und deutschen Heerestruppen betraut. Für lediglich ein halbes Jahr war es ihm dann vergönnt, die Panzerbrigade 20 im westfälischen Hemer zu führen. Kurz nach seiner Berufung in den Führungsstab des Heeres in Bonn wurde Senger am 30. September 1970 zum Brigadegeneral befördert. Er arbeitete fortan vor allem im Bereich der Heeresplanung und erstellte Konzepte für zukunftsorientierte Waffensysteme, wobei ihm die gewonnenen Erfahrungen aus der Zeit in der Studiengruppe des Heeres von großem Nutzen waren.

Auf der Bonner Hardthöhe erwarb sich der sehr entscheidungsfreudige Troupier, der bei hausinternen Debatten oft kompromißlos für die Sache focht, indes auch zahlreiche Widersacher. Der durchaus zu höheren Weihen berufene 48jährige Brigadegeneral wurde in das als unterprivilegiert geltende Territorialheer versetzt, was offiziell damit begründet wurde, zukünftige Spitzenmilitärs müßten mit den Problemen der Territorialverteidigung vertraut gemacht werden. In Stuttgart übernahm er als Generalmajor das Amt des Befehlshabers im Wehrbereich V, eine Position, die bis dahin stets Generalen vorbehalten war, die kurz vor ihrer Pensionierung standen. Die enge Zusammenarbeit sowohl mit der baden-württembergischen Landesregierung und den Dienststellen der zivilen Landesverteidigung als auch mit den in seinem Befehlsbereich stehenden Großverbänden des Heeres, der Luftwaffe und der Alliierten vermittelten Senger neue, wichtige Erfahrungen. Seine Dynamik und sein Ideenreichtum blieben auch während seiner zweieinhalbjährigen Tätigkeit in Stuttgart ungebremst. Die Frage einer schnellen Mobilmachung lag ihm besonders am Herzen, und so entwarf er ein neuartiges Benachrichtigungsverfahren für wehrübende Reservisten des Territorialheeres, das unter anderem auf den Gemeindeblättern und Zirkularen basierte.

Am 1. Juli 1974 erfolgte dann Sengers Rückkehr in das moderne und karrierefördernde Feldheer. Der Generalmajor wurde Kommandeur der 7. Panzergrenadierdivision in Unna. Dort gelang es ihm innerhalb von nur neun Monaten, das bis dahin dem I. Korps zugeordnete Panzerregiment 100 in seinen Divisionsverband zu integrieren und so umzugliedern, daß die daraus entstehende Panzerbrigade 20 von Sommer 1976 an zur Erprobung der »neuen Heeresstruktur 4« herangezogen werden konnte. Seine unerschöpflich scheinende Energie und sein impulsiver Führungsstil kostete dabei die Truppe, insbesondere aber die Stäbe, viel Kraft. Während des Herbstmanövers »Großer Bär« trat der General mit seiner Division durch unkonventionelle, ungewöhnlich schwungvolle und wendige Führung überzeugend hervor. Zudem verstand er es, die hohe technische Qualität der Ausrüstung optimal zu nutzen, was besonders im Januar 1978 in der Übung »Springendes Roß« augenfällig wurde, als erstmals geschlossene Panzerverbände der Bundeswehr in Unterwasserfahrt die Weser durchquerten. Eine harte, kriegsnahe Ausbildung der Truppe war ihm oberstes Gebot. Geradezu allergisch reagierte er auf eingefahrenen Trott, und so überraschte er beispielsweise bei einer Bahnverlegung seiner Division die Soldaten damit, daß er die Waggons auf freier Strecke anhalten und die Panzer direkt von den Eisenbahnflachwagen ins Manöver fahren ließ. Auffallend war, daß er bei derartigen Einlagen ebenso wie bei seinen Planungen immer wieder seine reichhaltigen Kriegserfahrungen heranzog.

Mag es vorher noch hie und da Zweifel an Sengers Qualitäten gegeben haben, so stand nach seinen eindrucksvollen Leistungen bei der 7. Division fest, daß er bis in die höchsten Spitzenpositionen aufsteigen würde. Im Frühjahr 1978 wurde Dr. von Senger und Etterlin Kommandierender General (KG) des I. Korps in Münster und übernahm damit das mit etwa 86000 Soldaten größte der drei deutschen Korps. Nach eineinhalbjährigem Wirken als KG erreichte Senger dann am 1. Oktober 1979 den Gipfel seiner militärischen Laufbahn. Er wurde Nachfolger des in Pension gehenden Oberbefehlshabers der NATO-Truppen in Zentraleuropa, Franz-Joseph Schulze, und gleichzeitig zum General befördert.

Die dramatischen weltpolitischen Ereignisse im Nahen Osten und in Vorderasien veranlaßten General von Senger bereits nach kurzer Amtszeit im Hauptquartier Brunssum zu einer einschneidenden Neubewertung der Lage in seinem Befehlsbereich. Das Geiseldrama in der amerikanischen Botschaft zu Teheran, der Einmarsch sowjetischer Truppen in Afghanistan am 26. Dezember 1979 sowie der Ausbruch des Golfkrieges zwischen Irak und Iran im September 1980 führten vornehmlich in Washington zu Überlegungen, Teile der in Mitteleuropa stationierten US-Truppen gegebenenfalls auch in anderen Regionen einzusetzen. Die dann entstehenden Lücken müßten von den europäischen NATO-Mitgliedern mit eigenen Truppen rasch gefüllt werden, forderte General von Senger. Als logische Konsequenz hielt er eine Beteiligung der Europäer an global-strategischen Planungen der USA für unerläßlich. So gelang es ihm denn auch, die durch das 1980 eingeleitete »Long-Term-Defence-Program« vorgesehenen Planungen, die die Bildung zusätzlicher europäischer Reservetruppen (wie beispielsweise die deutschen

Heimatschutzbrigaden) beinhalteten, wesentlich voranzutreiben. Gleichzeitig forcierte er – ebenfalls im Rahmen des langfristigen Verteidigungsprogramms – den Aufbau einer größtenteils in den Niederlanden stationierten Depotkette, in der das Gerät für drei zusätzliche US-Divisionen eingelagert werden sollte. Diese Divisionen, von denen bereits zwei Brigaden als Vorhut in der Bundesrepublik stationiert waren, sollten im Krisenfall ein zusätzliches US-Korps bilden, das dem Oberbefehlshaber in Mitteleuropa (CINCENT) für die Bildung einer operativen Reserve zur Verfügung stehen sollte.

Die Ermordung des ägyptischen Staatspräsidenten Sadat am 6. Oktober 1981, die Verhängung des Kriegsrechts in Polen nur gut acht Wochen später und der am 2. April 1982 entbrannte Falklandkrieg zwischen Argentinien und Großbritannien führten weiterhin zu einer latenten Planungsunsicherheit bezüglich der verfügbaren Verstärkungen für Mitteleuropa. Hinzu kamen Finanzstreitigkeiten einzelner Bündnispartner, was, so Senger, zur Folge hatte, daß die qualitative Überlegenheit der konventionellen Bewaffnung der NATO-Truppen permanent sank. Dadurch wachse das Risiko des atomaren Einsatzes, weil die Nuklearschwelle entsprechend niedriger angesetzt und im Kriegsfall noch eher erreicht würde, betonte der General bei jeder Gelegenheit. Einen Schwerpunkt seiner Arbeit sah er deshalb in der Verbesserung der Operationsplanung aller assignierten Verbände. Wo immer möglich, versuchte er die alten deutschen militärischen Grundprinzipien von Taktik, Operation und Strategie wieder in diesem Dreiklang wirken zu lassen. Er fand dabei in dem britischen General Sir Nigel Bagnell einen überzeugten Mitstreiter. Zugleich prangerte Senger die Verkümmerung in Lehre und Beherrschung der Kunst des Führens scharf an. Immer wieder tauchte der General unerwartet im Stil der Zieten-Husaren, deren kavalleristische Tradition sein einstiges Göttinger Regiment gepflegt hatte, bei Gefechtsständen auf und bewies die Fähigkeit, Großverbände mit schnellen und präzisen Entschlüssen von vorne zu führen. Er machte es sich zur Aufgabe, Stäbe wie Truppe aus der Routine oder, wie er sagte, »der Maginot-Verkalkung« zu reißen. Geistige Wendigkeit war ihm dabei stets oberstes Gebot, und so passierte es auch, daß er einen deutschen Korpsstab völlig verblüffte, als er diesen aufforderte, nicht die hinlänglich bekannten Verfahren für den vorgesehenen Verteidigungsraum zu üben, sondern sich nunmehr auf einen gänzlich neuen, weit davon entfernten Gefechtsabschnitt einzustellen.

Auch wenn General Ferdinand von Senger und Etterlin seine Kritik oft sehr direkt und hart artikulierte, blieb er dabei doch stets Gentleman. Von den

Deutschen wie den Alliierten gleichermaßen hoch respektiert, galt er als einer der wohl gebildetsten und geistvollsten Oberbefehlshaber, die im niederländischen Brunssum gewirkt haben. Sich seiner Qualitäten durchaus bewußt, beging Senger jedoch mitunter den Fehler, nahezu unbelehrbar zu wirken. So war das größte Manko von Senger, dessen operative Begabung voll den Anforderungen eines CINCENT entsprach, niemals während seiner Laufbahn ein Amt in der Militärpolitik innegehabt zu haben. Dies hatte zur Folge, daß er einige militärische Vorhaben aus der Sicht des Soldaten für absolut zweifelsfrei und unabdingbar hielt und es deshalb überhaupt nicht in Betracht zog, mit den letztendlich aber entscheidenden Politikern darüber wenigstens zu diskutieren. Diese jedoch teilten des öfteren keinesfalls Sengers Meinung, und so kam es, daß etliche von Senger initiierte Projekte nicht in seinem Sinne realisiert wurden oder gar aufgrund politischer und finanzieller Schwierigkeiten zum Scheitern verurteilt waren.

Obwohl der brillant englisch sprechende, anglophil orientierte General wie kaum ein anderer von der Kompanie bis zum Korps auf allen Ebenen geführt hatte, tat er sich im Umgang mit seinen eigenen Stäben äußerst schwer. Als ein Mann von unendlich vielen Einfällen, der selbst aus dem Urlaub per Kurier seinen Mitarbeitern neue Aufträge erteilte, hielt er seinen Stab permanent auf Trab, so daß dieser schließlich nur noch reagieren konnte. So kam es denn auch, daß Senger sich gegenüber vorgesetzten Dienststellen zu einem Problem äußerte und 14 Tage später sein Stab eine Stellungnahme abgab, die von der Sengers abwich. Dies schadete seinem guten Ruf.

Schonungslos gegenüber sich selbst und stets Vorbild, besaß der schlanke, stattliche General das Talent, sich innerhalb von Minuten mit ungeheurer Konzentration in eine völlig neue Aufgabenstellung hineinzufinden. Dabei wirkte er oft wie verwandelt – hatte er eben noch mit feinsinnigem Humor geglänzt, war sein Auftreten auch Vertrauten gegenüber nun schroff, unnahbar. Er wußte um sein mangelndes Gespür für Situationen und litt oftmals darunter, doch wußte er dies zu verbergen. Seine Schaffenskraft zog Senger, der sich in seinem Dienstzimmer in Brunssum mit ausgewählten antiken Möbeln aus persönlichem Besitz umgab, aus seinem kultivierten Lebensstil und seiner Familientradition. Großgeworden in einem Elternhaus, das ihm nicht nur das Militärische geboten, sondern auch künstlerische und wissenschaftliche Interessen geweckt hatte, widmete sich Ferdinand von Senger bereits in den fünfziger Jahren der Schriftstellerei. Er schrieb zahlreiche militärhistorische und wehrtechnische Bücher, die ihm in der Fachwelt weit über die Grenzen Deutschlands hinaus einen hervorragenden Ruf eintrugen. Doch auch klassische Musik, moderne Malerei und mittelalterliche Kunst zählten zu seinen privaten Interessensgebieten, die er im Kreise seiner Familie pflegte. Aus einem harmonischen Familienleben schöpfte der Vater von vier Kindern immer wieder neue Kraft, es war ihm zu allen Zeiten Mittelpunkt. Seine Frau teilte nicht nur seine Interessen, sondern verstand es vortrefflich, seine scheinbare Verschlossenheit auszugleichen.

Insgesamt vier Jahre beeinflußte er maßgeblich die Verteidigungsvorbereitungen für Mitteleuropa und wirkte in vielen Fragen richtungweisend. Am 30. September 1983 trat General Dr. von Senger und Etterlin dann in den Ruhestand. Doch nur wenige Jahre waren diesem noblen Offizier an seinem Alterswohnsitz, dem Schwarzwalddörfchen Ühlingen, vergönnt. Sein schier unbändiger Elan, sein unablässiger, bis zur Überforderung gehender Einsatz und nicht zuletzt seine schwere Kriegsverletzung forderten ihren Tribut. Im Alter von nur 63 Jahren wurde Ferdinand von Senger und Etterlin am 10. Januar 1987 zur Großen Armee abberufen.

GÜNTER LUTHER

Stellvertretender Oberbefehlshaber der NATO-Streitkräfte Europa
von 1980 bis 1982

Günter Luther

Getrieben von einem unbändigen Tatendrang, von Neugierde und einer mit brennendem Ehrgeiz gepaarten Portion Abenteuerlust sammelte der junge Günter Luther Erfahrungen, die wohl kaum einem Soldaten in seiner Laufbahn möglich waren: er lernte die Eigenheiten von Heer, Luftwaffe und Marine gleichermaßen aus eigenem Erleben kennen, und dies nicht nur in der Theorie, sondern in der unbarmherzigen Praxis des Krieges. Begonnen hatte dieses facettenreiche Leben im westfälischen Bestwig, wo Günter Luther am 17. März 1922 zur Welt kam. Er stammte aus einer alten Handwerkerfamilie, in der sein Vater als Lehrer eine berufliche Ausnahme bildete. Aber auch der erlebnishungrige Junge strebte nach Höherem, vor allem aber zog es ihn in die Welt hinaus.

Als 17jähriger Abiturient meldete sich Luther zwei Monate nach Ausbruch des Zweiten Weltkrieges als Seeoffiziersanwärter zur Kriegsmarine. Nach Abschluß der seemännischen Ausbildung, zu der ein halbjähriger Fronteinsatz auf einem Minensuchboot in norwegischen Gewässern gehörte, wurde er aufgrund seiner freiwilligen Meldung zum Kampfbeobachter ausgebildet. Offiziell von der Kriegsmarine zur Luftwaffe »versetzt-kommandiert«, so die vielsagende amtliche Umschreibung, trug der Marineoffizier nun die Uniform der Luftwaffe. Über der Nordsee, dem europäischen Nordmeer und der Barentssee flog Leutnant zur See Luther fortan als Angehöriger von Küstenfliegerstaffeln etwa 160 Einsätze gegen feindliche U-Boote und angloamerikanische Geleitzüge, die Kriegsmaterial nach Murmansk bringen sollten. Während eines Fernaufklärungsfluges im Mai 1944 wurde seine Maschine durch britische Jagdflugzeuge abgeschossen, so daß die Besatzung mit dem brennenden Flugzeug in der See wassern mußte.

Kurz vor seiner Rückversetzung zur Marine meldete sich dann der Oberleutnant zur See, der mit dem EK I und der goldenen Frontflugspange dekoriert war, freiwillig zu den Fallschirmjägern und lernte mit ihnen nun auch die Kampfweise des Heeres kennen. Als Ordonnanzoffizier und Kompanieführer nahm Oberleutnant Luther im Rahmen des Fallschirmjägerregiments 9 an den Stellungskämpfen im Hürtgenwald, an der Ardennenoffensive und den Gefechten im Ruhrkessel, wo dann die Kapitulation erfolgte, teil. Sieben

Monate nach Kriegsende wurde Luther aus amerikanischer Kriegsgefangenschaft entlassen. Der ehemalige Offizier verdiente sich als Hilfsarbeiter auf dem Bau seinen Lebensunterhalt und nahm später am Dolmetscher-Institut in Stuttgart das Studium der englischen Sprache auf. Als Übersetzer und Personalbearbeiter fand er bei der US-Army eine Anstellung. Von 1952 an war der Westfale dann als Sachbearbeiter und Export-Gruppenleiter im Agfa-Kamerawerk beschäftigt. Ein Arbeitskollege und guter Freund, der sich nach der Gründung der Bundeswehr reaktivieren ließ, ermunterte Luther, wieder die Uniform anzuziehen.

Luther begann am 1. März 1956 mit dem Dienstgrad eines Kapitänleutnants und erhielt als erster Pilot der Bundesmarine bei der amerikanischen Navy eine Düsenjägerausbildung. Damit wurde die Seefliegerei endgültig für ihn bestimmend. Im September 1958 wurde Günter Luther Staffelkapitän der 1. Mehrzweck-Staffel der Marinefliegergruppe 1, die den Grundstock für das Marinefliegergeschwader 1 bildete. In das Flottenkommando versetzt, bearbeitete er in der Operationsabteilung alle mit der Marinefliegerei zusammenhängenden Fragen. Nach gut zweijähriger Stabstätigkeit kam Korvettenkapitän Luther in seine Stammtruppe zurück und wurde Kommandeur der Fliegenden Gruppe des Marinefliegergeschwaders 1 in Schleswig-Jagel. Bereits nach weiteren drei Jahren übernahm der Fregattenkapitän als Kommodore das Geschwader und hatte nunmehr die komplizierte Umrüstung des Verbandes von dem Kampfflugzeug »Seahawk« auf den modernen Jagdbomber »Starfighter« durchzuführen.

Luther stand jetzt an der Spitze jenes ihm vertrauten Truppenteils, den er mit aufgebaut und geformt hatte. Dennoch blieb er als Technokrat eine Art Außenseiter. Kameraden führten dies darauf zurück, daß er fast ausschließlich auf die fachliche und nur wenig auf die charakterliche Qualifikation des Personals Wert legte, sowie auf seinen unpersönlichen Befehlsstil, mit dem er seine Mannschaft auf Trab hielt. Leute, die für ihn nicht sichtbar etwas zu tun hatten, waren ihm suspekt. Darüber hinaus begegnete er nahezu jedem mit einem übersteigerten Mißtrauen. Zugleich verstand es der Marineoffizier kaum, zu delegieren. Er griff bis in die unteren Ebenen ein und kanzelte, wenn er Fehler ausgemacht hatte, die Untergebenen vor versammelter Crew ab. Aber auch gegenüber Vorgesetzten machte sich der fachlich hochqualifizierte und stets wohlpräparierte Luther in Besprechungen dadurch unbeliebt, daß er sie sein Detailwissen deutlich spüren ließ. Im Geschwader war der Kommodore gefürchtet, ja bisweilen verhaßt.

Im Herbst 1968 wurde Kapitän zur See Luther in den Bonner Führungsstab der Marine versetzt. Als Leiter des Marineflieger-Zentralreferats war er Vertreter seiner Teilstreitkraft gegenüber der Luftwaffe in allen Fragen des Flugmaterials. Noch in der Konzeptionsphase des neu zu entwickelnden Mehrzweckflugzeuges »Tornado« nahm er beträchtlichen Einfluß auf die Entwicklung. Dabei machte er sich auch dafür stark, daß die Seestreitkräfte Ende der siebziger Jahre gleich vom »Starfighter« auf den »Tornado« umgerüstet wurden und nicht, wie die Luftwaffe, als Zwischenlösung die »Phantom« einführten.

Luther avancierte schließlich mit 48 Jahren an die Spitze der in Kiel-Holtenau stationierten Marinefliegerdivision. Mit der Übernahme des Kommandos war auch die Beförderung zum Flottillenadmiral verbunden. Er befand sich damit auf der höchsten Sprosse, die die Seefliegerei zu vergeben hatte. Rund 7500 Mann, zusammengefaßt in vier Marinefliegergeschwadern und einer Marineflieger-Lehrgruppe, sowie über 200 Flugzeuge gehörten zu seiner Division. Als Divisionskommandeur konnte Luther nun auch sein seit langer Zeit entwickeltes Konzept realisieren, dessen Kern aus der Überlegung bestand: »Wir führen den Seekrieg aus der Luft, nicht aber Luftkrieg über der See.« Flottillenadmiral Luther, der zugunsten der Fliegerei auf eine Admiralstabsausbildung verzichtet hatte, erreichte es allmählich, daß auch der Einsatz der maritimen Luftstreitkräfte zum festen Bestandteil des operativen Denkens der Marine wurde.

Nach eineinhalbjähriger Tätigkeit in Kiel wurde Luther dann konsequenterweise am 1. April 1972 zum Befehlshaber der Seestreitkräfte Nordsee (BSN) ernannt. Mit ihm führte zum ersten Mal ein Marineflieger einen operativen Führungsstab der Flotte. Als BSN hatte er eine Doppelfunktion wahrzunehmen: So leitete er einerseits im nationalen Bereich die gesamte Operationsführung aller deutschen Schiffseinheiten außerhalb europäischer Gewässer und andererseits auf internationaler Ebene als NATO-Befehlshaber COMGERNORSEA sämtliche Einsätze aller Bündnis-Schiffe im deutschen Teil der Nordsee und im Skagerrak.

Zur weiteren Vorbereitung auf eine Spitzenposition erhielt der ebenso eigenwillige wie selbstbewußte Soldat am 1. Oktober 1972 die Führung des Marineamtes in Wilhelmshaven übertragen und hatte damit Gelegenheit, reichlich Verwaltungserfahrung zu sammeln. Es war dies neben dem Flottenkommando in Glücksburg eine der beiden wichtigsten Einrichtungen der

Bundesmarine. Luther, der nun die goldenen Streifen eines Konteradmirals an der Uniform trug, hatte während seiner Amtszeit den gesamten logistischen Bereich der Marine und als dritte tragende Säule durch Umorganisation das neue, ebenfalls in Wilhelmshaven beheimatete Marine-Unterstützungskommando aufzustellen. Infolge der Verkürzung des Wehrdienstes von 18 auf 15 Monate und der jetzt geltenden zwölfmonatigen Maaten-Ausbildung mußten darüber hinaus die dem Marineamt unterstehenden Schulen reorganisiert werden.

Am 1. April 1975 trat Günter Luther nach erfolgreicher Amtsführung in Wilhelmshaven auf die oberste Kommandobrücke der Marine. Zum Vizeadmiral ernannt, war er nunmehr Inspekteur der kleinsten Teilstreitkraft der Bundeswehr. Seine Berufung hatte Novitätenwert und sollte in der traditionsbewußten Marine zugleich ein Signal des Fortschritts symbolisieren, denn Luther war nach drei Seeoffizieren und einem Ingenieuroffizier der erste Seeflieger, der nun den Oberbefehl über die Marine erhielt.

Vizeadmiral Luther knüpfte an die Arbeit seines Vorgängers Kühnle an, unter dessen Amtszeit damit begonnen worden war, die Seestreitkräfte auf Raketenbewaffnung umzurüsten. Vor allem aber wurde der Zwang, die veralteten Zerstörer und Fregatten sowie andere Schiffstypen durch Neuanschaffungen zu ersetzen, immer dringender, damit man auch weiterhin die operativen Forderungen erfüllen konnte. So gelang es Luther, der seine Ungeduld nur schwer zügeln konnte, für Widersprüche wenig Verständnis aufbrachte und durch seine besserwisserische Art auch zu seinem Stellvertreter von Schroeter ein gespanntes Verhältnis hatte, trotz eines Herzinfarktes im Herbst 1976, in relativ kurzer Zeit die parlamentarische Zustimmung für eine Reihe weitreichender Rüstungsvorhaben zu erwirken. Diese beinhalteten unter anderem den Erwerb von zwei 10000-Tonnen-Tankern für die Versorgung der Flotte, die Beschaffung des Minenabwehrsystems »Troika«, die Beschaffung von Schnellbooten der Klassen 143 und 143A sowie die Umrüstung der Marineflieger auf den »Tornado«. Vor allem aber wurde die Modernisierung aller Zerstörer der »Lütjens«-Klasse genehmigt und ein 3,6 Milliarden umfassendes Beschaffungsprogramm für zwölf Fregatten der Klasse 122 gebilligt. Daß später allerdings wegen der hohen Kosten nur sechs davon in Auftrag gegeben wurden, hatte nicht die Marineführung zu verantworten. Aber auch auf dem Personalsektor vermochte Luther Erfolge vorzuweisen. So konnte erstmals seit Bestehen der Bundesmarine das angestrebte Mischungsverhältnis zwischen dem Anteil von Wehrpflichtigen und Längerdienenden mit 21 zu 79 Prozent weitgehend realisiert werden.

Der Vizeadmiral gehörte zusammen mit Generalinspekteur Brandt seit der Iran-Krise und dem Afghanistan-Krieg 1979 zu den Verfechtern jener Idee, durch die Entsendung eigener Flottenkräfte in die Norwegensee vor allem den NATO-Partner USA zu entlasten, falls ein Engagement der größten Seemacht des Bündnisses im Indischen Ozean erforderlich werden sollte. Im Sommer 1980 billigte Bonn dann die Pläne, jenes seit 1973 geltende Operationsgebiet der Bundesmarine, das im Westen durch die Straße von Calais und im Norden durch den 61. Breitengrad eingegrenzt war, bis in die Norwegensee auszudehnen.

Wenige Monate vor dieser Entscheidung gab Luther jedoch nach fünfjähriger Inspekteurzeit sein Amt an seinen bisherigen Stellvertreter, Vizeadmiral Bethge, ab, denn er selbst war am 1. April 1980 zum Stellvertretenden Obersten Befehlshaber der alliierten Truppen in Europa, kurz DSACEUR, berufen und zugleich zum Admiral befördert worden. In der mit nur geringen Kompetenzen ausgestatteten NATO-Position hatte es der Nachfolger von General Schmückle nicht leicht, sich aus dem Schatten seines überaus agilen Vorgängers zu lösen. Hinzu kam, daß Luther mit seinem ebenfalls sehr eigenwilligen Vorgesetzten, US-General Rogers, kaum zu einer gedeihlichen Zusammenarbeit gelangte. Seine Hoffnungen auf eine Neuverteilung der Aufgaben erfüllten sich aber nicht. So kümmerte sich der deutsche Admiral hauptsächlich in dem Hauptquartier SHAPE um das Krisenmanagement der Allianz, die Vorbereitungen zur Aufnahme der überseeischen Verstärkungstruppen, die Logistik, die Infrastruktur und natürlich um seestrategische Aufgaben, wobei die Verteidigung der deutsch-dänischen Ostseezugänge einen Schwerpunkt bildete.

Admiral Luther fand sich allerdings mit der Rolle des Stellvertreters nur schwer ab, denn er war es aus seiner Laufbahn gewohnt, der tonangebende Mann zu sein. Nach Luthers zweijähriger Amtszeit zogen Insider Bilanz und kamen zu dem Ergebnis, daß der Admiral auf das bündnispolitische Geschehen so gut wie keinen Einfluß genommen hatte, wenn man davon absieht, daß er insbesondere auf dem administrativen Sektor die Dinge vorantrieb. Am 31. März 1982 in den Ruhestand verabschiedet, nahm Admiral Luther zusammen mit seiner Ehefrau Christel, mit der er seit 1947 verheiratet ist, an der Waterkant in Kiel seinen Alterswohnsitz.

DR. GÜNTER KIESSLING

Stellvertretender Oberbefehlshaber der NATO-Streitkräfte Europa
von 1982 bis 1984

Günter Kiessling

Es sollte alles möglichst lautlos und vor allem unter Ausschluß der Öffentlichkeit abgewickelt werden, doch dann kam alles ganz anders als geplant. Am 23. Dezember 1983 war General Dr. Kießling auf der Bonner Hardthöhe ohne militärisches Zeremoniell und in Zivil von Staatssekretär Hiehle die Entlassungsurkunde mit Wirkung vom 31. Dezember überreicht worden, während Verteidigungsminister Wörner zu diesem Zeitpunkt auf einer Geburtstagsparty des früheren Bundeskanzlers Schmidt in Hamburg weilte. Kießling indes beantragte gegen sich selbst die Einleitung eines disziplinargerichtlichen Verfahrens. Die überraschende und unehrenhafte Entlassung des Generals, dessen reguläre Dienstzeit erst Ende 1985 abgelaufen wäre, ließ sich jedoch nicht lange geheimhalten. Schon am 5. Januar 1984 berichtete die »Süddeutsche Zeitung« über die Affäre Kießling, die sich rasch zu einem Fall Wörner und sogar zu einer Kabinettskrise entwickelte. Vergleiche wurden laut, die in Obskurität und Stil eine fatale Ähnlichkeit zum Fritsch-Fall von 1938 erkennen ließen. Der damalige Oberbefehlshaber des Heeres war der Homosexualität beschuldigt und unter entwürdigenden Umständen zum Ausscheiden aus der Wehrmacht genötigt worden. Auch wenn später ein Kriegsgerichtsverfahren unter Vorsitz von Feldmarschall Göring die Unschuld des Offiziers »in allen Punkten« feststellte, so lag die Gemeinsamkeit beider Fälle doch darin, daß Rufmord eine hervorragende Karriere zerstört hatte.

Günter Kießlings militärischer Werdegang war in der Bundeswehr einzigartig. Er wurde am 20. Oktober 1925 in Frankfurt/Oder als Sohn eines Werkmeisters geboren, wuchs in Berlin auf und besuchte dort die Volksschule. Bereits 1940 wurde er in die Unteroffizierschule Dresden aufgenommen und trug somit schon als 14jähriger die Uniform der Deutschen Wehrmacht. Dort wurde er auf den künftigen Soldatenberuf gründlich und umfassend vorbereitet und kam mit 17 Jahren als Soldat an die Front. Kießling kämpfte im Osten, wurde mit dem EK I ausgezeichnet und als 19jähriger wegen besonderer Tapferkeit zum Leutnant befördert. Das Kriegsende erlebte er in der Nähe von Prag und gelangte bald darauf nach Berlin. In der zerstörten Reichshauptstadt verdiente sich der Frontsoldat als Bauhilfsarbeiter seinen Lebensunterhalt, ging aber nebenbei auf ein Abendgymnasium und machte sein Abitur. Anschließend begann er ein Studium der Wirtschaftswissenschaften, das er 1954 mit dem Diplom abschloß. Der Diplom-Volkswirt trat danach in den Bundesgrenzschutz (BGS) ein, führte einen Zug, später eine Hundertschaft und wurde schließlich Sicherheitsoffizier im Bonner Palais Schaumburg, dem Amtssitz von Bundeskanzler Adenauer. Die Ruhezeiten seiner häufigen Wachdienste nutzte Kießling für die Ausarbeitung seiner Dissertation, mit der er zum Doctor rerum politicarum promovierte.

Mit der Überführung von Teilen des BGS in die Bundeswehr am 1. Juli 1956 wurde Dr. Kießling als Oberleutnant Angehöriger der neuen westdeutschen Armee. Im Verteidigungsministerium arbeitete er unter der Leitung von Oberst Graf Baudissin an der Konzeption der »Inneren Führung« mit. Zusammen mit Baudissin, der die Brigade 4 aufstellte, wechselte Kießling 1958 als Personaloffizier nach Göttingen und wurde später dort Kompaniechef. An der Hamburger Führungsakademie und am britischen Army Staff College in Camberley erhielt er das Rüstzeug zum Generalstabsoffizier. Dieses konnte der Major sogleich als G3 im NATO-Stab NORTHAG bei der Operationsplanung für die der Heeresgruppe zugeordneten deutschen, britischen, niederländischen und belgischen Truppen anwenden.

Im April 1967 erhielt Kießling dann ein zweijähriges Truppenkommando, das für den unverheirateten Offizier zu der schönsten Zeit seines Soldatenlebens werden sollte. Er wurde Kommandeur des Panzergrenadierbataillons 62, das in Neustadt bei Marburg kaserniert war. In der Kampftruppe fühlte er sich am wohlsten. Kießling formte sie zu einer verschworenen Gemeinschaft und vermittelte ihr eine kriegsnahe Gefechtsausbildung. Seinen Vorgesetzten fiel der Bataillonskommandeur durch frappierend schnelle Lagebeurteilungen und richtige Entschlüsse auf. So war es naheliegend, daß Kießling rasch Chef des Stabes der 2. Panzergrenadierdivision in Marburg wurde.

Schnell erwarb sich der Oberstleutnant, der seine Mitarbeiter hart, aber gerecht schulte und den nichts aus der Ruhe zu bringen schien, den Ruf des mit der Präzision eines Uhrwerks arbeitenden Systematikers. Wissend um seine Qualitäten, trat Kießling, dem Katzbuckeln völlig fremd war, auch betont selbstsicher seinem Divisionskommandeur Ferber entgegen. So passierte es, daß Kießling dem Generalmajor, der am letzten Tag einer Divisionsübung plötzlich den kompletten Manöverplan kippen wollte, entgegnete, dann müsse Ferber sich einen neuen Chef des Stabes suchen. Ferber sah schließlich die Undurchführbarkeit seines Vorhabens ein und zog den Auftrag zurück.

Die beiden ergänzten sich in ihrer Gegensätzlichkeit jedoch vortrefflich. Als Ferber kurz darauf Inspekteur des Heeres wurde, war er es, der Kießlings weiteren Aufstieg maßgeblich förderte.

Direkt im Anschluß an seine Stabsverwendung avancierte Kießling zum Oberst und erhielt das Kommando über die Panzerbrigade 15 in Koblenz. Bereits ein Jahr später wurde er am 1. Oktober 1971 zum Brigadegeneral befördert und war verantwortlich für die Offizier- und Unteroffizierausbildung im Heer. Mit ihm übernahm ein Mann die Schulung des militärischen Führungsnachwuchses, der wie kaum ein anderer Offizier die Synthese zwischen dem nach Perfektion strebenden Nur-Soldaten und dem scharfsinnigen Intellektuellen verkörperte. Günter Kießling galt zugleich als einer der skurrilsten Generale der Bundeswehr, die zunehmend von »stromlinienförmigen« Soldaten beherrscht wurde. Laufbahn, Lebensweise und Sprache unterschieden ihn merklich von manchen Kameraden. Er lebte in nahezu spartanischer Einfachheit, war äußerst sparsam und legte auf Äußerlichkeiten keinen Wert. Gesellschaftlicher Trubel stieß ihn ab, ja, verunsicherte ihn bisweilen. Das Gespräch im kleinen Kreise war eher die Sache des wißbegierigen und überaus belesenen Generals. Schonungslos scharfzüngig führte der introvertierte Denker einen Feldzug gegen die Begriffsvernebelungen, die mit der Amtszeit des sozialdemokratischen Verteidigungsministers Schmidt ihren Anfang nahmen. Vehement kritisierte Kießling, daß die politische Führung statt einer »Kampfgemeinschaft« ein »Unternehmen« etabliere und daß statt »Truppengeist« ein »Betriebsklima« gepflegt werde. Für die zivil-sprachlichen Verharmlosungen wie »Verteidigungsfall« oder »Ernstfall« gebrauchte er weiterhin die Vokabel »Krieg« und löste damit nicht selten bei Vorgesetzten Irritationen aus. Kießling wußte aber, daß die Sprache nachhaltig das Bewußtsein prägt – positiv wie negativ. Mit lebhaften Gesten und größtem persönlichen Engagement vertrat der Brigadegeneral stets klar und bestimmt seine Ansichten, auch wenn ihm seine Thesen nicht nur Freunde einbrachten.

Im Kölner Heeresamt konnte sich Dr. Kießling seinem Hauptanliegen, der Erziehung der Soldaten, vollkommen zuwenden. Allerdings stießen seine Pläne oft auf Widerstand, insbesondere als er deutlich machte, daß er auch für die Formung des »Geistes der Armee« zuständig sein müsse. Kießling rügte darüber hinaus die neugeschaffene akademische Offiziersausbildung. Zwar befürwortete er eine akademische Ausbildung der Offiziere, doch wollte er diese nicht zur Pflicht erhoben, schon gar nicht an den Anfang der Laufbahn gesetzt wissen. Ihm, der von der Pike auf gedient hatte, war es unerträglich, die Erziehung zum Offizier auf eine akademische Institution zu übertragen. Damit stieß er auf den unerbittlichen Widerstand der Hardthöhenführung, aber auch vieler hoher Militärs, die sich opportunistisch auf die Seite der Bildungsreformer um Professor Ellwein geschlagen hatten. Kießling konnte sich nicht durchsetzen. Um so verbissener kämpfte er für eine kriegsnahe Ausbildung der Offiziersanwärter im militärischen Bereich. Er forderte deshalb, Bedingungen zu schaffen, die den vorstellbaren körperlichen und seelischen Belastungen eines Krieges nahekommen. Allerdings fruchteten seine Appelle kaum. Erst 1985 besann sich die Bundeswehrspitze und brachte für die militärischen Führer eine Fibel »Kriegsnah ausbilden« heraus.

Auch ein gesundes Geschichtsbewußtsein und die Pflege guter soldatischer Tradition waren nach Kießlings Auffassung für den Geist und damit gleichermaßen für die Schlagkraft der ganzen Armee von fundamentaler Bedeutung. Ständige Änderungen von Erlassen, Umgliederungen und Umbenennungen könnten kaum ein Zusammengehörigkeitsgefühl entstehen lassen, erklärte er. Lediglich die Unteroffizierskorps in den Einheiten führten Traditionen fort, ohne die es keine gute Armee gebe. Mit der Zentralisierung der Personalführung für Unteroffiziere geriet aber auch diese Säule ins Wanken. Die Ironie des Schicksals wollte es, daß ausgerechnet Brigadegeneral Dr. Kießling, der selbst einst durch die Unteroffiziersschule geprägt worden war, im Rahmen der Umgestaltung der sogenannten Führerausbildung nunmehr zum Vollstrecker einer Weisung wurde, die die Auflösung der bis dahin bestehenden Unteroffizierslehranstalten anordnete.

Nach der dreijährigen Tätigkeit im Heeresamt absolvierte Kießling auf dem Londoner Royal College of Defense Studies einen Lehrgang für höchste NATO-Positionen, ehe er im Herbst 1975 von Generalmajor Brandt die 10. Panzerdivision in Sigmaringen übernahm. Kießling, seit Januar 1976 Generalmajor, war insbesondere daran gelegen, die Disziplin der Truppe wieder zu heben. Seinen Dienst begann er meist um sechs Uhr morgens und erwarb sich auch in seinem Divisionsbereich schnell den Ruf, eine bisweilen schon als übertrieben empfundene Dienstaufsicht zu führen. In der Regel unangemeldet, inspizierte er zu allen Zeiten Einheiten, kümmerte sich dabei auch um die geringsten Kleinigkeiten und examinierte gerne die Soldaten, die bei seinem Erscheinen in ständiger Spannung waren. Zwar war er ob seines brillanten Wissens auch von den jüngeren Soldaten geachtet, doch erschwerten ihm sein aufbrausendes Temperament und sein bohrendes Fragen sehr den Zugang zu ihnen. Es gab keine Dienstfahrt, auf deren Weg Kießling nicht auch noch die Visite einer Kaserne oder eines Truppenübungsplatzes einbaute. Auch während der Feiertage und Wochenenden, die er aufgrund des Alleinseins so manches Mal verwünschte, hielt der General sich am liebsten bei seinen Soldaten auf. Sein Diensteifer trug ihm den Spitznamen »UvD der Division« ein. Andererseits aber beeindruckte vor allem seinen Stab, den der agile Generalmajor hervorragend zu führen verstand, sein Vorausdenken, ohne gleich vorauszudisponieren, und seine unerbittliche Willensstärke. Kießling, der Ungenauigkeiten haßte, akzeptierte indes, wenn ihm jemand sachlich widersprach und war dabei niemals nachtragend. Nach zweijähriger Verwendung als Divisionskommandeur, in deren Verlauf er auch die neue Heeresstruktur 4 in der Panzerbrigade 28 erprobte, wurde Kießling dann erstmals nach 19 Jahren wieder zur Bonner Hardthöhe versetzt.

Mehr Flexibilität in der Personalführung, bessere Sachkenntnis im Truppenalltag und die Schaffung eines Konzepts für Spitzenverwendungen waren Kießlings Hauptforderungen während seiner Tätigkeit als Stellvertretender Leiter der Abteilung »Personal« im Verteidigungsministerium. Generalmajor Kießling vertrat die Ansicht, daß das sicher knappe Potential an Truppenführern effizienter eingesetzt werden könnte, wenn nicht völlig truppenfremde beamtenrechtliche Regelungen die Soldaten ständig behindern würden. Er plädierte deshalb dafür, die Stäbe zu reduzieren, die Stabsarbeit zu entbürokratisieren und mehr Offiziere und Unteroffiziere im Truppendienst einzusetzen. Seine aus der Praxis stammenden Anregungen wurden aber nur zu geringen Teilen realisiert.

Am 1. Oktober 1979 wurde Dr. Kießling unter gleichzeitiger Beförderung zum Generalleutnant Befehlshaber des NATO-Kommandos LANDJUT. Diesem einzigen multinationalen Korps im Bündnis, dessen Stab in Rendsburg war, unterstanden im Kriegsfall an deutschen Kräften die 6. Panzergrenadierdivision und zwei Heimatschutzbrigaden sowie die dänische Jütland-Division und die aus den Niederlanden, Großbritannien und den USA kommenden Reserven. Generalleutnant Kießlings Aufgabe bestand vornehmlich darin, die operativen Verteidigungsplanungen in der Region nördlich der Elbe sowie die Anlandeplätze und das Depotsystem für die alliierten Verstärkungen vorzubereiten. Nach zweieinhalbjähriger Dienstzeit erhielt Kießling seine Berufung zum Stellvertretenden Oberbefehlshaber der NATO in Europa. Verteidigungsminister Apel hatte ihn im NATO-Stabsquartier SHAPE in Mons nominiert und vollzog am 1. April 1982 seine Beförderung zum General.

Noch bevor der General seinen Dienst in dem obersten militärischen Führungsstab des Nordatlantischen Verteidigungsbündnisses antrat, kursierten dort bereits Gerüchte über Kießling, die darauf hindeuteten, daß hier möglicherweise eine Intrige gesponnen wurde. Nichtsahnend löste er als deutscher Stellvertreter des amerikanischen Oberbefehlshabers Rogers Admiral Luther ab, der SHAPE höchst unbefriedigt verließ. Rogers übertrug Kießling das Aufgabenpaket der Nachschubplanung, der Infrastruktur, des Zivilschutzes sowie der »Elektronischen Kampfführung«. Es lag nahe, daß General Kießling sich alsbald darüber beklagte, keine seinen eigentlichen Befähigungen entsprechenden militärischen Aufgaben übertragen erhalten zu haben. Sachliche Meinungsverschiedenheiten zwischen Rogers und Kießling führten rasch zu persönlichen Spannungen, die nicht zuletzt auch in dem divergierenden Autoritätsverständnis beider Generale ihren Ursprung hatten.

Die Verstimmung nahm noch erheblich zu, als die beiden auch in den Grundfragen der Allianz-Strategie aneinandergerieten. Denn Kießling war selbstverständlich darauf bedacht, den im Falle eines Krieges in Deutschland zu erwartenden Schaden so gering wie möglich zu halten. Deshalb sprach er sich gegen den Einsatz der nuklearen Kurzstreckenraketen und atomaren Gefechtsfeldartillerie aus. Der deutsch-national eingestellte General Kießling bemängelte weiter, daß alle wichtigen strategischen und operativen Entscheidungen, die auch Deutschland betreffen, der amerikanische Oberbefehlshaber allein mit seinem amerikanischen Chef des Stabes – ebenfalls ein »Vier-Sterne-General« – fällt. Als ein erhebliches Manko für den deutschen Stellvertreter erwies sich bald, daß bei SHAPE außerdienstliche Begegnungen mit Kameraden und deren Ehefrauen, den amerikanischen Gepflogenheiten entsprechend, eine äußerst wichtige Rolle spielten. Der Junggeselle und Nur-Soldat Kießling betrachtete diesen »Kampf« an der Cocktailfront jedoch als Zeitvergeudung und hielt sich fern.

Unterdessen versuchte General Rogers mehrfach, Bonn zur Abberufung seines ungeliebten Stellvertreters zu bewegen. So gab es bald Gerüchte, Kießling habe sich bemüht, Generalinspekteur zu werden. Mit dem Bonner Regierungswechsel im Oktober 1982 wurde Manfred Wörner, den Kießling seit vielen Jahren beraten und mit dem er auch das Zerwürfnis mit Rogers erörtert hatte, Verteidigungsminister. Doch plötzlich hatte Wörner für seinen einstigen Vertrauten keine Zeit mehr. Enttäuscht und zunehmend isoliert bat Kießling schließlich den Minister um seine vorzeitige Versetzung in den Ruhestand. Kießling strebte nun eine akademische Laufbahn an.

Eine Mitteilung des Militärischen Abschirmdienstes (MAD), die Wörner auf den Tisch kam, veränderte dann im September 1983 aber die Lage radikal. Darin wurden dem General homosexuelle Beziehungen unterstellt. Am 15. September wurde Kießling nach Bonn zitiert. Generalinspekteur Altenburg, auf den Wörner diese Aufgabe abgeschoben hatte, konfrontierte Kießling mit den Vorwürfen. Dieser bestand jedoch auf ein Gespräch mit dem Minister, denn dieser war sein unmittelbarer Vorgesetzter. Auch gegenüber Wörner wies Kießling alle Beschuldigungen energisch zurück und gab darauf sein Ehrenwort. Wörner indes ignorierte die Ausführungen des Generals; Kießling resignierte. Dann vereinbarte man, Kießling werde sich krank melden und zum 31. März 1984 vorzeitig pensioniert. Der General bestand aber darauf, den Fall aufzuklären, was wiederum Wörner nicht recht war, da er jede Aufmerksamkeit in der Öffentlichkeit vermeiden wollte.

Ein weiteres Geheimdossier des MAD vereitelte diese Abmachung. Die alten Beschuldigungen wurden nicht nur aufrechterhalten, sondern nunmehr ausgedehnt, daß es »zwingend geboten« sei, Kießling sogar die Sicherheitsbescheide zu entziehen, um dem General den Zugang zu Verschlußsachen zu verwehren. General Dr. Kießling wurde als »Sicherheitsrisiko« eingestuft. Wörner sah sich daraufhin zum sofortigen Handeln veranlaßt. Nur das Naheliegendste tat er nicht: Mit Kießling noch einmal zu sprechen. Statt dessen ließ er dem General durch seinen Staatssekretär mitteilen, er möge sich am 23. Dezember in Bonn zur Entgegennahme der Entlassungsurkunde einfinden. Kießling verwahrte sich vehement gegen die ihm mitgeteilte Begründung für seine Entlassung und bat, der Minister möge ihm, wenn schon früher als verabredet, die Urkunde selbst aushändigen. Wörner indes befand sich an jenem Tag in Hamburg auf einem Geburtstagsempfang von Helmut Schmidt. Und so wurde am 23. Dezember 1983 dem derart Verdächtigten durch den Hardthöhen-Staatssekretär Hiehle die Entlassungsurkunde in recht befremdlicher Form ausgehändigt. Der General nahm die Urkunde in Empfang, überreichte Hiehle ein Schreiben, mit dem er die Einleitung eines disziplinargerichtlichen Verfahrens gegen sich selbst beantragte und verließ wortlos den Raum. Das Schicksal nahm seinen Lauf, denn niemand durfte die Illusion haben, man könne einen General »lautlos« verabschieden. Und so kam es, daß bereits am 5. Januar 1984 der »lautlose« Abschied publik wurde. Kießling bestritt die nun öffentlich seitens der Hardthöhe vorgebrachten Anschuldigungen und setzte sich mit rechtlichen Mitteln zur Wehr. Mehrere Wochen sah sich Dr. Kießling dann entwürdigenden Spekulationen, Diffamierungen und sonderbaren Gerüchten in der Öffentlichkeit ausgesetzt, bis sich die »Affäre Kießling« zu einem skandalösen »Fall Wörner« wandelte. Denn als bereits berechtigte Zweifel an der Zuverlässigkeit der MAD-Ermittlungen und ihrer Minister-Bewertungen aufgekommen waren, stellte Wörner seinerseits Recherchen an. So führte er mit dem skandalumwitterten Autor schweizerischer Homosexuellen-Zeitschriften, Alexander Ziegler, persönlich ein Gespräch, offenbar in der Hoffnung, von diesem die erforderlichen schlüssigen »Beweise« für Kießlings angebliche moralische Verfehlungen und für die Richtigkeit seiner Anschuldigungen zu erhalten. Die »Beweise« wurden jedoch nicht erbracht. Einige couragierte pensionierte Generale kritisierten daraufhin in einer öffentlichen Erklärung Verteidigungsminister Wörner und schrieben: »Wir empfinden es als unerträglich, daß bei den Vorgängen im Fall Wörner-Kießling den Äußerungen von Personen eines zweifelhaften Milieus offenbar mehr Glauben geschenkt wird als dem Wort eines bewährten Mannes.«

Mehr und mehr erwiesen sich dann die MAD-Papiere als völlig haltlos und unzutreffend. Wörners Argumentationsgebäude brach wie ein Kartenhaus zusammen. Er zog die Konsequenzen daraus und reichte seinen Rücktritt ein. Doch Bundeskanzler Kohl hielt trotz des offenkundigen Fehlverhaltens an ihm fest und lehnte Wörners Gesuch ab. Der Bundeswehr stand nun allerdings ein Minister vor, der zwar mit großen Erwartungen und freudig von der Truppe empfangen worden war, dessen Ansehen bei den Soldaten und dessen Durchsetzungsvermögen im Kabinett fortan aber äußerst gering waren. Für die MAD-Spitze wurde der Fall zum Tribunal und führte zu Konsequenzen. Staatssekretär Hiehle, der die Aufsicht über den Dienst hatte, schied zum 31. März 1984 aus seinem Amt aus, und MAD-Chef Brigadegeneral Behrendt wurde nach dem dilettantischen Vorgehen seiner Behörde abgelöst und zum 30. September 1984 pensioniert.

Der zu Unrecht beschuldigte General Kießling wurde am 1. Februar formell »reaktiviert« und seinem Wunsch gemäß zum 31. März 1984 vorzeitig verabschiedet. Nicht in Bonn, sondern bei »seinem« Bataillon in Neustadt wurde der endlich rehabilitierte General mit allen militärischen Ehren aus der Bundeswehr verabschiedet, ohne aber das für ausscheidende Generale fast obligatorische Große Bundesverdienstkreuz mit Stern und Schulterband verliehen zu bekommen. Der General mit der friderizianischen Gesinnung wünschte sich für den Großen Zapfenstreich das Lied: »Ich hab' mich ergeben mit Herz und mit Hand / dir, Land voll Lieb' und Leben, mein deutsches Vaterland!«

In Rendsburg wählte General a. D. Kießling, mit dem sich Wörner Ende 1987 vor Übernahme des NATO-Generalsekretärpostens versöhnte, seinen Wohnsitz. Dr. Kießling, dem die Universität Nürnberg einen Lehrauftrag für »Betriebswirtschaftslehre der Streitkräfte« erteilte, engagierte sich leidenschaftlich für die Wiedervereinigung Deutschlands. Mit seinem Anfang 1989 erschienenen Buch »Neutralität ist kein Verrat« legte er den Entwurf einer europäischen Friedensordnung vor, der durch die revolutionären Ereignisse vom November 1989 in der DDR überaus aktuell wurde. Im Sommer 1990 unterbreitete er mit seinem Buch »NATO – Oder – Elbe« konkrete Vorschläge für ein gesamteuropäisches Sicherheitssystem.

WOLFGANG ALTENBURG

Generalinspekteur der Bundeswehr
von 1983 bis 1986

Vorsitzender des NATO-Militärausschusses
von 1986 bis 1989

Wolfgang Altenburg

Der 1. Juni 1988 symbolisierte in dem mehr als vier Jahrzehnte währenden Ost-West-Konflikt einen tiefgreifenden, ja revolutionären Einschnitt. Erstmals wurden die Aufrüstungsaktivitäten in einen Abrüstungsprozeß umgekehrt. Nach über sechs Jahre dauernden Verhandlungen, die in ein seit fast 20 Jahren laufendes Konferenzgeflecht zur Rüstungskontrolle eingebettet waren, tauschten US-Präsident Reagan und der sowjetische Staatschef Gorbatschow in Moskau die Ratifizierungsurkunden zum sogenannten INF-Abkommen aus. Darin verpflichteten sich die beiden Großmächte, sämtliche ihrer Mittelstrecken-Atomraketen mit einer Reichweite bis 5500 Kilometer zu verschrotten. Somit wurde erstmals eine komplette Waffenkategorie beseitigt, ein Ereignis von zweifellos historischer Bedeutung.

An dem Zustandekommen dieses Vertragswerkes war auch der deutsche Vorsitzende des NATO-Militärausschusses, General Wolfgang Altenburg, maßgeblich beteiligt. Altenburg stand seit dem 1. Oktober 1986 diesem Gremium vor, in dem mehrmals im Jahr die Generalstabschefs aus 14 NATO-Staaten über grundsätzliche Entscheidungen des Bündnisses berieten. Als »Primus inter pares« fiel ihm dabei die Rolle des Koordinators zu, wobei dem General zugute kam, daß er seit langem in der Allianz als Kapazität in Sachen Nuklearstrategie galt. Bereits vor 20 Jahren – Altenburg war damals Hauptmann – hatte er auf diesem Gebiet zum ersten Male Aufsehen erregt.

Während der Generalstabsausbildung an der Hamburger Führungsakademie fiel Altenburg, der zuvor Chef einer mit atomaren Sprengköpfen ausgerüsteten »Honest-John«-Raketenbatterie gewesen war, dem Akademiekommandeur, Generalmajor de Maizière, durch einen außergewöhnlich beeindruckenden Lagevortrag auf. Der Lehrgangsteilnehmer setzte sich darin nämlich äußerst kritisch mit dem Einsatz von Kernwaffen und den verheerenden Auswirkungen auf die Bevölkerung und die gesamte Umwelt auseinander. Und obwohl Altenburg den Krieg nicht mehr als Soldat der Wehrmacht erlebt hatte, wußte er sehr wohl, welche Verwüstungen allein ein mit konventionellen Waffen geführter Krieg anrichtet.

Noch im April 1945 wurde Wolfgang Altenburg, der am 24. Juni 1928 als Sohn des Uniformschneiders Bruno Altenburg in Schneidemühl geboren wurde, als Primaner und Marinehelfer selbst Betroffener der schweren Luftangriffe auf die Insel Helgoland. Nach kurzer britischer Gefangenschaft erlernte er den Beruf des Hotelkaufmanns und trat 1951 in die Deutschen Dienstgruppen der US-Armee ein, wo er im Rang eines Captains vier Großküchen und ein Verpflegungsamt leitete. Altenburg heiratete Ursula Schölzel und legte, da er infolge der Kriegsauswirkungen seine Schulausbildung nicht hatte beenden können, neben seiner beruflichen Tätigkeit 1956 die Reifeprüfung ab.

Im Oktober 1956 trat er dann als Rekrut in das Artillerie-Lehrbataillon der Bundeswehr ein und wurde zum Offizier ausgebildet. Nach dem Generalstabslehrgang wurde Altenburg in Schleswig-Holstein zunächst der für Personalangelegenheiten verantwortliche Offizier der 6. Panzergrenadierdivision, später G3 der Panzerbrigade 18 und 1968 Kommandeur des Feldartilleriebataillons 61. Sein Divisionskommandeur, Generalmajor Dr. Schnell, war es, der Altenburg Heeresinspekteur Schnez empfahl, denn Schnez stand aufgrund einer in die Öffentlichkeit lancierten Denkschrift, die die Wiederherstellung der angeschlagenen soldatischen Ordnung zum Ziel hatte, im Kreuzfeuer der Kritik und suchte einen moderaten Offizier, der die Anliegen des Heeres nach außen hin gut vertreten konnte. Der Artillerie-Oberstleutnant erhielt in dem Bonner Stab die Aufgabe, die sogenannte Schnez-Studie – von der Altenburg einen Teil in einer parlamentarischen Demokratie für nicht akzeptabel, hingegen etwa 70 Prozent auch später noch für vorteilhaft hielt – in der Bevölkerung so darzustellen, daß sie als Analyse und nicht als Forderungskatalog verstanden wurde. Altenburg, dem größtmögliche Handlungsfreiheit gewährt wurde, zeichnete sich während dieses »Werbefeldzuges« durch großes diplomatisches Geschick aus und nutzte in Debatten seinen Intellekt, sich geschmeidig anzupassen. Sein Feingefühl für heikle Themen, wie die atomare Kriegführung und die Darstellung der Sicherheitspolitik, prädestinierte ihn dann 1971 für den Posten des stellvertretenden Chefs für nukleare Grundsatzfragen beim NATO-Kommando SHAPE.

Als Oberst im Stab des US-Generals Goodpaster wurde Altenburg an der Erarbeitung von Richtlinien nuklearer Strategiekonzeptionen beteiligt. Er lernte dort die Stärken, aber auch die Schwächen des über Europa gespannten atomaren Schirms der Amerikaner kennen. Nach zweijähriger Verwendung im belgischen Mons wurde Oberst Altenburg als Referatsleiter in die für

»Militärpolitik und Führung« zuständige Abteilung des Bonner Führungsstabes der Streitkräfte, kurz FüS III genannt, versetzt. In Brigadegeneral Brandt fand er einen Vorgesetzten, mit dem er in geradezu einzigartiger Weise harmonisierte, und so entwickelte sich bald daraus für beide Männer eine Art Seilschaft. Immer tiefer drang Altenburg in das fein verwobene Geflecht der Militärpolitik vor, die fortan für ihn richtungweisend wurde.

Um den Kontakt auch zu den einfachen Soldaten zu behalten, bat Altenburg um eine Versetzung zur Truppe und wurde für eineinhalb Jahre Kommandeur der Panzergrenadierbrigade 7 in Hamburg. Bereits im Oktober 1976 kehrte er jedoch in das Ressort FüS III als Stellvertreter von Brandt, der inzwischen dieser Abteilung vorstand, zurück und wurde gleichzeitig zum Brigadegeneral befördert. Die Vorarbeiten zum NATO-Doppelbeschluß, der eine Reaktion auf die massive Aufrüstungspolitik der UdSSR war und mit dem die NATO-Abschreckungsdoktrin erhalten bleiben sollte, nahmen Altenburg die nächste Zeit völlig in Anspruch. Nach achtzehnmonatiger Stellvertreter-Tätigkeit wurde Altenburg zum Generalmajor befördert und rückte auf den Posten von Brandt, der als Generalleutnant und »Deutscher Militärischer Vertreter« zur NATO nach Brüssel ging.

Der überraschende Rücktritt von Generalinspekteur Wust am 11. Dezember 1978 löste ein außerplanmäßiges Revirement aus. Generalleutnant Brandt wurde zum Nachfolger von Wust ernannt, und so kam es, daß Altenburg nach nur siebenmonatiger Tätigkeit als Leiter von FüS III die vakante NATO-Stelle von Brandt einnahm. Diese schnelle Personalentscheidung hatte gute Gründe, denn die Kontinuität der in die Schlußphase getretenen bündnisinternen Verhandlungen um den Doppelbeschluß mußte gewährleistet bleiben. Jeder andere Nachfolger Brandts aber hätte eine längere Einarbeitungszeit benötigt, die bei Altenburg nicht erforderlich war, weil er nicht nur Brandts Arbeitsstil genauestens kannte, sondern vor allem mit der Thematik seit Jahren engstens vertraut war.

Am 1. Januar 1979 zum Generalleutnant aufgestiegen, fungierte Altenburg in Brüssel eineinhalb Jahre als »Deutscher Militärischer Vertreter« bei der Nordatlantischen Allianz und erlebte dort am 12. Dezember 1979 auch das Inkraftsetzen des Doppelbeschlusses mit. Altenburg erwies sich im Umgang und im Verhandeln mit den NATO-Partnern als ausgesprochen geschickt und clever und lernte diesmal in der Praxis auf höchstem Niveau die Militärpolitik kennen, in der man nur durch Kompromisse zu Erfolgen gelangen konnte.

Am 1. Oktober 1980 kehrte Generalleutnant Altenburg als Kommandierender General des III. Korps nach Deutschland zurück. Zu dem Koblenzer Korps gehörten die 2. Panzergrenadierdivision sowie die 5. und 12. Panzerdivision, deren Verbände gerade in die neue »Heeresstruktur 4« umgegliedert wurden. Innerhalb kürzester Zeit gelang es, bei Aufrechterhaltung der Einsatzbereitschaft die Organisationsveränderungen planvoll und termingerecht abzuschließen. Am 31. März 1983 übernahm dann Altenburgs Lehrgangskamerad aus der Generalstabsausbildung, Generalleutnant Mack, das Kommando, denn der 54jährige Wolfgang Altenburg erhielt die Beförderung zum General und folgte nunmehr zum vierten Male seinem militärischen Ziehvater, General Brandt, der als Generalinspekteur in den Ruhestand trat.

Der passionierte Bergsteiger Altenburg hatte damit den Gipfel seiner Bundeswehrlaufbahn erreicht. Seine politisch von den sozialdemokratischen Ministern Leber und Apel ebenso wie von dem CDU-Verteidigungsminister Wörner geförderte Karriere signalisierte zugleich auch einen Umbruch in der Tradition der Armee. General Altenburg war der erste oberste Soldat der Bundeswehr, der nicht »kriegsgedient« war, sondern seinen militärischen Weg in den neuen westdeutschen Streitkräften als Rekrut begonnen hatte.

Mit Altenburg übernahm ein unkonventioneller Offizier die Führung der Bundeswehr, der gewillt war, neue, auch ungewöhnliche Wege zu beschreiten, denn er sah sich ähnlich großen Schwierigkeiten gegenüber wie einst die »Gründungsväter« beim Aufbau der Armee. So engte die wachsende Finanzknappheit den Handlungsspielraum immer stärker ein. Erschwerend kam hinzu, daß durch den »Pillenknick«, mit dem die geburtenschwachen Jahrgänge umschrieben wurden, die Bundeswehr Anfang der neunziger Jahre nicht mehr genügend Soldaten rekrutieren können würde. Bereits unter Generalinspekteur Brandt waren deshalb Konzepte entworfen worden, um auf dieses demographische Problem rechtzeitig reagieren zu können, doch waren die notwendigen, aber unpopulären Entscheidungen immer wieder vertagt worden.

Altenburg indes kannte die Schwierigkeiten genau. Er war ein selbstsicherer und zugleich bescheidener Mann, der immer zugänglich war, und bei dem man spürte, daß er auch bei anderen Themen aufmerksam zuhören konnte. Seine Selbstironie und sein stets menschlicher Umgangsstil ermöglichten es dem Vater von drei Kindern, in den zum Teil hitzig geführten »Nachrüstungs«-Debatten sogar bei Rüstungsgegnern und Anhängern der Friedensbewegung

Verständnis zu finden. Neuerlich trat der diskutierfreudige General im Umgang mit der Öffentlichkeit hervor und erläuterte ruhig und gelassen vor der Umsetzung des NATO-Doppelbeschlusses den Sinn der geplanten Raketenstationierungen ohne Umschweife. Als die Genfer Verhandlungen mit den Sowjets dann scheiterten, wurde im Dezember 1983 ohne Verzug auch der zweite Teil des Doppelbeschlusses verwirklicht, und die ersten amerikanischen Pershing-2-Raketen unter öffentlichem Protest in der Bundesrepublik Deutschland installiert.

Im Zuge des gut ein Jahr zuvor erfolgten Regierungswechsels in Bonn, der die Realisierung des zweiten Teils des Doppelbeschlusses erst ermöglicht hatte, wurde auch die Position des Generalinspekteurs gestärkt. Während Verteidigungsminister Apel nicht zu diesem notwendigen Schritt bereit gewesen war, vergrößerte dessen Nachfolger Wörner durch den Planungserlaß von 1983 die Kompetenzen des Amtes. General Altenburg war nun für die Gesamtplanung der Bundeswehr verantwortlich und befugt, Prioritätsentscheidungen zu treffen. Mitten in die die Nerven strapazierenden Planungsvorbereitungen und die Pershing-2-Aufstellung fiel dann Ende 1983 die Wörner-Kießling-Affäre, in der Altenburg eine undurchsichtige Rolle spielte. Der Generalinspekteur ließ es zu, daß sein General-Kamerad als der dienstälteste Soldat der Bundeswehr in so unwürdiger Form seinen Dienst quittieren mußte.

Nachdem sich die innenpolitischen Wogen geglättet hatten, machte sich Altenburg daran, den Bundeswehr-Problemberg abzutragen. 1985 stimmte der Bundestag seinen Plänen zur teilweisen Auflösung des sogenannten Beförderungs- und Verwendungsstaus zu und billigte die vorzeitige Pensionierung von 1200 Offizieren im Alter von 45 bis 52 Jahren. Durch diese bis 1991 abzuschließende Maßnahme wurden etwa 4000 Verwendungswechsel möglich. Parallel dazu wurde das nach wie vor gravierende Fehl an Unteroffizieren durch Anreize im Berufsförderungsdienst und eine verbesserte Fachausbildung allmählich abgebaut. Um auf die nunmehr von der Hardthöhe für Mitte der neunziger Jahre errechneten knappen Personalressourcen vorbereitet zu sein, wurde für den 1. Juni 1989 die Verlängerung der Wehrpflichtzeit von 15 auf 18 Monate gesetzlich festgelegt, doch der Termin des Inkrafttretens auf unbestimmte Zeit ausgesetzt. Gleichzeitig wurde ein umfangreiches Reservistenkonzept kreiert, das die vermehrte Heranziehung von Wehrübenden zur Aufrechterhaltung der Bundeswehr-Friedensstärke von etwa 490000 Mann vorsah. Denn die Gesamtstruktur und damit der Verteidigungsumfang von 1,34 Millionen Soldaten sollte in jedem Fall erhalten bleiben. Daneben wurde die Kaderorganisation des »Wartime-Host-Nation-Support«, mit dem die amerikanischen Verstärkungen unterstützt werden sollten, aufgebaut. Und schließlich flammte auch die Diskussion um die Einbeziehung von Frauen in die Bundeswehr neuerlich auf, um aber nach kurzer Zeit wieder verworfen zu werden.

General Altenburg forcierte darüber hinaus die Überlegungen zur sogenannten Struktur 2000, die Mitte der neunziger Jahre eingeleitet werden sollte. Damit einher gingen auch milliardenschwere Rüstungsprojekte. So wurden für das Heer zusätzliche Kampfpanzer »Leopard 2« gekauft, gleichzeitig wurde aber das taktische Schwergewicht vom Panzer auf die Panzerabwehr verlagert und in allen Teilstreitkräften der zu geringe Munitionsbestand erhöht. Für den durch die Bundesrepublik verlaufenden Luftverteidigungsgürtel wurden die modernen »Patriot«- und »Roland«-Raketensysteme angeschafft und die grundsätzliche Entscheidung zur Planung des »Jäger 90« getroffen. Auch für die Marine wurde ein umfangreiches Modernisierungsprogramm aufgestellt. Viele Rüstungsvorhaben mußten aber aufgrund fehlender Gelder zeitlich verschoben werden.

Kernstück seines Wirkens war für Altenburg, der bereits in vorangegangenen Verwendungen frühzeitig eine Schwerpunktverlagerung von den atomaren Einsatzmitteln zu den konventionellen Kräften prognostiziert hatte, die Mängel bei den eigenen Aufklärungs- und Führungssystemen abzustellen und eine ausreichende, längere Widerstandsfähigkeit der Kampftruppen zu erreichen. Altenburg war bemüht, endlich dem konventionellen Element in der NATO-Strategie eine erkennbare Abschreckungswirkung zu geben.

Doch mußte er bald feststellen, daß ihm die erhoffte politische Unterstützung nicht in vollem Umfang zuteil wurde. Der Grund dafür war in der 1985 einsetzenden Veränderung in der Sowjetunion zu suchen. Michail Gorbatschow, der neue Mann im Kreml, sorgte mit zahlreichen propagandistisch glanzvoll begleiteten Abrüstungs- und Friedensinitiativen dafür, daß auch in der westdeutschen Bevölkerung der Wehrwille rapide nachließ, weil die UdSSR nicht mehr als aggressiv eingeschätzt wurde. In diesem politischen Stimmungsklima waren kostenintensive Verteidigungsanstrengungen im Bonner Kabinett nur noch äußerst schwer durchsetzbar, zumal Hardthöhen-Chef Wörner seit der blamablen Haltung in der Kießling-Affäre mehr als angeschlagen war. So blieben auch rein sachliche Kontroversen zwischen dem Generalinspekteur und dem Minister nicht aus.

Was Wörners Vorgänger bei Brandt versäumt hatte, nämlich diesen rechtzeitig für den Vorsitz des NATO-Militärausschusses zu nominieren, passierte dem Unions-Minister jedoch nicht, als erneut die Wahl für dieses hohe Bündnisamt anstand. Und so wurde General Altenburg erwartungsgemäß von den NATO-Generalstabschefs zum »Chairman« bestimmt. Die Bundeswehr befand sich indes mitten in einem Wandlungsprozeß, der es zunächst ratsam erscheinen ließ, den General nicht nach Brüssel ziehen zu lassen. In seiner dreieinhalbjährigen Generalinspekteur-Tätigkeit hatte Altenburg, der gewiß kein Mann mit weitgesteckten Visionen war, es geschafft, Widerständen geschickt auszuweichen, sich abzeichnende Erfolge zu verstärken sowie das Machbare zu realisieren und überzeugend zu vertreten. Es gab aber sehr wohl auch triftige Argumente, Altenburg gerade zu einer Zeit, in der sich im Bündnis signifikante Veränderungen ankündigten, dorthin zu entsenden, denn somit konnte Bonn durch sonst kaum erreichbare Einsichten sogar den Lauf einiger Dinge mit beeinflussen.

Für Altenburg bedeutete der Vorsitz des Militärausschusses, den er nach den Generalen Heusinger und Steinhoff als dritter Deutscher einnahm, die Krönung seines Soldatenlebens. Als Nachfolger des niederländischen Generals de Jager hatte Wolfgang Altenburg zwischen divergierenden Meinungen zu vermitteln und eine Basis für gemeinsame Konzepte der Verteidigungspläne und Rüstungskontrolle zu schaffen. Das dynamische Auftreten des sowjetischen Staatschefs Gorbatschow und seine Abrüstungsankündigungen, die später teilweise realisiert wurden, weckten auch bei skeptischen Beobachtern innerhalb der NATO Hoffnungen. Als dann schließlich als erstes Resultat in dem umfangreichen Bündel der seit Jahren laufenden Rüstungskontrollgespräche im Juni 1988 der sogenannte INF-Vertrag zustande kam, der die Zerstörung aller atomaren Mittelstreckenwaffen beider Supermächte besiegelte, war der Optimismus grenzenlos. Plötzlich fielen auch Barrieren für eine Diskussion im sowjetischen Fernsehen, in der Altenburg als erster »Chairman« des NATO-Militärausschusses in der Geschichte mit Gorbatschows Militärberater und früherem Generalstabschef, Marschall Achromejew, über Strategien und Abrüstungsschritte debattierte.

Viele in der NATO führten diese epochale »Wende im Denken Moskaus« auf den knapp zehn Jahre zuvor gefaßten Doppelbeschluß und dessen konsequente Umsetzung zurück. Die Zuversicht für weitere Abrüstungsmaßnahmen war nunmehr nach dem INF-Durchbruch groß. In der politisch euphorischen Stimmung fanden allerdings die nüchternen Analysen der Militärs kaum

Gehör. Denn so verheißungsvoll das INF-Abkommen auch sein mochte, bedeutete es doch auch, daß das Risiko eines nur auf Europa begrenzten Krieges größer geworden war, als dies nach dem Ende des Zweiten Weltkrieges jemals der Fall gewesen war. Deshalb drängte auch General Altenburg, den zweiten Teil des 1983 gefaßten Montebello-Beschlusses, der den einseitigen Abzug von 2400 Atomsprengköpfen aus Europa und gleichzeitig die Modernisierung der verbliebenen Potentiale vorsah, zügig zu realisieren. In dem neuen NATO-Generalsekretär Wörner fand Altenburg einen altvertrauten Mitstreiter, doch ausgerechnet Bonn verschob aus politisch-taktischen Gründen die Entscheidung über die Erneuerung der veralteten Kurzstreckenraketen »Lance« zunächst und hob sie schließlich ganz auf.

Nach drei sicherheitspolitisch überaus ereignisreichen Jahren auf diesem höchsten militärischen NATO-Posten übergab Altenburg sein Amt an den norwegischen General Eide. General Wolfgang Altenburg schied am 30. September 1989 nach 33 Soldatenjahren aus dem aktiven Dienst. In der Nähe Bremens nahm er seinen Wohnsitz, von wo aus er weiterhin mit wachem Interesse die in Bewegung geratene Sicherheitspolitik verfolgt. Im Sommer 1990 wurde Altenburg dann in eine 20köpfige Experten-Kommission berufen, die sich aufgrund der Wiedervereinigung Deutschlands mit den künftigen Strukturen einer gesamtdeutschen Armee befaßte.

Leopold Chalupa

Oberbefehlshaber der NATO-Streitkräfte Mitteleuropa
von 1983 bis 1987

Leopold Chalupa

Die Währungsreform, mit der jeder Deutsche in den drei westlichen Besatzungszonen ein »Kopfgeld« von 40 Deutschen Mark erhalten hatte und die den wirtschaftlichen Neubeginn einleitete, lag erst wenige Monate zurück. In den Städten war man noch damit beschäftigt, die Trümmer zu beseitigen – der Wiederaufbau begann. Die Sowjets hatten seit Mitte Juni 1948 die drei Westsektoren Berlins durch eine Blockade von der Außenwelt abgeschnitten. Die Amerikaner und Briten hielten mit einer Luftbrücke die Versorgung der Bevölkerung mühevoll aufrecht. Daß dies gelang, lag wesentlich mit daran, daß in der gerade konstituierten Bundesrepublik Deutschland zahlreiche ehemalige Wehrmachtsoldaten in den »Luftbrückenkompanien« pausenlos die »Rosinenbomber« beluden. Ein Angehöriger dieser sogenannten Deutschen Dienstgruppen (Labor Service) der amerikanischen Armee war der aus dem Sudetenland stammende Leopold Chalupa.

Im Januar 1945 war der am 15. April 1927 in Neuberg geborene Chalupa noch Soldat geworden. Bei Kriegsende geriet der 18jährige Gebirgsjäger-Fahnenjunker bei Triest in englische Gefangenschaft. Aufgrund der Tatsache, daß er Schüler der Nationalpolitischen Erziehungsanstalt (Napola) in Naumburg an der Saale gewesen war – einem im Dritten Reich gegründeten, zu den Höheren Schulen gehörenden elitären Internatsschultyp, an dem in erster Linie Führungsnachwuchs für Staat und Gesellschaft herangebildet worden war –, wurde Leopold Chalupa erst Anfang 1949 nach Hessen entlassen. Seinen Berufswunsch, Chemiker zu werden, konnte er nicht verwirklichen, da ihm ein kostenfreies Studium an der Frankfurter Universität wegen seiner »Napola-Vergangenheit« verwehrt wurde.

Um existieren zu können, heuerte er schließlich beim Labor Service an. Was er nicht ahnte, war, daß dieser Überbrückungsjob bei den Dienstgruppen, die später durch technische Einheiten ergänzt wurden, eine siebenjährige Tätigkeit werden sollte, in der er äußerst wertvolle Erfahrungen für sein späteres Berufsleben als Offizier sammeln konnte. Chalupa, der 1949 die Westfälin Maria Karwacki geheiratet hatte, avancierte beim Labor Service zum Captain und wurde 1951 Chef der Verwaltung und des Personalwesens einer Einheit in Ettlingen, die Bauaufgaben für die US-Streitkräfte durchführte.

Fast selbstverständlich war es für ihn dann, in der neuaufgestellten Bundeswehr sein ursprüngliches Berufsziel, aktiver Offizier zu werden, zu realisieren, und so trat er 1956 in München als Fähnrich in die Pioniertruppe ein. Er durchlief die üblichen Truppenverwendungen und absolvierte von 1962 bis 1964 gemeinsam mit den späteren Generalen Altenburg und Mack in Hamburg seine Generalstabsausbildung, nachdem er zuvor bereits für kurze Zeit Adjutant des Befehlshabers der NATO-Landstreitkräfte in Mitteleuropa, General Dr. Speidel, in Fontainebleau gewesen war. Es schloß sich eine einjährige amerikanische Generalstabsschulung in Fort Leavenworth an, ehe der inzwischen zum Major beförderte Chalupa als G3 bei der Bogener Panzergrenadierbrigade 11 eingesetzt wurde. In dieser Stellung konnte der junge Generalstabsoffizier erstmals seine Begabung auf dem Gebiet der Operationsführung frei entfalten. Bereits 1970 – nach einer zweijährigen Verwendung als Bataillonskommandeur – konnte er diese ihn immer brennender interessierende Thematik im NATO-Hauptquartier der Alliierten Streitkräfte Europa-Mitte (AFCENT) vertiefen. In der dortigen Operationsabteilung war der Oberstleutnant vornehmlich mit den Einsatzplanungen der beiden Armeegruppen Nord (NORTHAG) und Mitte (CENTAG) befaßt und wurde bald zu einer unentbehrlichen Stütze des Oberbefehlshabers, General Bennecke. Dieser machte ihn dann 1972 zum Chef seines »Persönlichen« Stabes. Der inzwischen zum Oberst aufgestiegene Chalupa gewann nun noch tiefere Einblicke in die vielschichtigen Zusammenhänge der Verteidigungsplanung und lernte darüber hinaus zahlreiche einflußreiche Persönlichkeiten des Atlantischen Bündnisses kennen, was für seine weitere Laufbahn von großem Vorteil werden sollte. Von unschätzbarem Wert sollte sich auch die lehrreiche Zusammenarbeit mit Bennecke und später mit dessen Nachfolger, General Ferber, erweisen. So lernte er von Bennecke mehr das operativstrategische Denken eines Truppenführers und von dem bündniserfahrenen Ferber das militärpolitische Taktieren.

Als Oberst Chalupa 1974 das niederländische Brunssum verließ, um das Kommando über die Gebirgsjägerbrigade 22 in Mittenwald zu übernehmen, beherrschte er die deutsche Generalstabsarbeit aus dem Effeff. Schon 1976 wurde er dann in das Bonner Verteidigungsministerium als Leiter der Planungsabteilung im Führungsstab des Heeres versetzt und gleichzeitig zum Brigadegeneral befördert. Der vierschrötige, hochgewachsene Offizier mit den grauen Haaren und dem sudetendeutschen Tonfall hatte sich durch gute, solide Grundlagenarbeit als Führergehilfe emporgedient. In der Truppe kam Chalupa, der stets getreu seiner Devise »mit Hirn, Herz und Humor« führte und sich gern jovial gab, nicht zuletzt durch seine burschikose Art gut an. Kontaktfreudig und aufgeschlossen, strahlte der fußballbegeisterte Offizier trotz aller Anforderungen an andere wie an sich selbst menschliche Wärme aus und erwarb sich allgemeinen Respekt durch seine Offenheit und Gradlinigkeit im Denken und Handeln. Nie machte der parteipolitisch ungebundene General auch einen Hehl aus seiner konservativen Grundeinstellung.

In seiner ersten ministeriellen Tätigkeit hatte Chalupa die letzte Planungsphase der neuen »Heeresstruktur 4« zu verantworten. Dabei erwarb er zusätzlich wesentliche Erfahrungen im Zusammenwirken mit den beiden anderen Teilstreitkräften. Unter gleichzeitiger Beförderung zum Generalmajor wurde er im Sommer 1978 Chef des Stabes der Armeegruppe Mitte (CENTAG) in Heidelberg. Zu seinen Aufgaben gehörte es, für die aus je zwei amerikanischen und deutschen Korps sowie einer kanadischen Brigade bestehende Heeresgruppe alle Verteidigungspläne für den süddeutschen Raum zwischen Kassel und der österreichischen Grenze zu koordinieren. Dies beinhaltete auch enge Absprachen mit den Luftstreitkräften und den amerikanischen wie französischen Verstärkungstruppen, die im Kriegsfall der CENTAG zugeführt werden sollten. Seine Position als Stabschef erhielt dadurch zusätzliches Gewicht, daß der amerikanische Befehlshaber durch seine Doppelfunktion als Oberbefehlshaber der US-Landstreitkräfte in Europa und Führer der CENTAG viele seiner NATO-Aufgaben auf ihn delegieren mußte. General Leopold Chalupa hatte somit häufig auch die Funktion eines Befehlshabers auszuüben.

Mit dem 1. Oktober 1981 wurde Chalupa Generalleutnant und Kommandierender General (KG) des II. deutschen Korps in Ulm. In diesem rund 80000 Mann starken Großverband hatte er nun die Umgliederung der Divisionen in die »Heeresstruktur 4«, die er maßgeblich mitgeplant hatte, sicherzustellen. Mit dieser Struktur, die den erwarteten Entwicklungen der neunziger Jahre Rechnung tragen und die Aufnahme modernster Waffensysteme gewährleisten sollte, wurde die organisatorische Uneinheitlichkeit der Heeresverbände beendet. Die auf Rand genähte Struktur erregte jedoch vor allem wegen der personellen Engpässe im Friedensdienst in der Truppe erheblichen Unmut, ihre operativen Vorzüge wurden aber, nachdem die Probleme der geistigen Umstellung bewältigt waren, anerkannt. In seine Zeit als KG fiel auch die Rückkehr zum kompanieweisen Auffüllungsrhythmus bei den Kampftruppen, mit dem eine Vereinfachung der Ausbildung und wieder ein größerer innerer Zusammenhalt in den Einheiten erreicht wurden.

Die systematisch betriebene Vorbereitung für Spitzenverwendungen fand dann ihren Höhepunkt am 1. Oktober 1983 mit der Berufung von Chalupa zum Oberbefehlshaber der NATO-Streitkräfte in Mitteleuropa (CINCENT) und der Beförderung zum General. Mit dieser Ernennung kehrte er in das ihm vertraute Brunssumer Hauptquartier zurück und löste dort den in Pension gehenden General Dr. von Senger ab. Mit Chalupa sollte im Stab aber auch ein anderer Arbeitsstil Einzug halten. So bewertete er die globalstrategischen Planungen der USA, die durchaus geeignet schienen, auch seinen Kommandobereich zu tangieren, anders als sein Vorgänger. Chalupa maß den Auswirkungen der Unruheherde in der Golfregion und im Nahen Osten weniger Bedeutung zu und konzentrierte sich mehr auf Mitteleuropa. So legte General Chalupa, der sich mitunter in Platitüden erging und auf dem internationalen Terrain nicht die vergleichbare Repräsentanz einiger seiner Vorgänger zeigte, besonderes Gewicht auf die Verbesserung der Führungs- und Aufklärungssysteme sowie auf die Steigerung des logistischen Durchhaltevermögens seiner Truppen.

Gleichfalls trieb er den weiteren Ausbau der westeuropäischen Unterstützungsorganisation, die für die Aufnahme insbesondere der US-Reserven im Spannungs- und Kriegsfall geschaffen worden war, voran. Zu genau wußte er, daß das Funktionieren dieser Einrichtungen von existentieller Bedeutung für das Bündnis war. Denn in den ersten Tagen eines Angriffs hätte er den 61 Divisionen auf östlicher Seite lediglich 22 sofort verfügbare eigene Divisionen entgegenwerfen können. Die Unterstützungsorganisation indes sollte ihm nun garantieren, binnen einer Woche sechs weitere Divisionen aufbieten zu können, um der dann zu erwartenden zweiten strategischen Staffel mit ihren 35 frischen Divisionen für begrenzte Zeit Paroli bieten zu können.

Unter diesen für seinen Befehlsbereich nach wie vor ungünstigen Kräfteverhältnissen hielt Chalupa die Androhung des nuklearen Ersteinsatzes und die Wiederherstellung einer angemessenen Ausgewogenheit bei den Raketensystemen mittlerer Reichweite für unverzichtbar, um das Risiko eines Angriffs für den Aggressor weiterhin unkalkulierbar zu halten. Chalupa erwies sich als ein Oberbefehlshaber, der die ihm übertragenen Aufgaben präzise und geräuschlos ausführte, dabei allerdings nur wenig Kreativität erkennen ließ. Als der General nach vier Jahren am 30. September 1987 Brunssum verließ und in Pension ging, fiel es daher schwer, gravierende, prägende Einflüsse des Amtsinhabers auszumachen. Der Ruheständler ließ sich in der Nähe seiner in Aachen verheirateten Tochter Gabriele nieder und beschäftigt sich intensiv mit der Zeitgeschichte. Der Freitod seines jüngsten Sohnes Michael kurz vor Weihnachten 1988, der wie sein zweiter Sohn Detlef ebenfalls Berufsoffizier war, erschütterte Chalupa zutiefst. In seiner Familie fand er Geborgenheit und auch die Kraft, sich wieder in der Öffentlichkeit zu engagieren, und so übernahm der sportbegeisterte General a. D. das Amt des Präsidenten im Fußballclub Alemania Aachen.

HANS-JOACHIM MACK

Stellvertretender Oberbefehlshaber der NATO-Streitkräfte Europa
von 1984 bis 1987

Hans-Joachim Mack

Die Aufstellung der Bundeswehr kam nur schleppend voran. Um die Personalschwierigkeiten zu lindern, entschloß sich nach mehrmonatigem Gezerre der Bundesverteidigungsrat, den Bundesgrenzschutz (BGS) weitestgehend geschlossen in die westdeutsche Armee zu integrieren. Auch wenn Verteidigungsminister Theodor Blank und die Reformer in seinem Hause die hervorragend geschulte Freiwilligentruppe lange Zeit strikt abgelehnt hatten, weil deren äußeres Erscheinungsbild dem der Wehrmacht glich und das »innere Gefüge« den von ihnen vorgesehenen modernen Grundsätzen nicht entsprach, so mußten sie aufgrund der empfindlichen Lücken bei Unterführern, Leutnanten und Hauptleuten schließlich doch diesem Handel zustimmen. Innerhalb von vier Wochen mußten die BGS-Angehörigen ausdrücklich erklären, beim Grenzschutz bleiben zu wollen, da sie andernfalls automatisch am 1. Juli 1956 zu Soldaten der neuen Bundeswehr würden.

Die Mehrheit dieser 1951 formierten paramilitärischen Polizeitruppe hatte sich, weil es keine deutschen Streitkräfte gab, zum Grenzschutz gemeldet. So rechnete nun das Bonner Verteidigungsministerium damit, daß etwa 18000 Grenzjäger des 20000 Mann starken BGS' Soldaten würden. Doch die einst bekundete Abneigung, das langwierige politische Tauziehen sowie ungeklärte Versorgungsfragen hatten viele Grenzschützer verunsichert, und so zogen viele den sicheren Beamtenstatus im BGS vor. Nur 9572 Grenzschützer – was als eine Niederlage für das Verteidigungsministerium gewertet wurde – wagten trotz einer fehlenden Besoldungs- und Versorgungsregelung den Sprung ins Ungewisse. Einer von ihnen war der am 30. März 1928 im ostpreußischen Bischofsburg als Sohn eines Bankangestellten geborene Hans-Joachim Mack.

Als 17jähriger Schüler hatte er noch mithelfen müssen, Ostdeutschland zu verteidigen, das Kriegsende erlebte er als Arbeitsdienstmann in Schleswig-Holstein. Völlig gebrochen versuchte Mack, der nicht nur seine Heimat, sondern einen Großteil seiner Familie verloren hatte, in der Trümmerwelt des Westens einen Neuanfang. Außer guten Englisch-Kenntnissen hatte er nichts vorzuweisen, und so bewarb sich der Flüchtling bei den siegreichen Briten als

Übersetzer. Einem längeren Aufenthalt in Großbritannien folgte eine zweijährige Tätigkeit in einem englischen Militärdepot in Libyen. Nachdem in der Bundesrepublik Deutschland der Bundesgrenzschutz aufgestellt worden war, trat Mack am 1. Oktober 1952 in Dannenberg/Elbe in die Freiwilligentruppen ein und wurde für die Offizierslaufbahn vorgeschlagen.

Mit dem Übertritt in die Bundeswehr wurde Hans-Joachim Mack als Fähnrich einer Panzereinheit zugeteilt. Schnell durchlief er die klassischen Truppenstationen und wurde nach erfolgreicher Generalstabsausbildung G3 der Panzerbrigade 12 in Amberg und später Generalstabsoffizier in der Operationsabteilung des II. Korps in Ulm. Dort erlebte er im August 1968 auch die dramatischen Ereignisse der Besetzung der CSSR durch Truppen des Warschauer Paktes. Mack sammelte zu dieser Zeit wertvolle Erfahrungen in der Truppenführung während einer Krisensituation. In dem nur unweit von Ulm gelegenen Dornstadt fungierte dann Oberstleutnant Mack, der mit Irene, geborene Meingast, verheiratet und inzwischen Vater von vier Kindern war, zwei Jahre als Kommandeur des Panzerbataillons 303 und erwarb sich einen brillanten Ruf, vor allem als Taktiker. So wurde der Panzeroffizier in den NATO-Stab SHAPE nach Mons beordert. Während der folgenden zwei Jahre war Mack vornehmlich mit den Einsatz- und Übungsplänen der multinationalen brigadestarken Allied Mobile Force (AMF) befaßt.

Mittlerweile zum Oberst avanciert, erhielt Mack zum 1. Oktober 1972 das Kommando über die Panzerbrigade 14 in Koblenz. Er hatte dort eine neue Struktur auf Bataillonsebene zu testen und konnte somit wesentliche Erfahrungen in die »Heeresstrukturreform 4« einbringen. Des weiteren intensivierte Mack die Gefechtsausbildung auf der untersten Ebene, der »kleinen Kampfgemeinschaft«. Im Gelände bei seinen Männern fühlte sich der etwas wortkarge, asketische und gänzlich unprätentiöse Offizier wohl, dort konnte der Praktiker Mack all seine Kenntnisse zur Entfaltung bringen.

Mit 47 Jahren wurde Mack dann am 1. April 1975 der erste Bundeswehr-General, der nicht zuvor Soldat der Wehrmacht gewesen war. Der Brigadegeneral erhielt das Kommando über die Kampftruppenschule II in Munster, dem »Mekka« der gepanzerten Truppen. Schon sehr bald aber mußte der Panzerfachmann bei den Lehrgangsteilnehmern hauptsächlich auf dem Gebiet des Führens erhebliche Mängel feststellen, so daß die Führerausbildung zu einem Schwerpunkt seiner weiteren Arbeit wurde. Die Schulung der Offiziere mußte allerdings dabei dem neuen Ausbildungsgang, der mittlerweile ein dreijähriges Studium einschloß, angepaßt werden. Ferner hatte Mack die neu gegründete »Fachschule des Heeres für Erziehung« in seine Lehreinrichtung zu integrieren. Mack befand sich in Munster voll in seinem Element und sah in seiner schöpferisch formenden Tätigkeit die Erfüllung seines Berufes. Verständlich, daß der Brigadegeneral nur schweren Herzens 1978 diese Wirkungsstätte verließ.

Als Generalmajor wurde er zum Kommandeur der 6. Panzergrenadierdivision in Neumünster ernannt. Auch dort sah er seine Hauptaufgabe in der Verbesserung und Vertiefung der Unteroffiziersausbildung. Am 28. Dezember 1978 erreichte Generalmajor Hans-Joachim Mack dann eine Hiobsbotschaft, die ihn als Truppenführer voll forderte: Tagelanger Schneefall mit meterhohen Verwehungen, Hochwasser und starker Frost hatten den Verkehr und die Versorgung in ganz Schleswig-Holstein zusammenbrechen lassen. Ohne zu zögern gab Mack die Befehle für alle notwendigen Maßnahmen, und es war weitgehend dem umsichtigen und straffen Eingreifen seiner Soldaten zu verdanken, daß schon nach kurzer Zeit die Versorgung auch gänzlich abgeschnittener Dörfer wieder möglich wurde und eine folgenschwere Katastrophe verhindert werden konnte.

Nach dieser auch in der Bevölkerung vielbeachteten Rettungsaktion führte der Weg des Generals nach Bonn. Erstmals in seiner 23jährigen Soldatenzeit arbeitete der Troupier nun im Verteidigungsministerium. Es sollte für ihn eine »außerordentlich harte Zeit« werden, wie er später bekannte, denn die ministerielle Atmosphäre war ihm völlig fremd. Als Chef des Stabes im Führungsstab des Heeres und engster Vertrauter von Heeresinspekteur Poeppel galt es nun, die Neuordnung der Unteroffiziersausbildung durchzusetzen und die »Heeresstruktur 4« sowohl personell wie materiell zu realisieren.

Sodann wurde Mack unter gleichzeitiger Beförderung zum Generalleutnant am 1. April 1981 zum zweiten Mal in das NATO-Oberkommando SHAPE kommandiert. Er nahm dort die Stellung des stellvertretenden Chefs des Stabes für Planung und Operationen ein, einer der einflußreichsten Posten, die in diesem Stab von der Bundeswehr besetzt werden. Sein Aufgabenspektrum umfaßte vornehmlich Fragen der Militärpolitik und war auf die Umsetzung der NATO-Strategie in die Operationspläne ausgerichtet. Der fließend englisch sprechende Generalleutnant hatte unmittelbar dem amerikanischen Oberbefehlshaber Rogers zuzuarbeiten. Der von sich sehr eingenommene

US-General indes pflegte einen ruppigen, ja hemdsärmeligen Arbeitsstil und galt als wenig kultiviert. Durch seine Detailkenntnisse und seine gewissenhafte Art erwarb sich Mack dennoch rasch Rogers' Vertrauen, ja sogar dessen Sympathie.

Nach zwei Jahren kehrte Mack nach Deutschland zurück, um als Kommandierender General von seinem Jahrgangs- und Lehrgangskameraden Wolfgang Altenburg das III. Korps in Koblenz zu übernehmen. Mack legte den Akzent seines Wirkens auf die Erarbeitung neuer Führungsgrundsätze, die sich aus der Umgruppierung in die »Heeresstruktur 4« ergeben hatten. Aufgrund der überaus kurzen Verweildauer von nur einem Jahr konnte der General jedoch dem Korps nicht nachhaltig seinen Stempel aufdrücken. Denn infolge der Wörner-Kießling-Affäre wurde Mack abermals, diesmal außerplanmäßig, zu SHAPE versetzt. Eigentlich war er für das Amt des Heeresinspekteurs vorgesehen, doch die turbulenten Wochen um die Jahreswende 1983/84 zwangen die militärpolitischen Planer zum Umdisponieren. Vor allem General Rogers hatte Bonn deutlich zu verstehen gegeben, daß Mack sein »Wunschkandidat« für den Posten des stellvertretenden NATO-Oberbefehlshabers (DSACEUR) sei.

So wurde der Kommandierende General am 1. April 1984 zum DSACEUR berufen und erhielt damit gleichzeitig seinen vierten goldenen Stern. Mack, der den mittlerweile rehabilitierten General Dr. Kießling ablöste, übersprang durch diese Ernennung gleich mehrere wichtige Kommandoebenen, was zur Folge haben sollte, daß sowohl im politischen Bonn als auch im Bündnis nur wenige den General kannten. Bereits nach kurzer Zeit aber verteilte General Rogers die Aufgabenbereiche von Mack und dem britischen DSACEUR, General Sir Edward Burgess, neu. Mit der Übertragung der operativen und nuklearen Planung wurde zwar nunmehr formal die Position des deutschen Generals aufgewertet, doch blieb als Manko, daß er auch weiterhin keine Weisungsbefugnis besaß.

Dem großgewachsenen, hageren Panzergeneral kam im Gegensatz zu seinem Vorgänger zugute, daß er neben den nicht zu unterschätzenden gesellschaftlichen Gepflogenheiten und Eigenarten jenes Hauptquartiers auch die dienstlichen par excellence kannte und nun hoffte, diese Erfahrungen nutzen zu können. So bemühte sich Mack, die Richtlinien für die chemische und elektronische Kampfführung sowie für die Seekriegführung im Kommandobereich Europa weiterzuentwickeln. Vorrangig war er aber mit der Auswertung des im Dezember 1979 gefaßten und im November 1983 umgesetzten NATO-Doppelbeschlusses betraut. Dieser war eine Reaktion auf die wachsende Überlegenheit der Sowjetunion auch im Bereich der Mittelstreckenraketen und beinhaltete ein Nachrüstungsprogramm für nukleare Mittelstreckenwaffen der NATO. Parallel dazu wurden der UdSSR Verhandlungen über den Abbau dieser Waffenkategorien angeboten, die bis Ende 1983 zu einem positiven Abschluß gebracht werden sollten. Als dieser jedoch nicht eintrat, setzte die Allianz ihre mit der Rüstungskontrolle verknüpfte Ankündigung durch und begann 108 Pershing-2-Raketen und 464 Marschflugkörper in Westeuropa zu stationieren. Ungeachtet dieser Entscheidung hatte kurz zuvor die Nukleare Planungsgruppe der NATO im kanadischen Montebello den einseitigen Abzug von 2400 US-Atomwaffen aus Europa und die gleichzeitige Modernisierung der verbleibenden 4600 Nuklearsysteme angeordnet. Macks Aufgabe bestand nun darin, die nukleare Zielplanung den veränderten Verhältnissen anzupassen und jährlich eine Studie über den Bedarf an Atomwaffen für die NATO-Truppen in Europa zu erstellen.

Mack mußte jedoch im Laufe der Zeit registrieren, daß alles, was er unternahm, lediglich aus eigenem Antrieb geschah und er nach wie vor kein über die Beratungs- und Überwachungsfunktion hinausgehendes eigenverantwortliches Aufgabenspektrum besaß. Alles, was er tat, hing von Rogers' goodwill ab. Mitunter gab es sogar Stabsbesprechungen bei Rogers, von denen Mack gar nichts wußte. Der Grund dafür war, daß die Stellung des DSACEUR immer noch nicht in die Kommandostruktur des Hauptquartiers eingebunden war und die eigentliche Stabsarbeit über den Chef des Stabes, der stets ein amerikanischer Vier-Sterne-General war, lief.

Vollends überrascht wurde Mack – wie aber auch Rogers – dann von den zwischen US-Präsident Reagan und dem sowjetischen Staatschef Gorbatschow getroffenen abrüstungspolitischen Gipfel-Vereinbarungen in Reykjavík im Herbst 1986. So kam es denn, daß der General öffentlich dem Bündnis vorwarf, kein politisches Konzept der Rüstungskontrolle entwickelt zu haben. Macks schwere Krankheit, die der im christlichen Glauben tief verwurzelte Soldat mit äußerster Willensanstrengung zu überwinden versuchte und von der er seit langem gezeichnet war, schränkte jedoch mehr und mehr seine Leistungsfähigkeit ein. Nach 35 Dienstjahren, von denen er 23 in der Truppe verbracht hatte, schied General Mack am 30. September 1987 vorzeitig aus der Bundeswehr aus. Seinen Alterssitz wählte er in Koblenz, wo er sich nun der Militärgeschichte des Ersten und Zweiten Weltkrieges widmet.

Dieter Wellershoff

Generalinspekteur der Bundeswehr
seit 1986

Dieter Wellershoff

Auf dem Moskauer Flugplatz Scheremetjewo I überprüfte der sowjetische Protokolloffizier ein letztes Mal die Ehrenkompanie. Es war Routine; und dennoch wußte jeder, daß die Paradeaufstellung einem denkwürdigen Ereignis galt. Aus der soeben gelandeten deutschen Luftwaffenmaschine schritt Admiral Wellershoff die Gangway herab. Armeegeneral Moissejew begrüßte ihn. Erstmals in der Geschichte betrat am 3. Mai 1989 ein Generalinspekteur der Bundeswehr sowjetischen Boden. 44 Jahre nach Ende des Zweiten Weltkrieges, den das sowjetische und deutsche Volk unter furchtbaren Opfern gegeneinander geführt hatten, wurde nun ein neues Kapitel in den gemeinsamen Beziehungen aufgeschlagen. Nach dem jahrzehntelangen Kalten Krieg schien jetzt politisches Tauwetter einzusetzen. Seite an Seite nahmen der Generalinspekteur und der Generalstabschef der sowjetischen Streitkräfte den Vorbeimarsch der Ehrenkompanie ab.

In den folgenden drei Tagen standen neben Kranzniederlegungen im Gedenken an die Toten und Gefallenen des Zweiten Weltkrieges zahlreiche Höflichkeitsbesuche, aber auch Übungen bei der 2. Garde-Mot-Schützendivision in Taman sowie eine Rede Wellershoffs vor den Schülern der Woroschilow-Generalstabsakademie auf dem Programm. Mit seinen Gesprächspartnern war sich der Admiral darin einig, in der Position freundlich, dennoch unmißverständlich miteinander zu reden. Wellershoff war sich sehr wohl bewußt, weniger eine militärische als vielmehr eine schwierige diplomatische Aufgabe in der UdSSR zu erfüllen, deren Ziel das gegenseitige Verständnis und die Vertrauensbildung war. Der korpulente Marineoffizier galt indes seit langem als ein geschickt operierender Militärdiplomat mit einem ausgeprägten Gespür für das politisch Machbare.

Dieter Wellershoff wurde am 16. März 1933 in Dortmund als Sohn des Bergbau-Oberingenieurs Kurt Wellershoff geboren. Dem Rat seiner Eltern folgend, begann er 1953 nach dem Abitur ein Maschinenbaustudium, das ihm jedoch nur wenig Freude bereitete. Der Ungarn-Aufstand 1956 gab dem Angehörigen jener nicht wehrpflichtigen »weißen Jahrgänge« (1929 bis 1937), wie übrigens bei vielen Altersgenossen, den letzten Anstoß, in die Bundeswehr einzutreten. So wurde Dieter Wellershoff am 1. April 1957 gegen den

Willen seines Vaters Marinesoldat. Es folgte die Ausbildung zum Offizier und Minensuchspezialisten, die durch zahlreiche Bord- und Stabskommandos abgerundet wurde. An der Hamburger Führungsakademie besuchte Kapitänleutnant Wellershoff dann einen zweijährigen Admiralstabslehrgang, an dessen Ende ihm Generalinspekteur de Maizière den »Heusinger-Bestenpreis« verlieh. General de Maizière sollte von nun an ein Auge auf den Weg des jungen Seeoffiziers halten. Der Admiralstabsoffizier Wellershoff kam im Oktober 1969 als Hilfsreferent in das Militärpolitik-Ressort des Führungsstabes der Streitkräfte, das unmittelbar dem Generalinspekteur de Maizière zuarbeitete. In dieser wichtigsten Hardthöhen-Stabsabteilung, die von dem späteren General Franz-Joseph Schulze geleitet wurde, wie auch später im Planungsstab des Verteidigungsministeriums, lernte Wellershoff die von der sozialliberalen Koalition eingeleitete Entspannungspolitik und das damit zusammenhängende komplizierte Geschäft des Umsetzens politischer Vorgaben in praktikable militärische Konzepte von der Pike auf kennen.

Inzwischen zum Fregattenkapitän befördert, erhielt Wellershoff am 1. Oktober 1971 das Kommando über den Zerstörer »Hessen«. In der »Ständigen Einsatzgruppe Atlantik« unter dem Befehl eines niederländischen Admirals bewährten er und sein Schiff sich hervorragend. Der ein wenig phlegmatisch wirkende Seeoffizier fiel jedoch nicht nur durch seine fachlichen Leistungen, sondern auch durch sein betont unkonventionelles und progressives Verhalten auf. So erklärte er 1975 als Kapitän zur See und Operationsoffizier im Glücksburger Flottenkommando beispielsweise recht derb, der Verlauf der deutsch-britischen Seeschlacht im Skagerrak 1916 sei ihm »scheißegal«, da er daraus nichts für den ihm übertragenen Auftrag lernen könne. Diese Bemerkung trug ihm in der traditionsbewußten Marine zwar bittere Vorwürfe ein, doch bereits zwei Jahre später wurde Wellershoff als 44jähriger, nachdem er zuvor noch Kommandeur der Minenstreitkräfte gewesen war, zum Flottillenadmiral befördert.

Unter Marineinspekteur Luther führte Wellershoff im Bonner Verteidigungsministerium jene Stabsabteilung, die für die umfangreiche Rüstungsplanung der Seestreitkräfte zuständig war. Am 1. April 1981 erfolgte dann die Berufung zum Kommandeur der Hamburger Führungsakademie, womit auch die Ernennung zum Konteradmiral verbunden war. Mit Wellershoff trat der erste Marineoffizier an die Spitze der höchsten Bundeswehr-Ausbildungsstätte, die seit Mitte der siebziger Jahre durch das Einwirken von SPD-Politikern systematisch in ihrem Charakter verändert worden war. So wurden vor allem die klassischen Lehrinhalte für die Generalstabsschulung um diverse sozialwissenschaftliche Themenfelder »erweitert« und der Lehrkörper mit Soziologen und Politologen angereichert. Es kam zu erbitterten Richtungskämpfen, in deren Verlauf der Akademiekommandeur Generalmajor Dr. Wagemann im Oktober 1977 seinen Abschied nahm. Erst später entschied sich glücklicherweise der Kampf zu Wagemanns Gunsten – und es begann die Abkehr von dem Universitätskonzept.

Die Wogen waren bei Wellershoffs Dienstantritt jedoch noch nicht gänzlich geglättet. Durch seine besonnene und vermittelnde, ja diplomatische Art gelang es ihm rasch, Brücken zu schlagen. Der menschlich warmherzige Umgangsstil mit allen Dienstgradgruppen und die präzisen Detailkenntnisse des Konteradmirals, der sich systematisch in die Spezifika der Luftwaffe, vor allem aber in die des Heeres eingearbeitet hatte, machten Wellershoff zu einem hochangesehenen Vorgesetzten. Unmißverständlich, dabei jedoch immer verbindlich, sprach er alle Mängel offen an. So sah er eine wichtige Aufgabe darin, den Lehrbetrieb auf die jungen und nunmehr mit einem abgeschlossenen Hochschulstudium ausgerüsteten Offiziere, denen es allerdings an militärischer Praxis mangelte, umzustellen und dabei den Schwerpunkt auf das Praktische zu legen. Wellershoff gelang es, während seiner dreijährigen Hamburger Verwendung die Akademie wieder in ruhigeres Fahrwasser zu lenken.

Konteradmiral Wellershoff kehrte am 1. April 1984 nach Bonn zurück – diesmal, um Chef des Marineführungsstabes und zugleich stellvertretender Marineinspekteur zu werden. Diese Doppelfunktion diente in erster Linie allerdings der Einarbeitung in den Planungs- und Führungsprozeß der Marine. Denn bereits ein Jahr später folgte Wellershoff Vizeadmiral Bethge in das Amt des Inspekteurs der Marine. Wellershoff, der mit seiner Amtsübernahme zum Vizeadmiral befördert wurde, stand damit der kleinsten Teilstreitkraft der Bundeswehr vor. Die knapper werdenden finanziellen und personellen Ressourcen zwangen ihn jedoch sehr bald zu der undankbaren Aufgabe, den Planstellenabbau der 38000 Soldaten umfassenden Marine um zehn Prozent vorzubereiten. In enger Zusammenarbeit mit Generalinspekteur Altenburg entwickelte Wellershoff, der in der Truppe den Spitznamen »der Dicke« hatte, ein Konzept von Umgliederungen und Kürzungen, mit dem aber weiterhin die Einsatzfähigkeit der Marine gewährleistet bleiben sollte. Der Vizeadmiral löste diese einschneidende politische Zielvorgabe, die in der ersten Hälfte der neunziger Jahre realisiert werden soll, ohne viel Aufhebens.

Nur eineinhalb Jahre hatte Wellershoff Gelegenheit, als Marineinspekteur seine Handschrift in der kleinsten Teilstreitkraft zu hinterlassen. Denn schon seit längerer Zeit stand fest, daß er Nachfolger von General Altenburg werden sollte. So löste er diesen am 1. Oktober 1986 ab und wurde mit 53 Jahren der jüngste Generalinspekteur in der Geschichte der Bundeswehr. Seine Haltung glich dennoch in nicht wenigen Gepflogenheiten der anderer höherer Offiziere: Auch Wellershoff, der seit 1958 mit Emma Johanna, geborene Wefer, verheiratet und Vater von drei Kindern ist, führte ein unauffälliges und unscheinbares Leben und galt als ein Mann ohne große Visionen, der aber das Befohlene hervorragend ausführte. Schon frühzeitig lernte er den Grenzbereich zur Politik kennen und wußte sich darin sehr geschickt zu bewegen. Vor allem als Kommandeur der Führungsakademie profilierte er sich während der hitzig geführten Nachrüstungsdebatten und behauptete sich als überzeugender Vertreter der offiziellen Sicherheitspolitik.

Dieter Wellershoff, mittlerweile zum Admiral befördert, hatte nun das bereits unter seinem Vorgänger begonnene Werk des Bundeswehr-Umbaues fortzuführen. Diese insbesondere durch Personal- und Finanzknappheit diktierte Umgestaltung wurde als eine ähnlich große Aufgabe wie die Bundeswehraufstellung bewertet. Allerdings wurde dabei gerne übersehen, daß die Planer in den fünfziger Jahren eine Armee von Grund auf neu gestalten konnten, während diese jetzt, nach mehr als 30 Jahren, in ihren Gleisen fest eingefahren war, wobei nun so manche »Erbhöfe« heftig verteidigt wurden. Straffung sowie »teilstreitkraftübergreifendes Denken« hieß deshalb die Parole. Wellershoff setzte sich für die Aufgabe voll ein und verbrauchte bei den permanenten Planungs- und Abstimmungsprozeduren schonungslos seine Energie, so daß er bereits Anfang 1988 seine Leistungsgrenze erkennen und sich einer Herzoperation unterziehen mußte.

Wie einige seiner Vorgänger, so hatte auch Admiral Wellershoff sich neben seiner planerischen Tätigkeit mit den Folgen der schwindenden Wehrwilligkeit im Volk auseinanderzusetzen. Seit Unterzeichnung des amerikanisch-sowjetischen INF-Vertrages über die Verschrottung der nuklearen Mittelstreckenraketen am 1. Juni 1988 hatte sich die sicherheitspolitische Lage dramatisch verändert. Eine Folge war, daß die weiterhin durch das übermächtige konventionelle Militärpotential des Warschauer Paktes existierende Bedrohung in der westdeutschen Bevölkerung kaum noch wahrgenommen wurde. Desweiteren war mit der Zahl von mehr als 81000 anerkannten »Kriegsdienstverweigerern« 1988 ein neuer trauriger Rekord erreicht worden.

Gerichtsurteile, die Äußerungen wie »Soldaten sind potentielle Mörder« für straffrei erklärten, bewirkten ihr übriges. Gewerkschaftsfunktionäre und kirchliche Gruppen riefen öffentlich zur Wehrdienstverweigerung auf und starteten ein regelrechtes Kesseltreiben gegen die Armee.

Die Bundeswehr geriet zunehmend in eine ihr aufgezwängte »Legitimationskrise«. Dabei wurde allerdings auch deutlich, daß die Streitkräfte in der Tat einer konstitutiven Begründung entbehrten. Denn die Bundeswehr entstand nicht als Instrument der nach außen gerichteten Staatssouveränität mit der Gründung der Bundesrepublik Deutschland 1949, sondern erst sechs Jahre später. Hinzu kam, daß sie ausschließlich unter dem Bedrohungsaspekt aufgebaut worden war und ihre Existenz auch noch Jahre später nur damit zu begründen vermochte. Auch dem neuen Verteidigungsminister Scholz, einem ungedienten Staatsrechtsprofessor, der am 18. Mai 1988 dem als Generalsekretär zur NATO gewechselten Manfred Wörner gefolgt war, gelang es kaum, die »Legitimationskrise« voll befriedigend zu lösen.

In dieser psychologisch äußerst angespannten Situation traf eine weitere Debatte die Hardthöhen-Führung nahezu unvorbereitet: die Tiefflug-Diskussion. In einem besorgniserregenden Tempo hatten sich die Proteste der Bevölkerung gesteigert, die anfangs eine Minderung der Lärmbelästigung, später jedoch das Verbot jeglicher Tiefflugübungen zum Ziel hatten. Attakken, wie von CDU-Generalsekretär Geißler, »gewisse Leute auch in der Luftwaffenführung müßten sich eine andere Mentalität aneignen«, verschärften das ohnehin gereizte Klima. Von dem unmittelbar betroffenen Luftwaffeninspekteur Jungkurth war allerdings nichts zu hören. Er stellte sich weder öffentlich vor seine angegriffenen Piloten, die sich schließlich in einer eigenen Zeitungsanzeigen-Kampagne verteidigen mußten, noch war er gewillt, notfalls persönliche Konsequenzen zu ziehen. Das Flugschauunglück bei den US-Streitkräften in Ramstein am 28. August 1988, bei dem 70 Menschen starben und mehr als 300 verletzt worden waren , sowie der Absturz eines amerikanischen Kampfflugzeuges in die Innenstadt von Remscheid im Dezember führten in der Tiefflug-Debatte dann zu einer zum Zerreißen gespannten Atmosphäre. Scholz, der im Gegensatz zu Wörner so gut wie keine emotionale Bindung zur Bundeswehr entwickelte, machte das brisante Thema nun zur Chefsache. Dem Minister gelang es indes nicht, die Auseinandersetzung ins Positive zu lenken. Vielmehr überwarf er sich dabei auch noch mit dem parlamentarischen Staatssekretär im Verteidigungsministerium, Würzbach. Admiral Wellershoff jedoch hatte sich während des Tiefflug-Disputs im Hintergrund gehalten.

Kaum war diese Kontroverse abgeebbt, kam es im Frühjahr 1989 um die geplante Wehrdienstverlängerung von 15 auf 18 Monate diesmal mit dem Kanzleramt zu Spannungen. Wellershoff sah sich plötzlich der Situation gegenüber, daß die Richtigkeit seiner zur Aufrechterhaltung der Einsatzbereitschaft in den neunziger Jahren vorgelegten Zahlenwerke von Bundeskanzler Kohl und zahlreichen Unionspolitikern öffentlich angezweifelt wurde. Als Wellershoff sich dagegen verwahrte, wurden die Vorwürfe durch die These abgeschwächt, die Berechnungen stimmten zwar, doch die Zahlen müßten nunmehr neu gewichtet werden. Der Hintergrund für diesen Zickzackkurs war, daß Meinungsumfragen für die bevorstehenden Landtagswahlen der CDU weitere Niederlagen prophezeiten und daß deshalb die schon 1986 gesetzlich beschlossene Anhebung des Grundwehrdienstes, die am 1. Juni 1989 in Kraft treten sollte, rückgängig gemacht wurde. Dieser Vorgang war in der Bundeswehr-Geschichte jedoch nicht einzigartig. So hatte im Hinblick auf die Bundestagswahlen 1957 Bundeskanzler Adenauer die geplante Wehrdienstdauer von 18 Monaten verworfen und einer Reduzierung auf zwölf Monate zugestimmt. Für Generalinspekteur Wellershoff, den obersten militärischen Ratgeber der Bundesregierung, und die Armee war dies eine Brüskierung sondersgleichen. In der Bundeswehr wurde deshalb erwartet, daß Wellershoff mit seinem Rücktrittsgesuch »ein Zeichen« setzte. Für einen Augenblick erwog der Admiral den Abschied – doch dann blieb er nach entsprechenden befriedigenden politischen Erklärungen im Amt.

Diese aus purem Populismus erwachsene Kurskorrektur hatte zur Folge, so die Bundeswehrplaner, daß mit der Beibehaltung von W-15 die Stärke der Armee nach 1993 bei dann nur noch halb so starken Wehrpflichtigen-Jahrgängen auf 400000 Mann absinken würde. Von allen Teilstreitkräften stand das Heer bei der weiteren Planung damit vor den größten Problemen, denn schon bei der vorangegangenen Strukturplanung verwiesen interne Studien darauf, daß von Mitte der neunziger Jahre an das Heer seinen Verteidigungsauftrag nicht mehr voll erfüllen könne. Darüber hinaus wurde auch die Modernisierung der »Lance«-Raketen auf Bonner Betreiben zunächst bis nach 1992 verschoben und dann ganz fallengelassen.

Auf der Hardthöhe hatte unterdessen ein »Wachwechsel« stattgefunden. Der einstige Finanzminister Stoltenberg löste den nur elf Monate amtierenden, glücklosen Verteidigungsminister Scholz ab. Stoltenberg intensivierte das bereits von seinem Vorgänger eingeleitete Engagement, mit dem der Westen auf die mittlerweile in der Sowjetunion und im Ostblock um sich greifenden

Veränderungen reagierte. So kam es, daß Admiral Wellershoff Anfang Mai 1989 als erster Generalinspekteur der Bundeswehr die UdSSR offiziell besuchte. In der Zusammenkunft mit dem sehr selbstsicheren sowjetischen Generalstabschef Moissejew sowie bei einigen Truppenbesuchen gewann Wellershoff den Eindruck, daß die Sowjetarmee infolge der Gorbatschow-Reformen von einer hochgelobten Streitmacht zu einer sogar öffentlich kritisierten Armee geworden war, was insbesondere der militärischen Führung erhebliche Probleme bereitete. Zugleich blieb aber das Ziel, der Erhalt des Supermacht-Charakters, unübersehbar.

Nur sechs Monate nach dem Besuch in der Sowjetunion griff dann auch die osteuropäische Reformbewegung auf den kommunistisch regierten Teil Deutschlands über. Im Zuge der friedlichen November-Revolution von 1989 wurde DDR-Diktator Honecker gestürzt und ein erster Teil der Mauer und Sperranlagen abgerissen. Aber nicht nur in Deutschland überschlugen sich die Ereignisse. In Polen, Ungarn, Rumänien und der CSSR erhoben sich die Massen und zerschlugen die kommunistischen Diktaturen. Zugleich wurde in Ungarn, Polen und der CSSR der Abzug der sowjetischen Truppen eingeleitet. Mit den ersten freien Wahlen in der DDR am 18. März 1990 wurde schließlich nach über 40jähriger Zwangstrennung der Weg zur Einheit Deutschlands freigemacht.

Diese völlig unerwartete und von niemandem vorhersehbare Entwicklung löste eine Lawine von neuen Überlegungen und Konzepten aus, deren Folgen noch nicht absehbar sind. So dachten die Niederländer und Belgier bereits an den Rückzug ihrer Truppen aus der Bundesrepublik Deutschland, und auch die Amerikaner erwogen einen Abzug von 100000 Mann aus Westeuropa, wovon hauptsächlich Westdeutschland betroffen wäre. Aber auch die bisherige Bundeswehrplanung für die letzte Dekade dieses Jahrhunderts mußte neu überdacht werden.

Bereits im Januar hatte Wellershoff nicht zuletzt deshalb mehr Verantwortung für die Streitkräfteplanung übertragen erhalten. Diese sollte es ihm ermöglichen, auch gegen den Willen einzelner Teilstreitkraft-Inspekteure, Organisationsstrukturen zu verändern, um eine bessere Nutzung des knapper werdenden Personals und eine höhere Effizienz der Armee zu erreichen. Dennoch blieben für den Admiral nicht nur in Anbetracht der Ende 1990 zu erwartenden Unterzeichnung des VKSE-Vertrages über den Abbau konventioneller Truppen in Europa, sondern vor allem aufgrund des voranschreitenden deutschen Vereinigungsprozesses zahlreiche Unwägbarkeiten. Hatte Admiral Wellershoff die zwangsläufig damit zusammenhängenden Überlegungen zur Frage einer möglichen Verschmelzung beider deutschen Armeen, der Bundeswehr und der Nationalen Volksarmee (NVA) anfangs noch als »Glasperlenspiele vordemokratischer Kabinettpolitik« abgetan, an denen er sich nicht beteiligen wolle, so ordnete er bereits im Frühjahr 1990 die Aufnahme offizieller Beziehungen zur NVA an.

Bei der 31. Bundeswehr-Kommandeurtagung im Juni erklärte Wellershoff dann, dies sei »die letzte Kommandeurtagung ohne Teilnahme aus dem anderen Teil Deutschlands«. Zugleich wies er darauf hin, daß die Bundeswehr angesichts der epochemachenden Entwicklungen sich drastisch in ihrem Charakter verändern und es in einem wiedervereinigten Deutschland nur eine Armee geben werde. Durch den zwischen Bundeskanzler Kohl und dem sowjetischen Staatspräsidenten Gorbatschow Mitte Juli 1990 ausgehandelten Friedensumfang von 370000 Mann für die künftigen gesamtdeutschen Streitkräfte erhielt Wellershoff nach Monaten des Abwartens eine konkrete Vorgabe für seine weiteren Planungen. So soll die westdeutsche Armee von 480000 Soldaten auf 320000 Mann reduziert werden. Die NVA soll auf etwa 50000 Mann gekürzt werden. Die Umgliederung der Bundeswehr soll bis 1996 abgeschlossen sein. Der 1,3 Millionen Mann umfassende Verteidigungsumfang soll auf 950000 Soldaten reduziert werden. Da der Warschauer Pakt weitgehend seine militärische Funktion verloren habe, werde der Faktor Präsenz nicht mehr so stark wie einst im Vordergrund stehen. Neue Aufgaben für die deutschen Streitkräfte sah Admiral Wellershoff deshalb in der Katastrophenhilfe im Inland sowie in nationalen und internationalen Umweltschutzoperationen und Überwachungsaufträgen im Rahmen der Vereinten Nationen (UNO).

EBERHARD EIMLER

Stellvertretender Oberbefehlshaber der NATO-Streitkräfte Europa
von 1987 bis 1990

Eberhard Eimler

Der Flugverkehr über der Bundesrepublik Deutschland stieß im Sommer 1972 erstmals an die Grenzen seiner Kontrollierbarkeit. Als eine Folge des wachsenden Wohlstandes war innerhalb nur eines Jahrzehnts die Zahl der jährlichen zivilen Flugbewegungen von etwa 250000 auf knapp 850000 emporgeschnellt. Hinzu kamen die etwa 800000 Einsätze der NATO-Piloten. Die überlasteten zivilen Fluglotsen reagierten auf den drohenden Kollaps in der Luft während der Haupturlaubszeit mit einem fast sechs Monate dauernden Bummelstreik. In diesen ebenso heißen wie hitzigen Tagen des Sommers 1972 erhielt ein Kommodore der Luftwaffe, Oberst Eberhard Eimler, einen äußerst diffizilen Auftrag: Er sollte den Luftraum der gesamten Republik neu strukturieren.

Für Eimler, inzwischen Referatsleiter »Flugsicherung und Flugbetrieb« im Bonner Führungsstab der Luftwaffe, begann förmlich ein Drahtseilakt. Einerseits stand er unter dem Druck, für acht Bündnis-Luftwaffen die taktisch-operativen Übungs- und Einsatzerfordernisse abzustimmen und andererseits den Linienverkehr, der zu einem Milliardengeschäft von zentraler Bedeutung für die Bundesrepublik Deutschland geworden war, störungsfrei fließen zu lassen. Eimler, der während dieser Aufgabe vor allem mit dem Bundesverkehrsministerium engstens zusammenarbeitete, war schließlich wesentlich an der Entscheidung eines leistungsfähigeren Ordnungskonzepts für den engen deutschen Luftraum beteiligt. Es entstand ein kompliziertes Geflecht von zivilen Luftstraßen und militärisch genutzten Lufträumen, die zeitweilig für andere Flugzeuge gesperrt sind. Aufgrund einiger Ressentiments zwischen zivilen und militärischen Flugleitern gelang jedoch die angestrebte enge Verzahnung der Flugsicherungsorganisationen nicht vollends. So blieben neben vier Leitzentralen, in denen eine zivil-militärische Zusammenarbeit erfolgte, Strukturen wie in München und Frankfurt erhalten, wo ausschließlich Zivilisten sitzen und nach Ansicht von Luftwaffenangehörigen militärische Flüge im Luftraum ihrer Verantwortlichkeit in der Dringlichkeit »herabstufen«.

Für den »Überflieger« Eimler, wie ihn Kameraden titulierten, war dieser begrenzte Erfolg dennoch gewinnbringend, hatte er doch erneut tiefen

Einblick in den sensiblen Mechanismus der zivilen wie der militärischen Luftfahrt nehmen können. Der Höhenflug seiner rasant verlaufenden Karriere setzte sich ungebremst fort. Dabei hatten seine beruflichen Ambitionen zunächst auf ganz anderem Felde gelegen.

Als Sohn des Pionierhauptmanns und späteren Generalmajors Robert Eimler am 30. November 1930 in Ulm zur Welt gekommen, wuchs Eberhard Eimler in Ostpreußen auf. Dort erlebte er als 14jähriger beim Volkssturm die Schrecken des Krieges hautnah mit und »baute« nach der Flucht in Aschersleben 1947 sein Abitur. In seiner Geburtsstadt begann er dann eine Lehre als Elektroinstallateur, um anschließend an der TH Stuttgart ein elektrotechnisches Studium aufzunehmen. Nebenher arbeitete Eimler, der 1951 die niederländische Kaufmannstochter Hildegard Ruegner geheiratet hatte, als Manager des Ulmer Bank- und Reisebüros der American Express Company.

Mit einem Ultimatum begann der 25jährige Elektroingenieur im Mai 1956 in Wilhelmshaven seine militärische Laufbahn. Bonner Wehrbürokraten hatten ihn nämlich in die nachwuchsschwache Marine beordert. Als dann einige Zusagen nicht eingehalten wurden, erklärte Eimler kategorisch, entweder komme er zur Luftwaffe, oder er ziehe seine freiwillige Bewerbung zurück. Er wollte unbedingt Pilot werden.

Auf verschiedenen Flugzeugtypen lernte der inzwischen zum Leutnant avancierte Eimler fliegen, ehe er von April 1957 an für vier Jahre selbst als Fluglehrer an der Flugzeugführerschule »B« in Fürstenfeldbruck junge Piloten ausbildete. Als Hauptmann absolvierte er den 8. Luftwaffen-Generalstabslehrgang an der Hamburger Führungsakademie und fand dort – gerade zum Major befördert – anschließend Verwendung als Stabsoffizier für Einsatz- und Operationsfragen.

Die »Starfighter«-Krise erreichte im Sommer 1966 ihren Höhepunkt und brachte die militärische Führung in bisher nicht gekannte Turbulenzen. Genau zu diesem Zeitpunkt wurde Eimler Referent auf der Bonner Hardthöhe. Bereits wenig später berief der neu amtierende Luftwaffeninspekteur Steinhoff kurzerhand den 35jährigen Major zu seinem Adjutanten. Für Eimler begann damit nicht nur eine arbeitsintensive und nervenstrapazierende, sondern wohl auch eine ausgesprochen prägende Zeit. Nicht zuletzt aufgrund seiner zivilberuflichen Vorbildung fand er in Steinhoff einen Mentor, der, wie er selbst, ein glühender Verfechter moderner Managementmethoden war. Das oft unkonventionelle Vorgehen des Generals beeindruckte den jungen Offizier, der während seiner zweieinhalbjährigen Adjutantentätigkeit seinen Blick dafür schärfte, das Ganze vor den Teilen zu sehen. Neben der »Starfighter«-Krisenbewältigung und zahlreichen Neuerungen für die Luftwaffe erlebte Eimler auch die ersten Überlegungen zu den Kampfflugzeugen »Tornado« und »Alpha Jet« mit. Vor allem aber beeinflußte diese Tätigkeit sein operatives Denken.

Nach Jahren der Stabsarbeit, in denen er das Fliegen zurückstecken mußte, bekam der inzwischen zum Oberstleutnant aufgestiegene Eberhard Eimler am 1. Oktober 1970 das Kommando über die Fliegende Gruppe des Leichten Kampfgeschwaders 43 in Oldenburg. Dort wirkte er allerdings nur sechs Monate, denn er wurde Herr über eine »kleine Stadt«. Eimler übernahm das mit der Fiat G-91 ausgerüstete Leichte Kampfgeschwader 42 in Pferdsfeld bei Bad Kreuznach. Nicht nur mißgünstige Kameraden prophezeiten ihm als Kommodore eine rasche Bruchlandung, denn Eimler konnte bis auf das Oldenburger Zwischenspiel auf keine nennenswerten Verwendungen als Truppenführer verweisen.

Eimler verstand es indes, die Angehörigen seines Geschwaders an der langen Leine zu führen und sie rasch zu motivieren. Dabei ließ er allerdings keine Zweifel daran, wer das Sagen hatte. Einfühlsam wußte er auch die nicht zu unterschätzende Rolle der Frauen seiner Soldaten zu nutzen und formte schließlich den Verband zu einer Art »Familie«. So gelang Eimler – inzwischen Oberst –, was vor ihm kein G-91-Kommodore geschafft hatte: Bei der jährlichen NATO-Überprüfung erreichte sein Geschwader 1972 die Traumnote »sehr gut«. Eimler kam somit in den engeren Kreis der Generalsaspiranten.

Es erfolgte die Versetzung in das Kölner Luftflottenkommando. Als Abteilungsleiter für »Führung und Einsatz« hatte sich der Oberst mit der Einsatzkonzeption aller fliegenden Luftwaffengeschwader sowie mit den Flugabwehr-Raketenverbänden zu beschäftigen. Zum Schwerpunkt seiner Arbeit wurde jedoch die seit langem bekannte Problematik der Luftraumordnung, die durch den Bummelstreik der Fluglotsen noch verschärft wurde. Eimler mußte das gesamte Raum- und Korridorkonzept überprüfen, neue Prioritäten herausarbeiten und für alle Beteiligten eine befriedigende Lösung finden. Zu einem beachtlichen Teil gelang es ihm, die Starrheit und Schwerfälligkeit der bisherigen Verfahren aufzulockern. Mit seiner Versetzung in das

Verteidigungsministerium bekam der Oberst dann erneut Gelegenheit, sich intensiv mit der Flugsicherheitsthematik zu befassen.

Zwanzig Jahre nach Eintritt in die Bundeswehr, am 1. April 1976, erhielt Eberhard Eimler die Spiegel und Schulterklappen eines Brigadegenerals. Als Stabsabteilungsleiter zeichnete er knapp zwei Jahre lang für die Einsatzführung der Luftwaffe verantwortlich, ehe er unter gleichzeitiger Beförderung zum Generalmajor Kommandeur der 2. Luftwaffendivision in Birkenfeld wurde. Auch in diesem Großverband, der alle deutschen Luftverteidigungskräfte südlich der Linie Trier – Gießen umfaßte, wirkte Eimler nur kurze Zeit. Es schloß sich eine Verwendung als stellvertretender Kommandierender General des Luftflottenkommandos in Köln an.

Zur Abrundung seiner vielfältigen Erfahrungen wurde Eimler am 1. Oktober 1980 unter gleichzeitiger Beförderung zum Generalleutnant in einen NATO-Stab entsandt. Er wurde stellvertretender Befehlshaber der alliierten Luftstreitkräfte in Mitteleuropa (AAFCE) auf dem amerikanischen Stützpunkt Ramstein. Für den 49jährigen, der sich im Cockpit ebenso heimisch fühlte wie an seinem Schreibtisch, war dies die erste integrierte Verwendung in seiner Laufbahn – für einen ranghohen Luftwaffenoffizier ungewöhnlich spät. Sein Befehlshaber war der amerikanische Vier-Sterne-General Gabriel, dessen Vertrauen er sich schnell erwarb. General Eimlers Aufgabe war es, Gabriel in allen Führungsaufgaben zu entlasten. Das heißt, er hatte für die beiden dem Kommando AAFCE unterstehenden Luftflotten die gesamte Einsatzplanung zu koordinieren, angesichts der Überlegenheit des Warschauer Pakts im Abschnitt Zentraleuropa keine leichte Aufgabe. Denn östlich des Eisernen Vorhangs standen zu dieser Zeit etwa 4000 Kampfflugzeuge auf rund 200 Fliegerhorsten bereit. Das NATO-Kommando AAFCE hatte nur 1400 Flugzeuge dagegen zu setzen, die im Krisenfall durch 800 weitere verstärkt werden sollten. Die Verbesserung der Vorbereitungen, diese aus Übersee kommenden Reserven reibungslos aufzunehmen, gehörte zu Eimlers Schwerpunkten. Während seiner zweieinhalbjährigen Arbeit im pfälzischen Ramstein lernte er auch intensiv sowohl die Stärken und Schwächen der Verbündeten kennen als auch die begrenzten Möglichkeiten der Arbeitsteilung im Bündnis.

Als am 31. März 1983 Generalleutnant Friedrich Obleser als Inspekteur der Luftwaffe pensioniert wurde, rückte Eimler auf diesen Posten nach. Mit Eimlers Ernennung zum Inspekteur vollzog sich ein markanter Generationswechsel. Wie kaum ein anderer war er für dieses Amt systematisch »aufgebaut« worden. In zehn Jahren war er durch sechs verschiedene Verwendungen geschleust worden. Mit ihm stand nun erstmals ein Soldat an der Spitze der 110000 Mann starken Luftwaffe, der seine militärische Laufbahn ausschließlich in der Bundeswehr absolviert hatte. Sein Ruf war makellos, die Startbedingungen schienen optimal zu sein.

Nüchtern und pragmatisch ging Generalleutnant Eimler ans Werk. Die zu lösenden Schwierigkeiten waren angesichts der negativen demographischen Lage und der knappen Finanzmittel gewiß nicht gering. Und er wußte um die Achillesferse »Luftverteidigung«, die seiner Ansicht nach nicht mehr den Anforderungen genügte und einen »dringenden Nachholbedarf« hatte. Vorrang hatte deshalb für ihn die Ablösung des in den fünfziger Jahren eingeführten Flugabwehrraketensystems »Nike«, das die mittleren und großen Höhen in dem längs durch die Bundesrepublik verlaufenden NATO-Luftverteidigungsgürtel abdeckte. Aber auch die deutschen und amerikanischen Luftwaffenbasen, die Hauptquartiere und Depots waren unzureichend geschützt, mußte er feststellen. Verteidigungsminister Wörner, den als Jetpilot mit Eimler mehr Gemeinsamkeiten als mit den anderen Inspekteuren verbanden, initiierte schließlich einen deutsch-amerikanischen Kompensationsvertrag, der die Einführung der modernen Raketensysteme »Patriot« und »Roland« ermöglichte. Für Eimler bedeutete dieses Abkommen das Ende eines Alptraums. Und so konnte er nun ohne öffentliches Aufsehen und mit äußerst geringer Unruhe in der Truppe das größte Umrüstungsvorhaben in der Geschichte der Luftwaffe durchführen. Mehr als 10000 Mann waren davon betroffen.

Als weitere wichtige Aufgaben stellte Eimler die Weichen für den »Jäger 90«, der ab Mitte der neunziger Jahre die bereits in den fünfziger Jahren konzipierten »Phantom«-Maschinen ersetzen soll, sowie für die teilweisen Erneuerungen der Lufttransportflotte und für die elektronische Aufklärung. Wie beim Aufstellungsbeginn der Bundeswehr entflammte die Diskussion um bemannte Flugzeuge oder unbemannte Raketen neuerlich. Vehement vertrat Eimler die Ansicht, daß eine Mischung beider Systeme notwendig sei. Raketen seien sehr wirkungsvoll, aber nur dort, wo sie stehen, argumentierte er. Um Schwerpunkte bilden zu können, brauche die Luftwaffe aber auch Jäger. Noch während seiner Amtszeit fiel die umstrittene Grundsatzentscheidung für die Anschaffung des »Jäger 90«.

Eine Reihe teilweise tödlicher Flugunfälle mit dem erst 1982 eingeführten Kampfflugzeug »Tornado« drohte dann den ersten Schatten auf seine bisherige makellose Erfolgslaufbahn zu werfen. Böse Erinnerungen an das »Starfighter«-Jahr 1966 wurden wach. Und es wurde ihm gegenwärtig, daß sich schon sein Vorgänger Obleser aufgrund der explosionsartigen Anschaffungskosten mit einem parlamentarischen »Tornado«-Untersuchungsausschuß auseinanderzusetzen hatte. Ähnliches wollte Eimler um jeden Preis vermeiden, und so ergriff er die Initiative und trat an die Öffentlichkeit. Ohne Umschweife nannte er Vor- und Nachteile dieses Waffensystems und zog dann das Fazit: Der »Tornado« genießt bei den Besatzungen trotz der jüngsten Abstürze wachsendes Vertrauen.

Ein großes persönliches Anliegen war ihm die Wiedereinführung einer Unteroffizierschule für die Luftwaffe. Für die vermehrte Aufnahme von Reservisten trieb er die Entwicklung eines neuen Verfahrens voran und ließ sogleich das Luftwaffenamt umstrukturieren. Und zur Freude vieler seiner Soldaten führte er den inzwischen äußerst beliebt gewordenen blauen Pullover in seiner Teilstreitkraft ein. So konnte Eimler nach viereinhalbjähriger Inspekteurzeit – übrigens der längsten Verwendungsdauer in seiner Laufbahn – eine gut ausgerüstete und motivierte Luftwaffe ohne Nachwuchsprobleme an seinen Nachfolger Horst Jungkurth übergeben.

Generalleutnant Eimler, der bereits im Herbst 1986 für das Amt des Generalinspekteurs im Gespräch gewesen war, wurde nun auserkoren, die Nachfolge von General Hans-Joachim Mack anzutreten. Am 1. Oktober 1987 erhielt er seinen vierten goldenen Stern und wurde Stellvertreter des NATO-Oberbefehlshabers in Europa. Der sportliche, schlanke, hochgewachsene Offizier, der auch als General noch etwas Jungenhaftes an sich hatte, war auf der höchsten Sprosse seiner Karriere angelangt. Seine mitunter kessen und freimütigen Formulierungen hatte er sich bewahrt. Seine Kritiker lasteten dem General, der ein gewisses Charisma verbreitete, an, daß er oberflächlich und recht humorlos sei. Doch diejenigen, die mit ihm enger zu tun hatten, lernten das Gegenteil kennen. Eimler erwies sich als äußerst loyal und aufgeschlossen jenen Leuten gegenüber, die einmal sein Vertrauen gewonnen hatten. Der lockere und zugleich verbindliche Umgangsstil des begeisterten Bergwanderers und Heimwerkers, der sich ein komplettes Ferienhaus im Do-it-yourself-Verfahren gebaut hatte, erleichterte ihm stets den Zugang zu seinen Mitarbeitern. Der Vater von drei Kindern, der sich als typischer Vertreter einer »technokratischen Generation« fühlte, verstand es, rasch

Vertrauensbrücken zu bauen. Schon frühzeitig hatte Eberhard Eimler auch ein Gespür entwickelt, sich geschickt zu präsentieren und seine politischen Gesprächspartner auszuwählen.

In seinem Vorgesetzten, dem amerikanischen General John Galvin, fand Eimler einen hochgebildeten, fließend deutsch sprechenden Oberbefehlshaber, der sich wegen seines militärpolitischen Fingerspitzengefühls im Umgang mit den Verbündeten allseitiger Wertschätzung erfreute. Für Eimler brachte dieses harmonische Arbeitsklima rasch den Vorteil, daß der bis dahin recht einflußlose Stellvertreterposten Weisungsbefugnis erhielt und somit innerhalb des NATO-Stabes SHAPE erheblich aufgewertet wurde. Als erster Vertreter und Ratgeber von Galvin war Eimler hauptsächlich für die Gebiete Luftkriegführung, Seekriegführung, Infrastruktur, Nachrichtenwesen und »Command and Control« verantwortlich. Darüber hinaus war er an der Erarbeitung der Pläne für FOFA (Follow on Forces Attack) ebenso wie an den nuklearen Abrüstungskonzepten beteiligt.

Die 1989 dann plötzlich einsetzenden politischen Veränderungen im Ostblock, der damit einhergehende Zerfall des Warschauer Paktes und die daraus resultierende Abnahme der Bedrohung führten zwangsläufig auch zu einer Neubewertung der NATO-Doktrin. In der nun beginnenden Strategiediskussion wurde insbesondere durch den Wiedervereinigungsprozeß in Deutschland deutlich, daß die bisher entlang der Ostgrenze des Bundesgebietes geplante »Vorneverteidigung« nicht bestehenbleiben konnte und auch die operativen Konzeptionen zur Ausführung der Strategie der »Flexible Response« neubestimmt werden mußten. General Eimler brachte bei der sich abzeichnenden Umgestaltung der NATO zwar mit großem Engagement die deutschen Interessen in die Gesamtüberlegungen ein, doch konnte er nur noch für kurze Zeit die erste Konzeptionsphase mitbeeinflussen. Denn am 30. September 1990 wurde Eimler pensioniert. Der General nahm seinen Wohnsitz nahe Bonn in Rheinbach.

HANS-HENNING VON SANDRART

Oberbefehlshaber der NATO-Streitkräfte Mitteleuropa
seit 1987

Hans-Henning von Sandrart

Vom Mangel an Kräften und Finanzen sowie durch fehlende räumliche Tiefe war die Verteidigungsplanung in der Bundesrepublik Deutschland seit Gründung der NATO gekennzeichnet. Bis jetzt vermochten allerdings weder die Alliierten noch die Bundeswehr ein für alle verbindliches, einheitliches operatives Konzept als Basis ihrer integrierten Operationsplanung zu schaffen. Dies überraschte um so mehr, als insbesondere das operative Denken eine weltweit anerkannte Domäne deutscher Führungskunst war.

Zwei Generationen nach Clausewitz, der der erste Militär war, welcher klar den Unterschied zwischen Strategie und Taktik formulierte, führte Moltke der Ältere 1872 zwischen diesen beiden Begriffen die sogenannte operative Ebene ein. Der Grund: Das Orchestrieren der Vielzahl von Gefechten hin zu einer gemeinsamen Schlacht, die ihrerseits das Ziel der militärpolitischen Strategie verfolgte, war nur noch mit Hilfe dieser Zwischenebene zu meistern. So wurde in den beiden Weltkriegen fortan deutscherseits in dem Dreiklang Taktik – Operation – Strategie gedacht und geführt, und wie es selbst ehemalige Kriegsgegner zugaben, mit großem Erfolg. Obwohl alle übrigen NATO-Armeen dieses Führungsverfahren nicht praktizierten, hielt die Bundeswehr zunächst an dem Bewahrten fest. Erst in den frühen siebziger Jahren wurde auf eine eigenständige Operationslehre zugunsten der Anpassung an angelsächsische Führungsbegriffe verzichtet. Die Folge war, daß das operative Denken in der Bundeswehr zunehmend verkümmerte. Merkwürdigerweise waren es die Briten und Amerikaner, die dann Anfang der achtziger Jahre die Vorzüge dieser deutschen Führungskunst erkannten. Der Inspekteur des deutschen Heeres, Hans-Henning von Sandrart, ergriff die Gelegenheit und machte es sich zur Aufgabe, das schon aus dem Gesichtskreis der Interessen verschwundene operative Denken wieder zu beleben.

Sandrarts Engagement in dieser Frage mag möglicherweise auch damit zusammengehangen haben, daß in seinen Adern reichlich soldatisches Blut fließt. Einer seiner Ahnen, Nobil Jean Sandrart, hatte bereits Ende des 15. Jahrhunderts in Rom als Hauptmann des Rodrigo de Borgia und späteren Papstes Alexander VI. (1430 bis 1503) gedient. Seit dem 18. Jahrhundert stand das aus dem flämischen Hennegau stammende Adelsgeschlecht in preußischen Militärdiensten. Sandrarts Großvater Karl brachte es bis zum Generalmajor. Sein Vater Fritz, der mit der Generalstochter Eva Föst verheiratet war, schied als Oberst aus der Wehrmacht aus. Er war nach Ende des Ersten Weltkrieges nach Argentinien ausgewandert. Dort wurde am 21. Juli 1933 in Ambrosetti in der Provinz Santa Fé Hans-Henning von Sandrart geboren. Im Jahr 1937 kehrte die Familie nach Deutschland zurück. Der Verlust seines älteren Bruders Jürgen-Joachim – er fiel 1943 als Artillerieleutnant – konfrontierte den Jungen mit den grausamen Realitäten des Krieges. In Bremen-Vegesack legte Hans-Henning von Sandrart 1953 seine Reifeprüfung ab. Neun Monate arbeitete er dann als Hilfsarbeiter auf der Lürssen-Werft, ehe er ein Studium der Jurisprudenz und politischen Wissenschaften im badischen Freiburg begann. Als in der Bonner Ermekeilkaserne im November 1955 als Folge eines mehrjährigen politischen Prozesses die Bundeswehr gegründet wurde, waren für den Studenten Sandrart die Würfel gefallen. Er folgte den Spuren seiner Vorfahren und wurde am 2. Januar 1956 in Andernach Soldat.

Das Handwerkliche erfuhr er in verschiedenen Artillerieeinheiten und erklomm rasch die ersten Sprossen seiner Laufbahn. Dem 7. Generalstabslehrgang in Hamburg schloß sich 1966 eine Ausbildung am britischen Staff College in Camberley an. Inzwischen zum Major ernannt, diente er als G3 der Panzerbrigade 14 in Koblenz und wirkte von 1969 an für zwei Jahre an der neuen Heeresdienstvorschrift 100/1 (TF) mit. In Braunschweig übernahm der mittlerweile zum Oberstleutnant avancierte Offizier für ebenfalls zwei Jahre das Kommando über das Panzerartilleriebataillon 25.

Als einen bedeutsamen Sprung empfand Sandrart dann die Versetzung in das oberste NATO-Hauptquartier SHAPE nach Mons. Obwohl er in der Praxis bis dahin nie etwas mit nuklearen Waffen zu tun gehabt hatte, wurde er nun in die dafür zuständige Planungsabteilung delegiert. Oberst von Sandrart, der auf diesem Posten Wolfgang Altenburg ablöste, erlebte die kritische Untersuchung der höchst umstrittenen Atomminen und arbeitete an nuklearen Studien über die strategischen Einsatzmöglichkeiten von Atomwaffen und deren politische Kontrolle mit. Die Auseinandersetzung mit dem nuklearen Eskalations-Waffenpotential fesselte Sandrart zunehmend und ließ ihn gedanklich nie wieder frei.

Folgerichtig wurde er 1975 zum Leiter jenes Referats des Bonner Verteidigungsministeriums bestellt, das sich mit militärpolitischen Grundlagen, also insbesondere der atomaren Abschreckung, befaßte. Zu allen Tagungen der Nuklearen Planungsgruppe des Bündnisses begleitete er fortan Verteidigungsminister Leber als einer der unentbehrlichsten Ratgeber. In diese Zeit fiel auch die Diskussion um die Neutronenwaffen und die Nutzung von High-Tech, vor allem aber der Beginn der INF-Problematik, die die Abrüstung der atomaren Mittelstreckenraketen beinhaltete. Von Sandrart drang durch seine Arbeit stetig in das sensible Spannungsfeld zwischen militärisch Wünschenswertem und politisch Durchsetzbarem vor.

So kam es, daß er unter gleichzeitiger Beförderung zum Brigadegeneral am 1. Oktober 1977 Leiter der militärpolitischen Abteilung in der deutschen NATO-Vertretung in Brüssel wurde. Dort traf er in seinem Vorgesetzten, Botschafter Rolf Pauls, nicht nur einen hervorragenden Diplomaten, der selbst als ehemaliger Berufsoffizier die militärischen Anliegen vortrefflich verstand, sondern auch menschlich mit ihm auf der gleichen Wellenlänge lag. Gegenseitiges Vertrauen bestimmte das Arbeitsklima in einer Zeit, in der das Bündnis aufgrund gerade neugefaßter, finanziell drückender Langzeitforderungen, insbesondere aber wegen des politischen Ringens um den Doppelbeschluß, vor einer Zerreißprobe stand. Auf dem diplomatischen Parkett lernte Sandrart die internen NATO-Machenschaften ebenso kennen wie die Wechselbeziehung zwischen dem Militärausschuß und der politischen Leitung der Allianz. Seine Aufgabe war es, bei allen grundsätzlichen NATO-Beratungen Verteidigungsminister Georg Leber und später Hans Apel zu unterstützen.

Nach drei Jahren in Brüssel wechselte der General als Kommandeur der 11. Panzergrenadierdivision in das norddeutsche Oldenburg. Eine seiner wesentlichsten Aufgaben bestand darin, den Großverband in die »Heeresstruktur 4« einzubinden. Bereits zweieinhalb Jahre später erfolgte jedoch die Berufung zum stellvertretenden Chef des Stabes beim NATO-Stab SHAPE. In Mons war Generalleutnant von Sandrart – diesen Dienstgrad hatte er seit dem 1. April 1983 inne – mit der operativen Planung für die alliierten Truppen betraut. Unter der Ägide des überheblich und hemdsärmelig agierenden amerikanischen Oberbefehlshabers Rogers erlebte Sandrart auch die Affäre um Rogers Stellvertreter Kießling mit, an dessen Nominierung er frühzeitig Anstoß genommen haben soll.

Der aus einem Patrizierhaus stammende Sandrart hatte sich während seiner Bilderbuchkarriere eine gewisse Art der Geschmeidigkeit zu eigen gemacht, die es ihm erlaubte, im Umgang auch mit schwierigen Vorgesetzten stets

Kompromisse zu finden. Sandrart, der seit 1961 mit Dorothee Lueder, Tochter eines Brigadegenerals, verheiratet ist und einen Sohn (ebenfalls aktiver Offizier) und zwei Töchter hat, ist ein überaus bescheidener Gentleman mit verschmitztem Humor. Trotz seiner kosmopolitischen Einstellung wirkte er aber dennoch im Umgang mit Außenstehenden zunächst introvertiert, ja war mitunter scheu. Er ist ein Mann, der ebenso tief im christlichen Glauben wie in den soldatischen Tugenden wie Gehorsam, Pflichttreue, Tapferkeit, Ritterlichkeit und Wahrheitsliebe verwurzelt war. Die teilweise bis ins Philosophische gehenden Neigungen fanden vor allem in seinem Nachdenken über das Berufsethos des Soldaten ihren Niederschlag.

Zu seiner Verblüffung, wie er sagte, erfuhr General von Sandrart in Mons dann, daß er für den Posten des Heeresinspekteurs vorgesehen sei. Sein Wunschtraum, Kommandierender General eines Korps zu werden, blieb somit unerfüllt. Als Sandrart am 1. Oktober 1984 das Amt des Inspekteurs von seinem glücklosen Vorgänger Glanz übernahm, knüpfte die Truppe an seine Person große Erwartungen. Denn die noch unter Generalleutnant Hildebrandt konzipierte und mittlerweile abgeschlossene »Heeresstruktur 4« wies inzwischen erhebliche Mängel auf, die vor allem in der überstreckten Personaldecke begründet waren. Die demographische Entwicklung der Bundesrepublik erzwang eine erneute Strukturplanung. Die nun von Sandrart angekündigte neuerliche Umrüstung – allerdings nicht »Struktur 5«, sondern »Struktur 2000« genannt – weckte Hoffnungen, aber auch neue Befürchtungen.

Nach den ersten hundert Tagen seiner Amtsführung legte der Generalleutnant eine Finanzplanung für die nächsten zwölf Jahre vor und bezifferte den Bedarf auf 25 Milliarden Deutsche Mark. Vorgestellt wurde auch ein »System für gepanzerte Kampftruppen der neunziger Jahre«, und darüber hinaus gab er die Schwerpunkte der geplanten Strukturreform bekannt: Ziel müsse es sein, die Infanterie und die Mobilmachungsfähigkeit des Heeres wesentlich zu stärken. Besondere Aufmerksamkeit sei deshalb künftig der Wiedereingliederung und Ausbildung von Reservisten zu schenken.

Sehr bald indes mußte der Generalleutnant feststellen, daß sein Handlungsspielraum äußerst gering war. So hatte er nicht nur in eine bereits begonnene Planungsarbeit einzusteigen, die hauptsächlich durch den demographischen Druck und wachsende Finanzenge bestimmt wurde. Vielmehr mußte er jetzt auch miterleben, wie in der Bevölkerung der Bundesrepublik die Verteidigungslasten zunehmend als negativ empfunden wurden und daß selbst die als konservativ geltenden Regierungsparteien CDU/CSU und FDP durch diese Stimmung in den folgenden Monaten nicht die Kraft aufbrachten, die nötigen finanziellen Mittel für die diffizilen Reformvorhaben bereitzustellen.

In mühseligen Auseinandersetzungen mit dem Parlament versuchte Sandrart die Heerespläne voranzutreiben, denn die Zeit wurde immer drängender. So konnte er 1986 das erste von sechs Unterstützungskommandos des »Wartime Host Nation Support« (WHNS)-Programms dem Territorialheer unterstellen. Damit war eine wichtige Weichenstellung des 1982 unterzeichneten deutsch-amerikanischen Abkommens, das eine Unterstützung der US-Verstärkungskräfte durch 93000 Bundeswehrreservisten vorsah, erfolgt. Meriten erwarb er sich bei der Neuordnung der Offiziersausbildung, die wieder dahin zurückkehrte, vor das Studium eine solide, längere militärische Ausbildung zu stellen. Und schließlich war Sandrart es, der die seit den frühen siebziger Jahren stehengebliebene konzeptionelle Entwicklung der luftbeweglichen Truppen im Heer voran trieb. Dieses auch als »Luftkavallerie« bezeichnete Vorhaben entstand jedoch unter dem immer deutlicher werdenden Zwang, daß das Heer ab Mitte der neunziger Jahre hauptsächlich aufgrund fehlender Gelder um einschneidende Kaderungen nicht mehr herumkommen würde. Eine Verringerung des 342000 Soldaten zählenden Friedensheeres um etwa 22000 Mann – dies entsprach etwa der Stärke einer Panzergrenadierdivision – und die damit unausweichlich verbundende Folge, daß künftig keine einzige Brigade mehr voll präsent sein werde, schien unabwendbar. Doch diese Faktoren standen diametral zu jenen NATO-Forderungen, die konventionelle Verteidigungsfähigkeit erheblich zu stärken, wozu auch das FOFA-Konzept, das die Zerschlagung der einem Angriff folgenden Reserven beinhaltete, gehörte.

Als das Programm der neuen für die neunziger Jahre vorgesehenen Gefechtsfahrzeuge weitestgehend zur Disposition gestellt worden war und immer deutlicher sich abzeichnete, daß unter den vorgegebenen Umständen und bei unveränderter Bedrohung das deutsche Heer nur noch höchst eingeschränkt zur »Vorneverteidigung« fähig sein werde, wie es Sandrart Mitte 1987 skizziert hatte, versuchte der General, durch die Wiederbelebung des operativen Denkens aus der Not der fehlenden Ressourcen eine Tugend zu machen. Denn seit langem wurde das vom deutschen Interesse her zwingend geforderte operative Konzept der »Vorneverteidigung« weitgehend nur noch in untergeordneten taktischen Grundsätzen umgesetzt. Die geringer werdenden Kräfte verlangten aber um so mehr eine reaktionsschnelle und flexible Führung im operativen Rahmen, die sich verändernden Lagen rasch anpassen kann. Dies gab seinem Anliegen, das in Vergessenheit geratene operative Denken neu zu beleben, einen zusätzlichen Impetus.

Bei seinen Überlegungen war klar, daß trotz der abzusehenden Reduzierungen der Auftrag unverändert bleiben und daß die Bundeswehr zu Beginn eines Krieges die Hauptlast der Kämpfe zu tragen haben werde, weil große Teile der alliierten Streitkräfte erst herangeführt werden müßten. Dies erfordere, so Sandrart, auch weiterhin eine elastische Führung des Abwehrkampfes. Die erste Schlacht, werde vornehmlich von den Brigaden und Divisionen geschlagen und könne teilweise noch vorgeplant werden. »Aber wir müssen über die erste Schlacht hinausdenken«, forderte er und meinte weiter: »Dann gelangen wir auf das Feld des nicht mehr Vorausdisponierbaren.« Die zweite Schlacht, die über den Ausgang des Krieges entscheide, sei nun von den Korps und Heeresgruppen mit ihren mobilen Reserven in freier operativer Führung zu bewältigen. Die geplante »Luftkavallerie« müsse einen Teil dazu beitragen. Sandrarts Wunsch, eine mit der Planung und Durchführung derartiger Maßnahmen betraute operative Zelle im Führungsstab des Heeres einrichten zu können – wie sie jeder Generalstab besitzt –, scheiterte jedoch an dem Veto des damaligen Finanz- und späteren Verteidigungsministers Stoltenberg. Obwohl es auch in den hohen NATO-Stäben und den Korps vergleichbare Einrichtungen gab, war es bislang nicht möglich, den obersten deutschen Heeresstab in diese Kette einzubinden.

Sandrart, der auch die deutsch-französische Militärkooperation maßgeblich forciert hatte, verließ nach dreijähriger, nicht unumstrittener Inspekteurzeit die Bonner Hardthöhe mit der Gewißheit, vor allem die Weichen für das künftige Heer unter erheblichen innenpolitischen Pressionen so gut wie möglich gestellt zu haben. Obwohl militärpolitisch geschult, fehlte ihm letzten Endes doch die nötige Härte für das politische Alltagsgeschäft in Bonn. Als ein Manko erwies sich, daß er äußerst zögerlich Entscheidungen traf. So scheute er sich auch, die wohl tiefgehendste Zäsur in der Bundeswehrgeschichte, nämlich die radikale Veränderung der Heeresstruktur, selbst vorzunehmen. Diese undankbare Aufgabe hatte nun sein dynamischer Nachfolger und Jahrgangskamerad der Führungsakademie, von Ondarza, zu lösen.

Zum Vier-Sterne-General befördert, löste Hans-Henning von Sandrart am 1. Oktober 1987 General Chalupa als Oberbefehlshaber der verbündeten Streitkräfte in Mitteleuropa (CINCENT) ab. Eine seiner ersten Amtshandlungen war es, eine operative Leitlinie herauszugeben, die das Ziel verfolgte, die militärischen Führer des Bündnisses zu einem einheitlichen operativen Denken zu bewegen. Mit Besorgnis konstatierte Sandrart, der in seinem Stab AFCENT wieder einer gepflegt-kultivierten Arbeitsatmosphäre mehr Platz eingeräumt hatte, die nötige Modernisierung der konventionellen Truppen. So mußte er feststellen, daß mehrere Korps über eine Waffenausstattung verfügten, mit der sie sowjetische Panzer modernster Bauart kaum zerstören könnten. Unumwunden gab er auch zu, daß mit der geplanten »Struktur 2000« ihm als Oberbefehlshaber »mögliche Optionen verlorengehen« könnten. Deshalb suchte der General, der jederzeit ansprechbar und auch bereit war, Ideen abzuändern, auch einen Ausgleich in der Stärkung der operativen Ebene. Durch den Ausbau der Führungsmittel und Reserven wollte er die Fähigkeit zur Koordinierung der einzelnen Korps verschiedener Nationalität fördern, um ein Auseinanderfallen der Verteidigung in einzelne »Korps-Schlachten« zu verhindern.

General von Sandrart war darum bemüht, daß die beiden ihm unterstellten Heeresgruppen NORTHAG und CENTAG sowie die beiden Luftflotten aufeinander abgestimmt wirken konnten und dachte dabei sogar auch an den Aufbau einer multinationalen Division – aus Briten, Niederländern, Belgiern und Deutschen – als operative Reserve. Anders als die deutsch-französische Brigade, die in erster Linie Ausdruck einer politischen Freundschaft war, sollte dieser Großverband eine konkrete Aufgabe in der integrierten Verteidigungsplanung haben. Das langfristige Ziel aber war es, durch derartige Truppengebilde eine Standardisierung bei der Bewaffnung und das Durchsetzen einheitlicher Führungsbegriffe zu schaffen.

Ein weiteres Augenmerk hatte Sandrart auf die ihm zugeordneten Luftstreitkräfte gerichtet. Denn nach Abzug der atomaren Mittelstreckenraketen aus Europa aufgrund der im Sommer 1988 erfolgten Ratifizierung des amerikanisch-sowjetischen INF-Vertrages waren die für den Atomwaffeneinsatz ausgerüsteten Flugzeuge zu den wichtigsten Waffen in seinem Kommandobereich geworden, mit denen er tief in das gegnerische Hinterland hineinwirken konnte. Unter dem Vorzeichen der integrierten Operationsführung von Land- und Luftstreitkräften wurde durch ihn die Verschmelzung der Kommandostrukturen der Heeresgruppen und Luftflotten weiter forciert. Der General wußte zu gut, daß das FOFA-Konzept nur funktionieren konnte, wenn Heer und Luftwaffe eng zusammenarbeiteten. Deshalb forderte er eine noch intensivere Nutzung neuzeitlicher technologischer Entwicklungen als bisher.

Einen Schwerpunkt bildete hierbei die Tiefenaufklärung mit Mitteln, die ohne Zeitverlust die Observationsergebnisse an die zuständigen NATO-Stellen weiterleiten. Sein Handeln als CINCENT wurde in dem Maße immer abhängiger von militärisch nutzbarer Vorwarnzeit, als die Verteidigungsstrukturen zunehmend auf Mobilisierung von Reservisten und überseeischer Verstärkung beruhten. Die 1989 einsetzenden revolutionären Umwälzungen in Mittelosteuropa führten dann zu einer grundlegend veränderten europäischen Sicherheitslandschaft. Der Abzug sowjetischer Truppen aus Ungarn und der Tschechoslowakei sowie der dynamische Wiedervereinigungsprozeß in Deutschland und der damit sich abzeichnende Rückzug der Sowjets aus dem einstigen DDR-Gebiet zwangen General von Sandrart zu weitreichenden Konsequenzen für seinen Kommandobereich. Durch den Zerfall des Warschauer Paktes verlor das herkömmliche westliche Bedrohungsszenario seine Plausibilität und so kam es auch zu Rissen im NATO-Gemäuer. Die belgische und die niederländische Regierung waren die ersten, die öffentlich erwogen, ihre auf deutschem Boden stationierten Truppen aus der Bundesrepublik abzuziehen. Aber auch in Washington wurde ein umfangreicher Abzug amerikanischer Soldaten aus Westdeutschland vehement diskutiert. All dieses geschah noch während der laufenden Wiener Verhandlungen über die Reduzierung konventioneller Streitkräfte in Europa (VKSE), nach deren Abschluß völlig neue militärstrategische Bedingungen in Europa zu erwarten sind.

General von Sandrart sah sich nunmehr seit Anfang 1990 mit der Situation konfrontiert, daß der aus niederländischen, belgischen, britischen, amerikanischen und deutschen Korps gebildete »Abwehrgürtel« entlang der westdeutschen Ostgrenze allmählich zu zerbrechen schien. Durch den geplanten Truppenabbau im Ostblock und der Unterzeichnung der VKSE-Dokumente konnte mit einer Verringerung des Streitkräftepotentials im Warschauer Pakt um die Hälfte gerechnet werden. Dies bedeutete, daß diesem Militärbündnis und auch der UdSSR, die aber weiterhin größte militärische Macht auf dem eurasischen Kontinent blieb, die Fähigkeit zu strategischen Offensiven genommen sein würde. Sandrarts Überlegungen gingen deshalb dahin, die zwischen sieben und zwölf Tagen liegenden Vorwarnzeiten zu verlängern, die Bereitschaftsgrade herabzusetzen und multinationale, hochbewegliche Korps aufzubauen sowie die bisherige Dislozierung seiner Truppen zu überprüfen. Denn mit der Wiedervereinigung Deutschlands hatte das Konzept der »Vorneverteidigung« in wesentlichen Teilen seinen Sinn verloren, wirkten doch nunmehr das bisherige Territorium der DDR und die Tschechoslowakei als ein neues militärisches Glacis, ohne Bedrohungscharakter.

DIETER CLAUSS

Stellvertretender Oberbefehlshaber der NATO-Streitkräfte Europa seit 1990

Dieter Clauss

Bei seinen Kameraden wie Vorgesetzten stieß diese Personalentscheidung nur auf Unverständnis; und auch der Betroffene selbst empfand seine neue Verwendung als völlig unsoldatisch und war darüber schlicht entsetzt. Denn der junge Infanterieoberleutnant Dieter Clauß war dazu auserwählt worden, einer der ersten hauptamtlichen Jugendoffiziere der Bundeswehr – ein Novum in der deutschen Militärgeschichte – zu werden. Mit äußerster Skepsis trat Clauß sein neues Amt, für das es noch nicht einmal eine Dienstanweisung gab, dann 1959 in Münster beim I. Korps an. In Schulen, Universitäten, aber auch vor Gewerkschaftsgruppen hatte er als »Botschafter der Bundeswehr« deren Legitimation zu rechtfertigen. Die ständige Auseinandersetzung mit der schwierigen Geschichte Deutschlands, der Teilung, der Nuklearstrategie und der Problematik des Soldatseins lehrte ihn, Berufsüberzeugung zu formulieren und zu verteidigen. Clauß, der es für normal hielt, daß die Armee umstritten war, wurde durch seine Tätigkeit gezwungen, sich auch mit den Thesen der Gegner auseinanderzusetzen und die Bundeswehr mit den Augen eines Außenstehenden zu betrachten. Für viele Dinge wurde dadurch sein Blick kritischer, und so sollte diese geistig fordernde Aufgabe schließlich für ihn zu einem Grundstock werden, von dem er in nahezu allen späteren Verwendungen zehren konnte.

Der aus einer Familie von Gutsbesitzern, Kaufleuten und Offizieren stammende Dieter Clauß wurde am 2. September 1934 in Leipzig geboren und wuchs in Berlin auf, wo die Familie 1944 ausgebombt wurde. Sein Vater war Oberst gewesen und wurde seit dem Spätherbst 1944 in Rumänien vermißt. Zusammen mit seiner Mutter, einer Offizierstochter, und seinem Bruder flüchtete Dieter Clauß 1947 aus der sowjetischen Besatzungszone nach Niedersachsen.

Nach dem humanistischen Abitur trat er 1955 als Offiziersanwärter in den Bundesgrenzschutz (BGS) ein und wurde ein Jahr später im Zuge der teilweisen BGS-Eingliederung Fähnrich der Bundeswehr. Clauß diente zunächst als Zugführer und Personaloffizier im Panzergrenadierbataillon 21, ehe er sich als Jugendoffizier in dem intellektuellen »Kampf um die Köpfe« bewährte. Mittlerweile Hauptmann, führte er danach für vier Jahre eine

Panzergrenadierkompanie in Bad Segeberg und erhielt anschließend von Oktober 1965 bis September 1967 an der Hamburger Führungsakademie seine Generalstabsausbildung.

Aufgrund seiner überdurchschnittlich guten Leistungen wurde der junge Generalstabsoffizier sodann in die militärpolitische Stabsabteilung des Führungsstabes der Streitkräfte, kurz FüS III genannt, nach Bonn versetzt. Zu seinen Hauptaufgaben gehörte es, die Auswirkungen der gerade neu verfügten NATO-Strategie »Flexible Response« auf die Operationspläne, die Truppenausbildung und die Ausrüstung zu untersuchen. In seinem Abteilungsleiter, dem späteren General Schulze, fand er nicht nur einen exzellenten Kenner der Nuklearstrategie und der Bündnisinterna, sondern auch einen Mentor. Rasch erwarb sich Clauß, der neben seinem Beruf mit eiserner Energie die ihm fehlende englische Sprache erlernte, ein profundes Wissen in der Militärpolitik und so war sein Weg in die höchsten Ränge bereits als Major vorgezeichnet.

Im Anschluß an seine Hardthöhen-Tätigkeit wurde Clauß der für die Einsatz- und Operationsplanung zuständige Generalstabsoffizier (G 3) in der Lüneburger Panzerbrigade 8. Neuerlich bewies der sehr schnell auf den Punkt kommende Offizier, daß er nicht auf ein enges Spektrum spezialisiert war, sondern sich als Generalist verstand. Zur weiteren Förderung dieser auch von seinen Vorgesetzten erkannten Fähigkeiten, wurde er deshalb für ein Jahr an die kanadische Generalstabsakademie nach Kingston entsandt, ehe er in die ihm vertraute Brigade 8 zurückkehrte, um für die folgenden zwei Jahre das Panzergrenadierbataillon 82 in Lüneburg zu befehligen. Der Kommandeurzeit schloß sich 1974 ein halbjähriger Lehrgang an dem NATO-Defence-College in Rom an, der ihm zahlreiche und äußerst nützliche Kontakte zu anderen verbündeten Offizieren eröffnete.

General Schulze, der sich mittlerweile beim NATO-Hauptquartier SHAPE als Stellvertretender Chef des Stabes befand, holte Oberstleutnant Clauß in das belgische Mons. Dort wurde der inzwischen zum Oberst aufgestiegene Clauß Adjutant des amerikanischen Chefs des Stabes, einem Luftwaffengeneral, und später Büroleiter von General Schulze. Die Tatsache, daß Clauß seit längerer Zeit alle wichtigen Entscheidungsabläufe des Bündnisses aus unmittelbarer Nähe hatte mitverfolgen können und mit diesen vertraut war, dürfte schließlich dafür ausschlaggebend gewesen sein, daß er Adjutant von Generalinspekteur Wust wurde. Als ständiger Begleiter des Luftwaffengenerals, mit dem er vortrefflich zusammenarbeitete, lernte der Oberst vor allem das für die Bundeswehrvertreter oft mühselige Taktieren in den Bundestagsausschüssen kennen. Als General Wust dann im Dezember 1978 überraschend zurücktrat, bat Clauß Wusts Nachfolger Brandt, unter dem er noch ein Vierteljahr arbeitete, um die Versetzung zur Truppe.

Für eineinhalb Jahre kommandierte Oberst Clauß die sauerländische Panzerbrigade 20 in Iserlohn, bevor er unter gleichzeitiger Beförderung zum Brigadegeneral am 1. Oktober 1980 Kommandeur des Zentrums für »Innere Führung« in Koblenz wurde. Die enge Zusammenarbeit mit der Führungsakademie, dem Militärgeschichtlichen Forschungsamt und den beiden Bundeswehr-Universitäten empfand Clauß als neuerliche intellektuelle Herausforderung, bei der er viele Akzente in der Menschenführung setzen konnte. Gleichfalls nutzte der im Bereich der Fürsorge ebenso wie in der katholischen Kirche stark engagierte Offizier die Chance, sich immer wieder mit kritischen Beiträgen zu Fragen der gesellschaftlichen Einbettung der Bundeswehr in der Öffentlichkeit zu Wort zu melden.

Mit der Ernennung zum Kommandeur der 6. Panzergrenadierdivision in Neumünster am 1. April 1983 erfolgte auch die Beförderung zum Generalmajor. Allerdings war es Clauß nur für ein Jahr vergönnt, die mit 21000 Soldaten größte Division der Bundeswehr zu führen. Generalmajor Clauß übernahm nun von Konteradmiral Wellershoff das Kommando über die Hamburger Führungsakademie – der höchsten Ausbildungs- und Erziehungsstätte der Streitkräfte. Dabei hatte er den bereits eingeleiteten tiefgreifenden Strukturwandel zu bewältigen. Denn der technische Fortschritt und die seit Anfang der siebziger Jahre gültige akademisch geprägte Offiziersausbildung erforderten jetzt einen weitgefächerten Lehrplan, in dem die operativ-taktische Schulung und die militärischen Führungsaufgaben wieder einen höheren Stellenwert einnehmen sollten. Der stets sachlich auftretende, konservative General, der sehr gerne delegierte, sah vor allem in der Fortentwicklung der Lehre einen Schwerpunkt. Allerdings scheiterte er ebenso wie sein Vorgänger bei dem Versuch, an die Spitze der Generalstabslehrgänge – schon aus Repräsentationsgründen – wieder einen General zu stellen.

Nach der zweijährigen Hamburger Tätigkeit avancierte Clauß zum Kommandierenden General (KG) des I. Korps in Münster und stand damit an der Spitze von etwa 110000 Soldaten. Damit verbunden war auch die Beförderung zum Generalleutnant. In den folgenden 24 Monaten forcierte er die Ausbildung und Verteidigungsplanungen in seinem norddeutschen Gefechtsabschnitt, legte aber einen deutlichen Schwerpunkt auf die Personalauswahl der Truppenführer. So kam es, daß Verteidigungsminister Wörner den KG am 1. April 1988 zum neuen Leiter der Bonner Hardthöhen-Abteilung »Personal« berief.

Das Personalwesen des Verteidigungsministeriums genoß jedoch in der Truppe einen keineswegs positiven Ruf, wurde diesem doch nachgesagt, daß einmal darin beschäftigte Offiziere nicht selten begehrte Verwendungen sich gegenseitig zugeschoben hätten und eine Vielzahl der vom Beamtenrecht geprägten Personalentscheidungen an den Bedürfnissen der Truppe vorbei gemacht worden seien. Mit Generalleutnant Clauß übernahm nun ein Mann die Leitung dieses sensiblen Personalamtes, das für die Planung aller Bundeswehroffiziere und der vergleichbaren zivilen Mitarbeiter zuständig ist, der mit diesem Metier noch nie etwas zu tun gehabt hatte und der als Troupier die Sorgen und Nöte der Soldaten bestens kannte. So legte Generalleutnant Clauß, der bis auf seine Kompaniechefzeit in keiner Position länger als zweieinhalb Jahre verwendet worden war, fest, daß Generalstabsoffiziere in Zukunft wenigstens drei Jahre in der Truppe dienen müßten. Ein neues Bewertungssystem, das durch die jahrelange Inflation von guten Beurteilungen erforderlich geworden war, verschaffte darüber hinaus durch mehr differenzierte und individuellere Benotungen wieder klare Förderungsmöglichkeiten. Allerdings blieben mit der Einführung dieses Systems auch rechtliche Auseinandersetzungen nicht aus. Eine Novität bedeutete schließlich, daß Generalleutnant Clauß, der seit 1960 mit der Hannoveranerin Marion Domanecki verheiratet und Vater von drei Kindern ist, empfahl, daß in die Personalgespräche auch Familienangehörige miteinbezogen werden konnten und einige Veränderungsmaßnahmen nur noch mit Zustimmung des Betroffenen möglich waren. So fiel in die Amtszeit von Clauß auch die Frühpensionierung einer Vielzahl von Stabsoffizieren, um das Offizierskorps der Bundeswehr wieder zu verjüngen.

Aber Clauß, der für längere »Stehzeiten« plädierte und als Leiter der Abteilung »Personal« durch sein Votum in den höchsten Entscheidungsgremien in zahlreiche Werdegänge eingriff, womit er sich nicht immer nur Freunde erwarb, verließ das Amt bereits nach zweieinhalb Jahren. Der mittelgroße, sportliche Offizier galt als ein bescheidener, vielseitig einsetzbarer und rhetorisch äußerst begabter Soldat, der auch im Umgang mit Politikern eine diplomatische Geschmeidigkeit erkennen ließ. So kam es denn wohl auch, daß Clauß im Frühjahr 1989, als Admiral Dieter Wellershoff seinen Rücktritt erwog, als neuer Generalinspekteur der Bundeswehr im Gespräch war.

Am 1. Oktober 1990 erhielt Generalleutnant Dieter Clauß dann den vierten goldenen Stern auf die Schulterklappen geheftet. Er wurde Nachfolger des in Pension gehenden Generals Eimler und damit Stellvertretender Oberbefehlshaber der NATO-Truppen in Europa. General Clauß trat seine neue Aufgabe zu einem Zeitpunkt an, als der politische Wandel im Ostblock ebenso wie der Wiedervereinigungsprozeß in Deutschland und die Rüstungskontrollabkommen die strategische Lage in Europa grundlegend veränderten. Somit galt es nicht nur, die Frage der NATO-Verteidigungsvorbereitungen neu zu bewerten und die Umgestaltung der nordatlantischen Allianz einzuleiten, sondern parallel dazu eine möglicherweise bündnis-übergreifende Sicherheitsordnung für ganz Europa zu entwerfen. Als einem der engsten Berater des amerikanischen NATO-Oberbefehlshabers Galvin fiel General Clauß nunmehr die Aufgabe zu, an der Lösung dieser Probleme mitzuarbeiten und dabei erstmals auch die gesamtdeutschen Interessen geltend zu machen.

Verzeichnis der Generalität und Admiralität von 1955 bis 1990

Abkürzungen

Adm	Admiral	GenStArzt	Generalstabsarzt
AdmArzt	Admiralarzt	GL	Generalleutnant
AdmOStArzt	Admiraloberstabsarzt	GM	Generalmajor
BG	Brigadegeneral	i. Dst	im Dienst
dR	der Reserve	KA	Konteradmiral
FA	Flottillenadmiral	Lw	Luftwaffe
Gen	General	MinDir	Ministerialdirektor
GenAp	Generalapotheker	Sts	Staatssekretär
GenArzt	Generalarzt	VA	Vizeadmiral
GenOStArzt	Generaloberstabsarzt		

NAME/VORNAME	LEBENSDATEN	DIENSTGRAD	PENSIONIERT
Adam, Hermann	25. 1. 1937	BG (Lw)	
Adler, Heinz	9. 2. 1918	BG	30. 9. 1977
Afheldt, Eckart	15. 8. 1921	BG	30. 9. 1981
Ahlert, Wilhelm	5. 11. 1911–18. 11. 1975	BG (Lw)	30. 9. 1970
Ahrens, Hans Detlef	20. 2. 1931	GM	31. 3. 1990
Albrecht, Friedrich	23. 12. 1905–28. 4. 1977	BG	30. 9. 1963
Albrecht, Horst	23. 9. 1933	GM	
Albrecht, Dr. Wilhelm	30. 11. 1905	GenOStArzt (Lw)	31. 3. 1967
Aldinger, Hermann	22. 7. 1907	GM (Lw)	30. 9. 1966
Altenburg, Wolfgang	24. 6. 1928	Gen	30. 9. 1989
Alvensleben, Busso von	20. 1. 1928	BG	30. 9. 1986
Ammermüller, Dr. Hermann	25. 11. 1912– 5. 3. 1974	GenStArzt	30. 9. 1971
Annuß, Gottfried	9. 3. 1912–27. 10. 1985	BG	31. 3. 1970
Antrup, Wilhelm	1. 2. 1910–24. 11. 1984	BG (Lw)	31. 3. 1968
Arendt, Rudolf	25. 1. 1923	KA	31. 3. 1983
Asmus, Hans	14. 12. 1913	GM (Lw)	30. 9. 1972
Bader, Konrad	2. 12. 1939	BG	
Baer, Bern von	20. 3. 1911–27. 11. 1981	GM	31. 3. 1968
Baer, Günter	19. 10. 1923	BG	31. 3. 1984
Bagger, Hartmut	17. 7. 1938	BG	
Bahnemann, Jörg Andreas	30. 12. 1932	GM (Lw)	30. 9. 1989
Bambey, Hans	27. 2. 1915	BG (Lw)	30. 9. 1972
Bapistella, Helmut	4. 3. 1918	BG (Lw)	31. 3. 1976

NAME/VORNAME	LEBENSDATEN	DIENSTGRAD	PENSIONIERT
Baranek, Günter	1. 8. 1917	GM	30. 9. 1977
Barkhorn, Gerhard	20. 3. 1919– 8. 1. 1983	GM (Lw)	30. 6. 1975
Bartel, Hans	21. 5. 1901–27. 8. 1979	FA	30. 9. 1961
Barthel, Kurt	2. 6. 1932	GM	30. 9. 1989
Bartholomäus, Gustav	6. 4. 1924	FA	30. 9. 1984
Bastian, Gert	26. 3. 1923	GM	30. 9. 1980
Baudissin, Wolf Graf von	8. 5. 1907	GL	31. 12. 1967
Bautzmann, Georg	3. 3. 1935	BG	
Becke, Hans-Joachim	26. 1. 1915	BG	31. 3. 1975
Becker, Herbert	17. 2. 1907	BG	31. 12. 1965
Beckmann, Heinrich Felix	9. 12. 1925	GM	31. 3. 1986
Beenders, Gerhard	20. 5. 1939	BG	
Beermann, Dr. Friedrich	9. 10. 1912–24. 11. 1975	BG	14. 10. 1969
Behr, Heinrich Baron von	26. 6. 1902–14. 8. 1983	GM	30. 9. 1962
Behrendt, Hartmut	30. 5. 1935	GM	
Behrendt, Helmut	11. 8. 1924	BG	30. 9. 1984
Beilicke, Wolfgang	27. 8. 1924	BG	30. 9. 1984
Bennecke, Jürgen	12. 9. 1912	Gen	30. 9. 1973
Bensien, Peter	11. 6. 1913	BG	30. 9. 1973
Benzino, Wolfgang	14. 1. 1921	VA	31. 3. 1981
Berendsen, Friedrich Jürgen	15. 3. 1904– 1. 10. 1974	GM	31. 3. 1964
Bergener, Claus	28. 9. 1932	BG	30. 9. 1990
Berger, Oskar-Alfred	25. 3. 1910	BG	30. 9. 1967
Berger, Dr. Winfried-Götz	24. 9. 1938	GenAp	
Bergh, Wolfgang von	22. 8. 1921	GL (Lw)	30. 9. 1981
Bergien, Wilhelm	14. 7. 1916– 2. 5. 1989	BG	30. 9. 1973
Bernhard, Ernst-Dieter	22. 9. 1924	GL (Lw)	30. 9. 1984
Bernhardt, Georg	5. 11. 1936	GM	
Bernhold, Friedrich	13. 4. 1918	BG	31. 3. 1978
Bertram, Helmut	3. 2. 1907	BG (Lw)	30. 9. 1966
Bethge, Ansgar	16. 11. 1924	VA	31. 3. 1985
Beuther, Dr. Heinz-Ulrich	4. 3. 1923	GM (Lw)	31. 3. 1983
Bieber, Helmut	13. 5. 1917	GM (Lw)	30. 9. 1976
Biedermann, Hans-Georg	14. 3. 1915	GM	31. 3. 1974
Biemann, Otto	22. 1. 1933	BG	31. 3. 1987
Bierbaum, Dr. Hans-Heinz	12. 7. 1908–23. 2. 1970	AdmArzt	30. 9. 1968
Biesterfeld, Horst	1. 12. 1906–11. 10. 1969	FA	30. 4. 1966
Bing, Gerhard	4. 8. 1934	FA	
Birkenbeil, Heinrich	6. 10. 1923	GM (Lw)	31. 3. 1984
Birkenbeul, Wilhelm	14. 2. 1899– ?. 10. 1974	BG	31. 3. 1961
Birker, Dr. Hans-Wilhelm	25. 5. 1923	AdmArzt	30. 9. 1983
Birkholz, Joachim	30. 9. 1918	GM (Lw)	30. 9. 1980
Birnbacher, Carl Heinz	26. 5. 1910	KA	30. 9. 1970
Birnstiel, Fritz	26. 3. 1918	GM	30. 9. 1980
Blanc, Adalbert von	11. 7. 1907– 7. 11. 1976	FA	30. 9. 1964
Block, Eberhard von	19. 4. 1923	BG	30. 9. 1983
Blumröder, Hans-Adolf von	5. 8. 1904	BGdR	31. 3. 1964
Bodenstein, Werner	2. 8. 1905–31. 7. 1983	BG	31. 3. 1964
Boehe, Rolf	26. 3. 1913–26. 4. 1979	FA	31. 3. 1972
Böhm, Karl-Eberhard	1. 4. 1913	BG	31. 3. 1971
Boehmer, Hans-Rudolf	18. 5. 1938	KA	
Böhner, Hermann	31. 7. 1922	BG	30. 9. 1982
Boehnke, Wolfgang	5. 4. 1925	BG (Lw)	30. 9. 1985

NAME/VORNAME	LEBENSDATEN	DIENSTGRAD	PENSIONIERT
Boes, Hannsjörn	3. 12. 1936	GM	
Boes, Ulrich	30. 1. 1911	BG	30. 9. 1969
Böttcher, Friedrich	19. 8. 1914–16. 2. 1983	BG	30. 9. 1972
Boetzel, Friedrich	21. 5. 1897–23. 6. 1969	BG	30. 9. 1960
Boie, Werner	13. 5. 1913	BG (Lw)	31. 3. 1973
Boller, Willi	3. 7. 1922	FA	30. 9. 1982
Borkowski, Dr. Johann-Friedrich	4. 4. 1927	GenArzt	30. 9. 1987
Bornstaedt, Hans-Wilhelm von	25. 2. 1928	GM (Lw)	30. 9. 1987
Bosselmann, Wilhelm	11. 11. 1916	BG	31. 3. 1976
Boy, Siegfried	9. 12. 1924	GM (Lw)	31. 3. 1985
Bräuning, Kurt	16. 9. 1898– 6. 3. 1966	BG	30. 9. 1962
Bramstedt, Edgar	11. 8. 1937	BG	
Brand, Dieter	4. 6. 1939	BG	
Brandstädter, Kurt	10. 9. 1902– 4. 9. 1963	BG	31. 10. 1960
Brandt, Jürgen	19. 10. 1922	Gen	31. 3. 1983
Brandt, Karl-Ernst	30. 3. 1924–27. 1. 1988	BG (Lw)	31. 3. 1984
Brandt, Ulrich	19. 3. 1915–20. 4. 1983	BG	31. 3. 1975
Braun, Franz-Dieter	19. 12. 1935	VA	
Breidenbach, Dr. Norbert	18. 9. 1907	GenArzt	30. 9. 1966
Broicher, Andreas	30. 1. 1933	BG	
Bromeis, Hans Konrad	5. 7. 1937	BG	
Brost, Wolfgang	20. 1. 1936	KA	
Brugmann, Gerhard	13. 8. 1930	GM	30. 9. 1990
Bruhn, Joachim	12. 2. 1921	BG	31. 3. 1981
Buchenau, Friedrich	4. 6. 1914	BG	30. 6. 1972
Buchner, Hans	26. 4. 1901	GM	31. 3. 1962
Büchs, Herbert	20. 11. 1913	GL (Lw)	31. 3. 1974
Bühring, Armin	27. 11. 1914	BG	31. 3. 1971
Büschleb, Hermann	23. 3. 1915	GM	31. 12. 1973
Buhse, Rudolf	10. 4. 1905	BG	30. 9. 1962
Bung, Dr. Hubertus	17. 5. 1920	BG (Lw)	15. 1. 1978
Buntrock, Paul	3. 4. 1915–21. 11. 1985	GM (Lw)	31. 3. 1974
Burandt, Eberhard Erich	6. 1. 1923	GL	31. 3. 1983
Burchard, Prof. Dr. Eduard	9. 7. 1929	GenArzt (Lw)	30. 9. 1989
Burchardt, Heinz	1. 4. 1915– 9. 12. 1980	GM	31. 3. 1973
Busch, Friedrich	23. 8. 1938	GM (Lw)	
Busch, Hermann	7. 10. 1902–13. 5. 1976	BG (Lw)	31. 3. 1963
Butler, Peter von	28. 11. 1913	GL	31. 3. 1974
Butler, Ruprecht von	28. 12. 1924	GM	31. 3. 1985
Canstein, Raban Freiherr von	15. 8. 1906	BG	30. 9. 1965
Capelle, Jobst von	18. 12. 1920	BG	31. 3. 1981
Carganico, Walter	11. 7. 1913	GM	30. 9. 1970
Carstens, Peter Heinrich	18. 12. 1937	GM	
Cescotti, Roderich	4. 5. 1919	GM (Lw)	30. 9. 1980
Chalupa, Leopold	15. 8. 1927	Gen	30. 9. 1987
Christian, Lothar	9. 12. 1919	BG	31. 3. 1980
Christmann, Hansdieter	27. 8. 1933	FA	30. 9. 1990
Clasen, Dr. Hans-Hartwig	7. 2. 1915– 6. 2. 1984	GenArzt (Lw)	31. 3. 1975
Clausen, Karl	9. 10. 1916	FA	30. 9. 1976
Clauß, Dieter	2. 9. 1934	Gen	
Claussen, Claus	4. 2. 1922–12. 2. 1990	BG	31. 3. 1982
Coerdt, Andreas	31. 1. 1916	GM (Lw)	31. 12. 1974
Collmann, Herwig	1. 9. 1915	FA	31. 3. 1973

NAME/VORNAME	LEBENSDATEN	DIENSTGRAD	PENSIONIERT
Condné, Johann	9. 1. 1919	BG	31. 3. 1979
Consbruch, Georg von	30. 1. 1936	BG	
Coqui, Ernst	20. 11. 1931	BG	31. 3. 1989
Cramer, Heinz	24. 5. 1911	BG (Lw)	31. 3. 1966
Crome, Johannes	9. 12. 1900	BG	30. 9. 1962
Csoboth, Istvan	8. 7. 1936	BG	
Daerr, Dr. Eberhard	11. 7. 1912	GenOStArzt	30. 9. 1972
Daumann, Dr. Franz-Josef	7. 7. 1937	GenArzt (Lw)	
Daumiller, Werner	24. 9. 1914	BG	30. 9. 1970
Deckert, Gerhard	5. 4. 1924	GM	30. 6. 1983
Deckert, Rudolf	3. 11. 1927	KA	31. 12. 1984
Deichen, Charly	20. 4. 1914–27. 2. 1969	BG	i. Dst. †
Denker, Jürgen	7. 8. 1929	BG	30. 9. 1989
Dennhardt, Oskar-Hubert	30. 6. 1915	BG	30. 6. 1971
Desch, Dr. Gunter	5. 7. 1937	GenOStArzt	
Diedrichs, Karl-Erich	12. 7. 1927	GL	30. 9. 1987
Dingeldein, Otto	6. 3. 1915–11. 5. 1981	FA	30. 9. 1972
Dinkloh, Dr. Heinrich	24. 5. 1917–15. 6. 1990	GenArzt (Lw)	30. 9. 1977
Dittler, Dr. Helmut	20. 2. 1913–17. 5. 1988	GenArzt	30. 9. 1971
Dölling, Hanns-Wolrad	14. 2. 1916	BG (Lw)	30. 9. 1975
Dörner, Dr. Fritz	28. 6. 1908–24. 6. 1976	GenArzt (Lw)	30. 9. 1967
Domröse, Lothar	27. 10. 1920	GL	31. 3. 1981
Donner, Heinz-Günter	18. 11. 1932–14. 12. 1983	BG (Lw)	i. Dst. †
Dorfmüller, Walter	23. 1. 1917–24. 7. 1974	BG Lw)	i. Dst. †
Dorn, Ulrich	11. 11. 1897– 5. 2. 1976	BG	31. 12. 1960
Drebing, Hans	17. 7. 1923	BG	31. 7. 1979
Drews, Werner	16. 3. 1914–23. 11. 1974	GM	31. 3. 1972
Drexler, German	1. 3. 1935	BG	
Dubois, Jürgen	7. 12. 1932	KA	
Duch, Oswald	16. 7. 1918	FA	31. 3. 1978
Dunkel, Winfried	21. 10. 1942	BG	
Dybilasz, Hartmut	21. 7. 1924	BG	30. 9. 1984
Ebeling, Dr. Ernst	22. 11. 1919	GenArzt (Lw)	31. 3. 1980
Ebeling, Werner	21. 11. 1913	GM	30. 9. 1970
Eberhard, Hans	9. 6. 1917	BG/MinDir	30. 6. 1981
Eberlein, Christmuth	18. 12. 1935	GM (Lw)	
Eck, Armin	5. 9. 1914–13. 9. 1984	BG	31. 3. 1972
Eckert, Dietmar	13. 11. 1913	BG	31. 3. 1969
Eckert, Fritz	27. 12. 1935	BG	
Eckert, Dr. Gerd	14. 7. 1930	BG	
Effenberger, Werner	25. 1. 1918	BG	31. 3. 1978
Ehrensberger, Konrad Martin	27. 3. 1936	FA	
Ehrhardt, Dieter	14. 5. 1927	KA	30. 9. 1987
Ehrhardt, Werner	25. 5. 1898–23. 9. 1967	KA	30. 9. 1960
Eichel-Streiber, Wolfram von	6. 6. 1918– 2. 8. 1985	BG	30. 9. 1977
Eichler, Gerhard	25. 8. 1925	BG (Lw)	30. 9. 1985
Eimler, Eberhard	30. 11. 1930	Gen (Lw)	30. 9. 1990
Einem, Kurt von	8. 2. 1904– 4. 9. 1987	BG	31. 3. 1964
Eisele, Manfred	17. 3. 1938	BG	
Eisen, Hans	17. 6. 1922	BG (Lw)	30. 9. 1982
Ellermann, Werner	2. 2. 1928	BG	31. 3. 1988
Endres, Heinrich	21. 1. 1923	BG	31. 3. 1983

NAME/VORNAME	LEBENSDATEN	DIENSTGRAD	PENSIONIERT
Engelhardt, Josef	1937	BG (Lw)	
Engelien, Botho	1. 7. 1938	BG (Lw)	
Enneccerus, Walter	21. 11. 1911– 3. 8. 1971	BG (Lw)	30. 9. 1967
Enzenberger, Kurt	23. 1. 1934	GM (Lw)	
Erdmann, Heinrich	16. 7. 1908	KA	16. 11. 1968
Erdmannsdorff, Carlheinrich von	13. 3. 1923	BG	31. 3. 1983
Erlemann, Rudolf	29. 8. 1932	BG (Lw)	30. 9. 1990
Eschenbach, Hans	6. 11. 1917	GM (Lw)	31. 3. 1978
Eschenburg, Klaus	6. 1. 1913–20. 3. 1973	BG	i. Dst. †
Estorf, Wolfgang	14. 9. 1936	GM	
Eulig, Udo	23. 5. 1935	BG	
Ewert, Gottfried	12. 8. 1921	GM	30. 9. 1981
Ewert, Dr. Karsten	30. 10. 1937	GenArzt	
Ewringmann, Heinrich	2. 4. 1914–27. 9. 1983	BG (Lw)	31. 3. 1971
Fabian, Heinz-Otto	1. 3. 1918	BG	30. 9. 1974
Fahlbusch, Wilhelm	8. 11. 1914	BG (Lw)	31. 3. 1970
Falkenhayn, Jürgen von	14. 4. 1938	BG	
Falkenstein, Sigismund Freiherr von	14. 9. 1903– 2. 6. 1972	BG (Lw)	30. 9. 1962
Fanslau, Manfred	25. 2. 1929	GL	31. 3. 1988
Feher, Helmut	5. 7. 1925	BG	30. 9. 1985
Feindt, Hans-Arend	29. 10. 1921	KA	31. 3. 1982
Feldhoff, Hans-Heinz	4. 9. 1932	GL (Lw)	30. 9. 1989
Felkl, Dr. Kurt	7. 10. 1918	GenArzt	31. 3. 1979
Fenn, Heinz Konrad	20. 7. 1918	FA	30. 9. 1978
Ferber, Ernst	27. 9. 1914	Gen	30. 9. 1975
Feuerrohr, Walter	10. 8. 1913	BG (Lw)	30. 9. 1969
Feuerstein, Robert	13. 8. 1917	BG	31. 3. 1975
Fiebig, Günter	6. 3. 1920– 7. 6. 1984	FA	31. 3. 1980
Fielitz, Heinz	3. 12. 1919– 8. 12. 1975	BG	i. Dst. †
Finger, Prof. Dr. Georg	23. 2. 1908	GenArzt	30. 9. 1966
Fingerhuth, Dieter	21. 3. 1920	BG	31. 3. 1980
Fingerle, Hans-Klaus	1. 4. 1908	FA	30. 9. 1968
Fischer, Hans-Heinz	7. 4. 1911	BG	30. 9. 1969
Fischer, Helmut	19. 12. 1922	GM	31. 3. 1983
Fischer, Kurt	9. 10. 1906–25. 3. 1982	BG (Lw)	30. 9. 1966
Fischer, Dr. Kurt	17. 1. 1937	FA	
Flachsenberg, Dr. Walter	26. 10. 1908	FA	31. 3. 1969
Flade, Hans-Ulrich	18. 3. 1925	GM (Lw)	31. 3. 1985
Fliedner, Dr. Klaus-Theodor	8. 12. 1935	AdmArzt	
Fock, Herbert	27. 3. 1915	BG (Lw)	31. 3. 1974
Foertsch, Friedrich	19. 5. 1900–14. 12. 1976	Gen	31. 12. 1963
Foertsch, Hartmut	10. 7. 1936	GM	
Forster, Klaus	29. 9. 1931	BG	
Fraidel, Hermann	11. 8. 1934	BG (Lw)	
Frank, Hans	22. 6. 1939	FA	
Franke, Karl Heinz	22. 12. 1923	GM (Lw)	9. 11. 1976
Frede, August	20. 10. 1899–23. 11. 1972	BG	30. 9. 1961
Freiwald, Kurt	29. 10. 1906–12. 12. 1975	FA	30. 9. 1965
Frevert-Niedermein, Alexander	26. 1. 1920	GM	31. 3. 1980

NAME/VORNAME	LEBENSDATEN	DIENSTGRAD	PENSIONIERT
Freyer, Joachim	18. 4. 1908	GM	30. 9. 1968
Freygang, Heinz	23. 4. 1916	GM	30. 9. 1976
Freytag von Loringhoven, Bernd Freiherr	6. 2. 1914	GL	31. 3. 1973
Frickinger, Horst	17. 5. 1921	GM	30. 9. 1981
Friedrich, Karl Hermann	4. 9. 1918	GM (Lw)	30. 9. 1978
Friedrich, Rudolf	10. 11. 1906	BG (Lw)	30. 9. 1965
Fritz, Dr. Herbert	27. 10. 1916	BG	31. 3. 1972
Frodl, Richard	5. 11. 1921	GL (Lw)	31. 3. 1982
Fromm, Günter	21. 11. 1924	VA	31. 3. 1985
Fuchs, Prof. Dr. Heinz	12. 9. 1917	GenSt.Arzt (Lw)	30. 9. 1977
Fuchs, Karl-Heinz	18. 1. 1915	FA	31. 3. 1973
Fürus, Christoph-Adolf	3. 12. 1928	GM	31. 3. 1988
Fuhr, Eberhard	2. 6. 1935	BG	
Gaedcke, Heinrich	16. 1. 1905	GL	31. 3. 1965
Gärtner, Prof. Dr. Dr. Franz-Xaver	8. 1. 1925	GenArzt	31. 3. 1985
Gärtner, Johann	25. 6. 1924	BG (Lw)	30. 9. 1984
Gail, Werner	21. 4. 1923–24. 2. 1990	BG (Lw)	30. 9. 1983
Galinsky, Wolfhard	16. 7. 1924	GM (Lw)	30. 9. 1984
Garbe, Dr. Joachim	26. 8. 1921	GenArzt (Lw)	30. 9. 1981
Garken, Wilhelm	8. 2. 1920	GM	31. 3. 1980
Gartmayr, Georg	30. 11. 1906– 4. 10. 1980	GM	30. 9. 1965
Gathen, Heinz von zur	30. 6. 1924	GL	30. 9. 1984
Gebken, Gerhard	16. 12. 1907– 6. 6. 1963	BG	i. Dst. †
Geffers, Dr. Horst	15. 2. 1925	KA	31. 3. 1985
Gehlen, Reinhard	3. 4. 1902– 8. 6. 1979	GLdR	
Geier, Jürgen-Friedrich	5. 5. 1940	FA	
Genschel, Dr. Dietrich	29. 3. 1934	BG	
Gentsch, Horst Georg	4. 3. 1916–23. 1. 1985	GM (Lw)	31. 3. 1976
Gerber, Dr. Johannes	6. 10. 1919	GM	31. 3. 1980
Gerber, Kurt	10. 1. 1913–27. 3. 1984	GM	31. 3. 1972
Gerber, Manfred	20. 3. 1938	GM	
Gerhardt, Wolfgang	8. 9. 1925	BG	31. 3. 1985
Gericke, Walter	23. 12. 1907	GM	31. 3. 1965
Gerlach, Heinrich	31. 8. 1906–27. 6. 1988	VA	30. 9. 1966
Gernß, Walter	11. 3. 1903– ?. 11. 1976	BG	31. 3. 1963
Geyer, Heinz	23. 4. 1907–13. 1. 1983	BG	31. 3. 1965
Giermann, Johann Christian	7. 11. 1936	FA	
Gieser, Kurt	5. 6. 1909–21. 12. 1973	BG	30. 9. 1967
Glanz, Meinhard	8. 8. 1924	GL	30. 9. 1984
Glatt, Volker	8. 7. 1937	BG	
Gliemeroth, Götz	21. 10. 1943	BG	
Göpffarth, Karl-Heinz	8. 6. 1913– 2. 2. 1977	FA	31. 12. 1971
Göricke, Hans-Otto	14. 12. 1919	GM	31. 3. 1980
Görlitz, Wolfgang	4. 3. 1934	BG (Lw)	
Göttelmann, Heribert	26. 3. 1936	BG	
Goldschmidt, Klaus	11. 3. 1932	BG	30. 9. 1990
Golla, Eberhard	30. 7. 1927	BG	30. 6. 1985
Golling, Ernst	5. 1. 1909–20. 5. 1967	BG	31. 3. 1965
Gosch, Hubert	4. 6. 1940	BG	
Grabarek, Dr. Volker	6. 8. 1937	GenArzt	
Gralka, Eberhard	9. 12. 1912	GM (Lw)	31. 3. 1971

NAME/VORNAME	LEBENSDATEN	DIENSTGRAD	PENSIONIERT
Grashey, Hellmut	14. 5. 1914–12. 1. 1990	GM	31. 12. 1969
Greiling, Dr. Gebhard	26. 2. 1910	GenArzt (Lw)	30. 9. 1968
Greiner, Dr. Gottfried	21. 12. 1922	GM	31. 3. 1983
Greiner, Hans	17. 10. 1909	BG	30. 9. 1967
Greipl, Michael	6. 9. 1920	GM	30. 9. 1980
Greve, Carl-Heinz	17. 10. 1920	GL (Lw)	31. 3. 1981
Griese, Hans-Joachim	5. 7. 1933	BG (Lw)	
Griese, Karl-Heinz	27. 12. 1935	GM (Lw)	30. 9. 1987
Grillmeier, Hans	4. 6. 1933	GM	
Groeben, Peter von der	19. 12. 1903	GM	31. 3. 1964
Gröpler, Erich	23. 3. 1906	BG (Lw)	31. 3. 1964
Groeschel, Dr. Kurt	3. 7. 1909	GenArzt	31. 3. 1968
Groß, Dr. Hans-Günther	31. 12. 1921–19. 2. 1982	BG	30. 9. 1978
Großler, Hubertus	24. 12. 1919	GM	31. 3. 1980
Grote, Henrich	9. 11. 1920	FA	31. 3. 1981
Gruber, Bernhard	8. 9. 1920	GM	30. 9. 1980
Grüne, Dr. Franz Josef	19. 2. 1915–12. 2. 1986	GenArzt	30. 9. 1975
Grumer, Karl Eberhard	19. 12. 1929	GM	31. 3. 1989
Grunewald, Friedrich-Wilhelm	8. 1. 1920	BG (Lw)	31. 3. 1980
Grunhofer, Dr. Hubertus	14. 3. 1922	GenOStArzt	31. 3. 1982
Grunwald, Manfred	12. 7. 1914–19. 9. 1969	BG	i. Dst. †
Grutzka, Dr. Alfons	22. 7. 1930	GenArzt	30. 9. 1990
Grzimek, Ruprecht	16. 10. 1923	BG	31. 3. 1984
Guderian, Heinz-Günther	23. 8. 1914	GM	31. 3. 1974
Gülzow, Hartmut	18. 8. 1932	GM (Lw)	30. 9. 1989
Günther, Ingo	1. 1. 1927	BG	31. 10. 1982
Günther, Siegfried	7. 2. 1933	FA	
Güttler, Eugen	8. 10. 1914–31. 7. 1986	BG (Lw)	31. 3. 1974
Guggenberger, Friedrich	6. 3. 1915	KA	31. 10. 1972
Gut, Dr. Herbert	23. 2. 1913– ?. 6. 1976	AdmArzt	30. 9. 1972
Guth, Werner	28. 2. 1917	GM (Lw)	31. 3. 1977
Gysae, Robert	4. 1. 1911–26. 4. 1989	FA	31. 3. 1970
Haack, Wolfgang	16. 1. 1910	FA	30. 9. 1969
Haag, Werner	9. 4. 1909–30. 7. 1985	GL	30. 9. 1969
Haarhaus, Peter	29. 4. 1936	GM (Lw)	
Haasler, Ruprecht	29. 3. 1936	BG	
Hackensellner, Eberhard	9. 12. 1922	GM	31. 3. 1983
Hackl, Dr. Othmar	26. 1. 1932	BG	31. 3. 1989
Häckel, Siegfried	30. 11. 1929	BG	31. 3. 1987
Haeffner, Paul	21. 6. 1917	GL (Lw)	30. 9. 1977
Härtel, Johannes	16. 6. 1908– 9. 8. 1969	GM	30. 9. 1968
Hagemann, Rudolf	18. 12. 1914	BG	31. 3. 1971
Hagena, Dr. Hermann	20. 11. 1931	BG (Lw)	31. 3. 1989
Hagenbruck, Herbert	11. 12. 1928	BG	30. 9. 1988
Hahne, Ludwig	2. 10. 1906–29. 4. 1969	BG	30. 9. 1964
Hallbauer, Dr. Dietrich	11. 4. 1923	GenArzt	30. 9. 1983
Hallier, Heinz Harald	19. 4. 1936	KA	
Hammen, Dr. Wolfgang	2. 3. 1925	GenStArzt (Lw)	31. 3. 1985
Hannemann, Hans	5. 2. 1932	BG	31. 3. 1989
Hansen, Helge	13. 3. 1936	GL	
Hansen, Ottomar	1. 9. 1904	GM	30. 9. 1964
Hantel, Ernst-Dieter	11. 5. 1916	GM	30. 9. 1976

NAME/VORNAME	LEBENSDATEN	DIENSTGRAD	PENSIONIERT
Harlinghausen, Martin	17. 1. 1902–23. 3. 1986	GL (Lw)	31. 12. 1961
Hartmann, Wilko	3. 8. 1937	BG	
Hartwig, Paul	14. 9. 1915	VA	30. 9. 1975
Haseloff, Gerd	2. 5. 1925–20. 1. 1990	GM (Lw)	30. 9. 1985
Hass, Hugo	23. 5. 1912	GM	31. 7. 1970
Hauke, Horst	4. 4. 1931	GM (Lw)	30. 9. 1990
Hauser, Hellmuth	24. 2. 1916	GL (Lw)	30. 9. 1974
Hax, Heinrich	24. 1. 1900– 1. 9. 1969	GM	31. 3. 1961
Hebben, Walter	28. 9. 1924	BG (Lw)	30. 9. 1984
Heck, Walter	16. 5. 1910–28. 2. 1987	FA	31. 3. 1970
Heel, Friedrich-Wilhelm	25. 2. 1915	BG	31. 3. 1975
Heidemanns, Johann-Adolf	11. 1. 1927	GenAp	31. 3. 1987
Heimendahl, Klaus von	12. 11. 1933	BG	
Heinemann, Lothar von	18. 11. 1905	GM (Lw)	31. 3. 1964
Heinz, Helmut	29. 11. 1921	GL (Lw)	31. 3. 1982
Heise, Hanns	1. 2. 1913	BG (Lw)	30. 9. 1971
Heise, Horst	15. 6. 1917	GenAp	30. 9. 1977
Hempel, Dr. Adolf	26. 1. 1915– 2. 6. 1971	GL (Lw)	i. Dst. †
Hennig, Dr. Horst	28. 5. 1926	GenArzt (Lw)	31. 3. 1983
Henning, Werner	15. 12. 1907–12. 1. 1980	BG (Lw)	30. 9. 1966
Henrici, Eberhard	16. 8. 1912–22. 6. 1986	GM	30. 6. 1969
Hentschel, Erwin	22. 1. 1923	BG	31. 3. 1983
Hentz, August	21. 8. 1909	GM (Lw)	30. 9. 1967
Hepp, Leo	15. 8. 1907–24. 10. 1987	GL	30. 9. 1967
Herfurth, Gerhard	5. 5. 1922	BG	30. 9. 1982
Herre, Heinz	23. 1. 1909	BGdR	
Herrmann, Paul	22. 4. 1898–23. 4. 1974	GM	30. 9. 1961
Hertel, Günter	23. 6. 1934	GL (Lw)	
Herzberg, Karl-Heinz	1. 6. 1919	BG	30. 9. 1979
Herzog, Karl	9. 7. 1906	GM	30. 9. 1966
Hess, Dr. Sigurd	26. 2. 1938	FA	
Hess, Wilhelm	22. 10. 1907	GM	31. 3. 1968
Hetz, Karl	11. 5. 1910–23. 12. 1980	VA	30. 9. 1970
Heumann, Werner	9. 5. 1924–22. 10. 1989	BG	30. 9. 1984
Heuser, Richard	5. 7. 1905– ?. 10. 1988	BG (Lw)	30. 9. 1964
Heusinger, Adolf	4. 8. 1897–30. 11. 1982	Gen	31. 3. 1964
Heyd, Werner	4. 7. 1922– 7. 9. 1980	GM	i. Dst. †
Heydrich, Wolfgang	18. 8. 1932	BG	
Heydte, Prof. Dr. Dr. Friedrich-August Freiherr von der	30. 3. 1907	BGdR	
Heyna, Max	21. 10. 1903	BG (Lw)	30. 9. 1962
Heyse, Frithjof	6. 11. 1910–12. 4. 1971	BG	30. 9. 1966
Hildebrandt, Dr. Hans-Joachim	21. 6. 1930	GenArzt (Lw)	30. 9. 1990
Hildebrandt, Horst	2. 1. 1919–16. 5. 1989	GL	31. 3. 1979
Hinckeldey, Heinz-Helmut von	25. 1. 1914	GM	31. 3. 1973
Hinkelbein, Claus	28. 12. 1909–28. 4. 1967	GM (Lw)	i. Dst. †
Hinrichs, Hans	9. 3. 1915	GL	30. 9. 1974
Hobe, Cord von	20. 3. 1909	GL	30. 6. 1968
Hockemeyer, Dr. Herbert	9. 3. 1909–19. 4. 1983	GenOStArzt	31. 3. 1969
Höche, Jürgen	4. 3. 1942	BG (Lw)	

NAME/VORNAME	LEBENSDATEN	DIENSTGRAD	PENSIONIERT
Höffner, Hans	27. 8. 1901–16. 12. 1987	BG	30. 9. 1961
Hößlin, Hans-Jürgen von	27. 2. 1937	FA	
Hoffmann, Bernhard	14. 2. 1929	BG (Lw)	31. 3. 1988
Hoffmann, Carl	24. 7. 1923	FA	30. 9. 1983
Hoffmann, Emil	14. 3. 1915	BG	30. 9. 1973
Hoffmann, Dr. Ernst	4. 11. 1905–13. 2. 1985	GenArzt	30. 9. 1965
Hoffmann, Walter	5. 3. 1925	GM	31. 3. 1985
Hoffmann, Werner Ernst	26. 4. 1908–17. 5. 1970	BG (Lw)	30. 9. 1966
Hoffmann, Werner-Eugen	7. 11. 1910	GL (Lw)	30. 9. 1970
Hoffmann, Dr. Wilhelm	21. 3. 1904	BG (Lw)	31. 3. 1964
Hohagen, Erich	9. 1. 1915	BG (Lw)	31. 3. 1974
Hoheisel, Klaus	22. 5. 1906	BG	31. 3. 1965
Holler, Prof. Dr. Dr. Werner	7. 3. 1910–20. 10. 1971	GenArzt	31. 3. 1970
Holleuffer, Joachim Albrecht von	20. 3. 1921	KA	31. 3. 1977
Holzfuß, Martin	24. 12. 1925	GM	31. 3. 1986
Hommer, Dieter	16. 6. 1920– 3. 2. 1990	BG	30. 9. 1980
Hopf, Theodor	23. 9. 1918	BG	30. 9. 1978
Hopffgarten, Hans-Joachim von	12. 9. 1915	GL	30. 9. 1973
Horbach, Joachim	21. 11. 1913–11. 1. 1984	GM	31. 3. 1971
Horn, Hans-Joachim von	23. 10. 1896	GL	30. 9. 1961
Horten, Dirk	14. 12. 1939	FA	
Hoster, Hans	25. 11. 1933	GM	
Hozzel, Paul-Werner	16. 10. 1910	BG (Lw)	30. 9. 1969
Hrabak, Dieter-Adolf	19. 12. 1914	GM (Lw)	30. 9. 1970
Huber, Herbert	21. 12. 1919	BG	31. 3. 1980
Hükelheim, Heinrich	9. 9. 1909–30. 1. 1989	GM	30. 9. 1967
Hülsemann, Diether	23. 10. 1937	FA	
Hüttel, Rolf	25. 10. 1934	GL	
Hundt, Ulrich	23. 6. 1937	FA	
Huppenbauer, Hermann	20. 4. 1906	BG (Lw)	31. 3. 1966
Huth, Friedrich-Joachim	31. 7. 1896–27. 3. 1962	GL (Lw)	30. 9. 1961
Ibel, Hugbert	31. 8. 1935	BG (Lw)	
Ibel, Max	2. 1. 1896–19. 3. 1981	BG (Lw)	30. 9. 1961
Ibing, Wolfram	11. 7. 1922	BG	30. 9. 1982
Ilsemann, Carl-Gero von	5. 9. 1920	GL	30. 9. 1980
Ites, Dr. Otto	5. 2. 1918– 2. 2. 1982	KA	30. 9. 1977
Jacobi, Gerhard	25. 8. 1913–10. 6. 1980	BG	30. 9. 1970
Jacobs, Peter	20. 8. 1938	BG (Lw)	
Jacoby, Hans	9. 8. 1915–11. 8. 1983	BG (Lw)	30. 9. 1973
Jacoby, Wilhelm	8. 3. 1934	GM	
Jaeger, Dr. Matthias	22. 11. 1937	GenStArzt	
Jaenisch, Wolfgang	2. 3. 1930	BG (Lw)	31. 3. 1989
Jaitner, Josef	16. 3. 1914	BG (Lw)	31. 3. 1971
Jaunig, Günter	21. 12. 1936	BG (Lw)	
Jenett, Rudolf	10. 4. 1914	GM (Lw)	30. 9. 1974
Jeschonnek, Gert	30. 10. 1912	VA	30. 9. 1971
Jessel, Karl-Friedrich	11. 1. 1905– ?. ?. 1989	BG	31. 3. 1963
Jödicke, Dr. Theodor	11. 12. 1899	GenStArzt	30. 9. 1962
Jörgens, Karl-Heinz	18. 1. 1920	BG	31. 3. 1980
Johannesson, Rolf	22. 7. 1900– 6. 12. 1989	KA	31. 8. 1961

NAME/VORNAME	LEBENSDATEN	DIENSTGRAD	PENSIONIERT
John, Gerhard	21. 8. 1935	GM (Lw)	
Jordan, Paul	13. 9. 1910	GM	30. 9. 1968
Jürgens, Rolf	15. 6. 1916	GM	31. 3. 1972
Jung, Berthold	17. 6. 1915	KA	30. 9. 1973
Junghanß, Siegfried	6. 2. 1917– ?. 11. 1981	BG (Lw)	31. 3. 1973
Jungkurth, Horst	24. 1. 1933	GL (Lw)	
Jungnickel, Heinz	19. 5. 1925	BG (Lw)	30. 9. 1985
Kähler, Wolfgang	22. 3. 1903– 8. 9. 1983	FA	30. 6. 1962
Kahlden, Wolf von	2. 9. 1901–27. 10. 1979	BG	30. 6. 1961
Kalckreuth, Hans-Jürg von	28. 6. 1915–12. 4. 1988	GM	30. 9. 1975
Kallerhoff, Horst-Dieter	7. 10. 1923	GM (Lw)	31. 3. 1984
Kammhuber, Josef	19. 8. 1896–25. 1. 1986	Gen (Lw)	30. 9. 1962
Kampe, Helmut	7. 12. 1925	VA	31. 3. 1986
Kannegieser, Hans-Günter	9. 5. 1921	BG (Lw)	30. 9. 1981
Karn, Ludwig	26. 9. 1898–28. 6. 1969	BG	30. 9. 1962
Karpinski, Peter	13. 11. 1912	GM	31. 3. 1971
Karst, Heinrich	1. 12. 1914	BG	30. 9. 1970
Kasch, Heinz	5. 1. 1926	GL	31. 3. 1986
Kather, Heinrich	8. 8. 1920	BG	30. 9. 1980
Kauffmann, Kurt	21. 9. 1912	BG	31. 3. 1971
Keil, Heinrich	8. 7. 1911–28. 4. 1980	BG	30. 9. 1969
Keilig, Wolfgang	21. 5. 1915–20. 10. 1984	BG	30. 9. 1971
Kemnade, Friedrich	12. 12. 1911	KA	30. 9. 1970
Kendziora, Alfred	12. 2. 1925	BG	31. 3. 1985
Kerscher, Gerhard	10. 5. 1916	GM (Lw)	30. 9. 1976
Kerschkamp, Hans-Joachim	25. 2. 1915	BG	31. 3. 1972
Kessel, Karl	1. 6. 1912	GM (Lw)	30. 9. 1970
Kessler, Wolfgang	23. 10. 1922	GM (Lw)	31. 3. 1983
Kielmansegg, Johann-Adolf Graf von	30. 12. 1906	Gen	31. 3. 1968
Kielmansegg, Johann Adolf Graf von	8. 7. 1935	GM	
Kionitz, Karl Walter	30. 4. 1910	BG (Lw)	30. 9. 1970
Kießling, Dr. Günter	20. 10. 1925	Gen	31. 3. 1984
Kimmerling, Werner-Georg	23. 3. 1913	FA	31. 3. 1971
Kinder, Horst	19. 12. 1919	BG	31. 3. 1980
Kinder, Dr. Karl-Heinz	14. 8. 1921	BG	30. 9. 1981
Kirchem, Dr. Rolf	17. 10. 1925	AdmArzt	31. 3. 1986
Klaffus, Ernst	17. 9. 1935	GL	
Klasing, Ernst	9. 12. 1901–27. 3. 1977	GM	31. 3. 1962
Klatte, Peter	9. 10. 1936	GM (Lw)	
Kleffel, Paul-Georg	7. 9. 1920	GL	30. 9. 1980
Klein, Hans-Heinrich	4. 2. 1918	GL	31. 3. 1978
Kleinknecht, Walter	11. 10. 1910–13. 4. 1981	GenAp	31. 3. 1970
Kleist, Dr. Ewald	13. 1. 1911	GenArzt	31. 3. 1971
Kleist, Karl-Wilhelm von	3. 2. 1914	BG	30. 9. 1969
Klemm, Helmut	16. 2. 1908–25. 10. 1969	FA	30. 9. 1967
Klennert, Wolfgang	8. 5. 1913	BG	31. 3. 1971
Kleppien, Axel	23. 9. 1939	BG (Lw)	
Klewin, Eckhard	19. 5. 1934	BG	
Kleyser, Karl	7. 12. 1909	GM	31. 3. 1970
Klose, Hans-Helmut	9. 9. 1916	VA	30. 9. 1978
Klotz, Dr. Albert	31. 5. 1911	GenStArzt	31. 3. 1970

NAME/VORNAME	LEBENSDATEN	DIENSTGRAD	PENSIONIERT
Klüter, Gustav-Adolf	27. 11. 1913	BG (Lw)	30. 9. 1971
Klug, Bernd	31. 3. 1934	GL	
Klug, Bernd-Georg	12. 12. 1914–15. 6. 1975	FA	31. 3. 1968
Kluge, Rolf	19. 12. 1909	BG (Lw)	30. 9. 1968
Knauer, Karl-Egon	17. 8. 1914	BG (Lw)	31. 3. 1971
Kniehase, Klaus Peter	3. 4. 1935	BG	
Kobe, Gerd	28. 2. 1914	GM	30. 9. 1971
Koch, Gero	17. 3. 1935	BG	
Koch, Günther	10. 9. 1931	BG (Lw)	31. 3. 1990
Koch-Erpach, Rolf	28. 1. 1915	BG	30. 9. 1972
Köhler, Paul	30. 6. 1906	GM	30. 9. 1967
Körner, Friedrich	24. 1. 1921	BG (Lw)	30. 6. 1979
Köster, Uwe	17. 3. 1915	BG (Lw)	31. 3. 1975
Köstlin, Wolfgang	3. 3. 1914	GM	31. 3. 1971
Kohler, Dr. Hans-Heinz	12. 4. 1912	GenArzt (Lw)	30. 9. 1972
Kohlmann, Dr. Gert	3. 10. 1919	GM	31. 3. 1980
Koller-Kraus, Heinz-Michael	27. 5. 1909	BG	30. 9. 1965
Komossa, Gerd-Hellmut	11. 11. 1924	GM	31. 3. 1985
Koppe, Johann-Gottfried	31. 5. 1936	BG (Lw)	
Kospoth, Karl Eduard von	20. 10. 1934	BG (Lw)	
Kraehe, Horst	24. 8. 1902–10. 10. 1988	BGdR	
Krane, Prof. Dr. Wilhelm	25. 6. 1902– 4. 8. 1979	GenArzt	30. 9. 1964
Krantz, Hans-Ulrich	24. 6. 1906–15. 8. 1976	GM	31. 3. 1966
Kratzmair, Dr. Hansjakob	19. 9. 1927	KA	30. 9. 1987
Kraus, Albert	12. 12. 1916	BG	31. 12. 1971
Krause, Herbert	7. 1. 1913	BG (Lw)	30. 9. 1971
Krause, Karl-Christian	8. 11. 1918	BG	31. 3. 1978
Krauss, Dr. Hans Joachim	16. 3. 1932	GenAp	
Krauss, Volker	9. 5. 1936	BG	
Krauss, Willi	27. 12. 1935	KA	
Krawietz, Dr. Wolfgang	17. 7. 1920	GenStArzt	30. 9. 1980
Kresser, Hans-Georg	19. 11. 1930	BG (Lw)	
Kretschmer, Otto	1. 5. 1912	FA	30. 9. 1970
Kriebel, Günter	19. 6. 1925	BG	30. 9. 1985
Kriebel, Paul	29. 1. 1917	FA	31. 3. 1977
Krieger, Werner	24. 6. 1916	BG	30. 9. 1975
Kroh, Hans	13. 5. 1907–18. 7. 1967	GM	30. 9. 1962
Kron, Dr. Winfried	10. 11. 1941	GenArzt	
Krüger, Horst	23. 5. 1916– 7. 4. 1989	GM (Lw)	30. 9. 1973
Krüger, Peter	9. 2. 1935	BG	
Krupinski, Walter	11. 11. 1920	GL (Lw)	9. 11. 1976
Kubis, Hans	19. 6. 1924	GL	30. 9. 1984
Kublitz, Dr. Manfred	1. 7. 1912	BG	31. 3. 1971
Kuebart, Hans-Jörg	2. 9. 1934	GL (Lw)	
Kühlein, Konrad	21. 7. 1910	GM	30. 9. 1970
Kühnle, Heinrich	16. 1. 1915	VA	31. 3. 1975
Kuhlmey, Kurt	19. 11. 1913	GM (Lw)	31. 3. 1971
Kuhnke, Claus	2. 4. 1922	BG (Lw)	30. 9. 1982
Kuhnke, Günter	7. 9. 1912	KA	30. 9. 1972
Kuntzen, Gustav-Adolf	23. 12. 1907	GL	31. 3. 1967
Kunze, Fritz-Joachim	12. 2. 1924	BG	31. 3. 1984
Kusserow, Ernst	29. 12. 1903– 5. 1. 1968	BG (Lw)	31. 3. 1963

NAME/VORNAME	LEBENSDATEN	DIENSTGRAD	PENSIONIERT
Laegeler, Hellmuth	22. 1. 1902–13. 7. 1972	GM	31. 3. 1962
Lamberty, Horst	6. 9. 1931	BG (Lw)	31. 1. 1985
Lange, Werner	28. 9. 1929	GL	31. 3. 1989
Langenstraß, Ernst-Friedrich	16. 1. 1914	BG	30. 9. 1969
Langer, Dr. Günter	24. 2. 1919	BG	31. 3. 1979
Langguth, Gerhard	24. 10. 1914	BG (Lw)	31. 3. 1972
Langkau, Wolfgang	21. 6. 1903	GMdR	30. 9. 1963
Lankers, Roland	18. 5. 1935	BG	
Lanz, Franz		BG	
Lassen, Ernst-August	30. 6. 1905–19. 10. 1985	GM	31. 3. 1965
Laube, Heinz	12. 7. 1935	BG (Lw)	31. 12. 1986
Laube, Kurt	5. 5. 1912– 7. 8. 1986	BG (Lw)	30. 9. 1969
Laudien, Klaus-Dieter	7. 1. 1938	FA	
Lauschner, Prof. Dr. Erwin	21. 5. 1911	GenArzt (Lw)	30. 6. 1970
Lechler, Otto	24. 7. 1908–13. 8. 1987	GM	30. 9. 1968
Leers, Dr. Heinrich	16. 10. 1914	GenStArzt	31. 3. 1975
Lehmann, Hans	9. 3. 1933	BG	
Lemm, Heinz-Georg	1. 6. 1919	GL	30. 9. 1979
Lessing, Karl-Horst	23. 3. 1925–11. 11. 1987	BG (Lw)	30. 9. 1982
Leuchtenberg, Werner	29. 9. 1911	GM (Lw)	30. 9. 1969
Lichel, Carl-Helmuth	21. 8. 1932	GM	31. 3. 1990
Liebenstein, Kurt Freiherr von	28. 2. 1899– 3. 8. 1975	GM	30. 9. 1960
Liebeskind, Helmut	22. 3. 1922	BG	31. 3. 1982
Liebig, Gustav	5. 6. 1930	KA	30. 9. 1989
Lillienskiold, Peter von	12. 3. 1915	GM (Lw)	30. 9. 1974
Limberg, Gerhard	7. 7. 1920	GL (Lw)	30. 9. 1978
Linde, Dr. Hansjoachim	6. 4. 1926	GenOStArzt (Lw)	30. 9. 1986
Lindner, Joachim-Frithjof	7. 7. 1915	GM	31. 3. 1973
Lingenthal, Edel-Heinrich	19. 4. 1916	BG	30. 6. 1975
Link, Hans	17. 10. 1918	BG	30. 9. 1978
Lissinna, Ernst	23. 1. 1934	BG	
Lochmann, Hans-Eberhard	8. 12. 1933	BG	
Loebisch, Horst	3. 7. 1930	BG	30. 9. 1990
Löser, Hans-Joachim	3. 4. 1918	GM	30. 9. 1974
Loeytved-Hardegg, Rudolf	17. 7. 1905	BG (Lw)	31. 3. 1964
Lohse, Dr. Eberhard	9. 5. 1916	BG	31. 3. 1976
Looschen, Hans	28. 11. 1907–27. 6. 1987	FA	30. 9. 1966
Loosen, Bruno	22. 9. 1922	GL (Lw)	30. 9. 1982
Lorch, Anton	6. 6. 1910–22. 10. 1984	BG	30. 9. 1966
Lorenz, Adolf	15. 1. 1925	BG	31. 3. 1985
Lucius, Wolfgang	30. 9. 1925	BG	30. 9. 1985
Lübbe, Friedrich-Wilhelm	1938	BG (Lw)	
Lueder, Hans-Georg	2. 10. 1908–29. 8. 1989	BG	31. 3. 1966
Lüdke, Hermann	18. 12. 1911– 8. 10. 1968	FA	30. 9. 1968
Lüttwitz, Smilo Freiherr von	23. 12. 1895–19. 5. 1975	GL	31. 12. 1960
Luther, Günter	17. 3. 1922	Adm	31. 3. 1982
Lutz, Günter	5. 2. 1934	BG (Lw)	
Mack, Hans-Joachim	30. 3. 1928	Gen	30. 9. 1987
Maeder, Hellmuth	5. 7. 1908–12. 5. 1984	GL (x)	30. 9. 1968
Magerstaedt, Johannes	10. 3. 1921	BG	31. 3. 1981
Mahlke, Helmut	27. 8. 1913	GL (Lw)	30. 9. 1970

(x) = nach einem Gerichtsurteil wurde der Titel später aberkannt.

NAME/VORNAME	LEBENSDATEN	DIENSTGRAD	PENSIONIERT
Mai, Günther	12. 10. 1926	BG	31. 3. 1987
Maizière, Ulrich de	24. 2. 1912	Gen	31. 3. 1972
Majewski, Norbert	1937	BG (Lw)	
Malecha, Wolfgang	17. 6. 1932	GL	30. 9. 1990
Mann, Hans-Joachim	26. 6. 1935	VA	
Mantey, Willi	9. 3. 1903–27. 3. 1990	GM	31. 3. 1963
Manthey, Konrad	4. 8. 1928	GM	30. 9. 1988
Markert, Arthur	9. 9. 1904	GM	30. 9. 1964
Marquitan, Hubert	3. 11. 1937	GM (Lw)	
Martin, Dieter	16. 9. 1921	FA	30. 9. 1981
Martin, Robert	26. 4. 1934	BG	
Matzky, Gerhard	19. 3. 1894– 9. 6. 1983	GL	29. 2. 1960
Maultzsch, Dr. Herbert	10. 3. 1905– ?. 2. 1984	BG	30. 9. 1964
Maurach, Dr. Heino	31. 3. 1912–23. 11. 1970	GenArzt	i. Dst. †
Mayer, Götz	10. 11. 1925	GM	31. 3. 1986
Medert, Ekkehard	16. 11. 1923	BG	31. 3. 1984
Meentzen, Wilhelm	19. 3. 1915	VA	30. 9. 1974
Mehlen, Hans-Werner	22. 4. 1916	GL (Lw)	30. 9. 1976
Mehner, Jochen	18. 4. 1934	FA	
Meinicke, Theodor	28. 6. 1909	BG	31. 3. 1968
Meisner, Hans Friedrich	30. 8. 1928	KA	30. 9. 1986
Meißner, Wolfgang	9. 12. 1920	GL (Lw)	31. 3. 1981
Mende, Bernhard	2. 8. 1937	GM (Lw)	
Meng, Werner	7. 10. 1915	BG (Lw)	31. 3. 1974
Mengden, Bruno von	1. 6. 1934	GM (Lw)	
Merkel, Hubert	18. 11. 1937	BG (Lw)	
Merkle, Dr. Carl	30. 3. 1911	GenArzt	30. 9. 1969
Mertes, Paul	9. 9. 1918–21. 3. 1981	BG	30. 9. 1977
Metscher, Wilhelm	1. 9. 1915	BG (Lw)	31. 3. 1973
Metz, Ernst	19. 11. 1916– 1. 6. 1980	GM	30. 9. 1975
Metz, Lothar	20. 4. 1908–28. 4. 1975	BG	15. 4. 1966
Meyer, Egon	7. 6. 1929	FA	30. 9. 1988
Meyer, Hans	1. 12. 1898–23. 1. 1989	FA	31. 12. 1960
Meyer, Heinrich	18. 5. 1915	BG	30. 9. 1975
Meyer, Rudolf	11. 1. 1926	GM (Lw)	31. 3. 1986
Meyer-Abich, Dr. Helmut	20. 7. 1919	FA	30. 9. 1979
Meyer-Detring, Wilhelm	9. 5. 1906	GL	30. 9. 1966
Meyer-Höper, Hans-Joachim	10. 2. 1935	KA	
Meyer-Ricks, Alfred	11. 2. 1922	BG (Lw)	31. 12. 1976
Meyn, Wilhelm	3. 7. 1923	GM (Lw)	28. 2. 1979
Middeldorf, Eike	27. 6. 1915	GM	14. 6. 1971
Mielke, Bruno	13. 2. 1936	BG (Lw)	
Miltzow, Hermann	4. 5. 1910	BG	31. 3. 1968
Model, Hansgeorg	1. 3. 1927	BG	31. 3. 1987
Möckel, Dr. Wilfried	18. 7. 1932	GenArzt (Lw)	
Moek, Lutz	13. 5. 1932	GL	
Möller, Ernst-Günther	23. 4. 1909	GM (Lw)	30. 9. 1967
Möller-Döling, Joachim	20. 3. 1908	BG	31. 3. 1966
Molinari, Karl-Theodor	7. 2. 1915	GM	31. 12. 1970
Moll, Josef	5. 9. 1908– 7. 1. 1989	GL	30. 9. 1968
Monreal, Paul	3. 9. 1924	GM (Lw)	30. 9. 1984
Mühllehner, Konrad	1. 1. 1910– 8. 5. 1979	BG	30. 9. 1968

NAME/VORNAME	LEBENSDATEN	DIENSTGRAD	PENSIONIERT
Müllenberg, Theodor	2. 5. 1931	GM	
Müller, Alfred	23. 11. 1915	BG	31. 3. 1975
Müller, Christian	6. 10. 1904	GM	30. 9. 1964
Müller, Dr. Ernst	8. 12. 1926	AdmArzt	31. 3. 1989
Müller, Ernst-Günther	3. 12. 1922	FA	31. 3. 1983
Müller, Hans-Joachim	14. 4. 1933	BG	
Müller, Johannes	20. 8. 1909	GM	31. 3. 1968
Müller, Klaus	23. 4. 1910– ?. ?. 1990	GM	15. 10. 1964
Müller-Hillebrand, Burkhart	26. 12. 1904–16. 2. 1987	GL	31. 3. 1965
Müller-Lankow, Heinz-Joachim	1. 1. 1910– ?. 2. 1979	BG	31. 3. 1968
Münch, Gerhard	2. 12. 1914	GM	30. 9. 1974
Münzing, Günther	8. 5. 1918– 7. 4. 1981	BG	31. 3. 1975
Munzel, Oskar	13. 3. 1899	GM	31. 3. 1962
Mutius, Theodor von	19. 12. 1909–19. 10. 1977	FA	31. 3. 1970
Nagel, Kurt Gustav	5. 10. 1906	GM (Lw)	31. 3. 1967
Nathusius, Mark-Heinrich von	2. 8. 1932	GM	30. 9. 1990
Naumann, Klaus Dieter	25. 5. 1939	GM	
Nebe, Johannes	19. 1. 1934	GM	
Neitzel, Hasso	11. 5. 1908–26. 11. 1964	BG	30. 9. 1963
Nennecke, Klaus	4. 6. 1925	BG	30. 9. 1985
Nerl, Dr. Heinrich	27. 7. 1916	GenArzt	30. 9. 1976
Netzler, Horst	5. 11. 1925	GM	31. 3. 1986
Neumann, Horst	2. 2. 1922	BG	31. 3. 1982
Neuss, Helmut	12. 3. 1908	KA	31. 3. 1968
Nickel, Ulrich	31. 12. 1931	BG (Lw)	
Niemack, Horst	10. 3. 1909	BGdR	
Niemann, Klaus-Peter	29. 10. 1935	FA	
Niepold, Gerd	25. 5. 1913	GL	30. 9. 1972
Nies, Dr. Helmut Ludwig	5. 9. 1930	BG	30. 9. 1988
Nissen, Dr. Wolfgang	28. 6. 1925	GenArzt (Lw)	30. 9. 1985
Nitschmann, Horst	9. 7. 1908– 4. 6. 1976	BG	30. 9. 1967
Noack, Fred	5. 8. 1931	GL (Lw)	31. 3. 1989
Nolzen, Hans-Kurt	23. 3. 1925	GM	31. 3. 1985
Nonn, Dr. Carl-Leo	9. 10. 1914	GenArzt	31. 3. 1975
Noodt, Dr. Eberhard	16. 9. 1922	KA	30. 9. 1982
Nordholz, Dr. Dieter	17. 9. 1926	AdmArzt	30. 9. 1986
Nostitz, Eberhard Graf von	15. 2. 1906–15. 12. 1983	BGdR	
Nührenberg, Werner	28. 5. 1931–10. 7. 1987	BG (Lw)	12. 5. 1983
Oberdiek, Dr. Heinrich	7. 8. 1899–13. 3. 1986	GenArzt	31. 3. 1962
Obermaier, Albrecht	9. 7. 1912	VA	30. 9. 1971
Obleser, Friedrich	21. 2. 1923	GL (Lw)	31. 3. 1983
Odendahl, Wolfgang	13. 3. 1931	GL	31. 3. 1990
Oehlke, Horst	2. 1. 1924	FA	31. 12. 1981
Oer, Dr. Adrian Freiherr von	31. 5. 1924	BG	30. 9. 1984
Ohm, Gerhard	23. 11. 1924–21. 5. 1990	BG	31. 3. 1985
Ohrloff, Horst	2. 4. 1917	GM	30. 9. 1976
Olboeter, Dr. Hartmut	18. 1. 1940	BG (Lw)	
Oldigs, Lühr-Onno	2. 5. 1937	BG	
Oltmanns, Karsten	7. 1. 1940	BG	
Olze, Arno	10. 3. 1915–23. 2. 1973	BG	i. Dst. †
Ondarza, Henning von	17. 11. 1933	GL	
Opel, Manfred	27. 7. 1938	BG (Lw)	19. 6. 1988

NAME/VORNAME	LEBENSDATEN	DIENSTGRAD	PENSIONIERT
Oppermann, Roland	12. 4. 1933	GM	
Ortmanns, Dr. Wilhelm	9. 5. 1920	GM (Lw)	30. 9. 1980
Osten, Kurt von der	14. 5. 1922–21. 12. 1989	GL	30. 9. 1982
Oster, Joachim	20. 2. 1914– 2. 3. 1983	GM	30. 9. 1973
Ostertag, Reinhart	28. 10. 1913	FA	30. 9. 1971
Pacholke, Siegfried	27. 11. 1935	GM (Lw)	
Page, Karl Heinz	31. 10. 1916	BG	30. 9. 1976
Panitzki, Werner	27. 5. 1911	GL (Lw)	25. 8. 1966
Pape, Günther	14. 7. 1907–21. 1. 1986	GM	22. 10. 1966
Parakenings, Ulrich	30. 6. 1916	BG (Lw)	31. 3. 1976
Paschke, Rainer	11. 3. 1926	GM (Lw)	31. 3. 1986
Paul, Artur	11. 4. 1899– 9. 12. 1968	BG (Lw)	31. 3. 1963
Paulsen, Ernst	22. 4. 1916	BG	31. 3. 1974
Pemsel, Max-Josef	15. 1. 1897–30. 6. 1985	GL	30. 9. 1961
Penner, Dr. Klaus	2. 9. 1921	AdmArzt	30. 9. 1981
Peslmüller, Ignaz	24. 8. 1897–18. 7. 1957	BG	i. Dst. †
Peter, Karl	17. 9. 1918	KA	30. 9. 1977
Peters, Paul	19. 10. 1913	BG	30. 9. 1971
Philipp, Ernst	13. 10. 1912	GM	31. 3. 1971
Philipp, Manfred	23. 9. 1931	GM (Lw)	30. 9. 1990
Pichler, Peter	30. 5. 1929	BG	31. 3. 1987
Pickel, Ernst	21. 5. 1914	BG	31. 3. 1971
Pilger, Otto	17. 10. 1908	GM (Lw)	31. 3. 1967
Pilster, Hans-Christian	9. 8. 1914–25. 7. 1989	GM	30. 9. 1974
Pinkwart, Horst	14. 9. 1920	BG	30. 9. 1980
Plato, Anton-Detlev von	6. 6. 1910	GL	31. 3. 1970
Plitt, Hans	31. 12. 1917	BG	30. 9. 1975
Plocher, Hermann	5. 1. 1901– 8. 12. 1980	GM (Lw)	31. 12. 1961
Ploetz, Hans von	27. 11. 1904	BG (Lw)	31. 3. 1964
Poeppel, Johannes	20. 7. 1921	GL	30. 9. 1981
Pöschl, Franz	2. 11. 1917	GL	31. 3. 1978
Pollex, Kurt	16. 11. 1898–15. 9. 1987	BG	31. 12. 1960
Ponert, Hubert	22. 9. 1923	FA	30. 9. 1983
Popp, Dr. Günther	31. 3. 1921	GenArzt	31. 3. 1981
Poretschkin, Theodor	22. 11. 1913	BG	31. 3. 1970
Poschwatta, Peter	16. 9. 1934	BG	
Poschwatta, Siegfried	22. 4. 1936	GM (Lw)	
Poser, Günter	23. 9. 1916	KA	30. 9. 1973
Pospischil, Ernst	30. 10. 1934	BG (Lw)	
Prange, Karl-Heinz	5. 4. 1930	BG	30. 9. 1990
Prilipp, Walter	30. 12. 1907	BG (Lw)	30. 6. 1966
Prilipp, Wilhelm	15. 4. 1909–15. 9. 1989	BG	30. 9. 1966
Proehl, Dr. Joachim	17. 6. 1932	AdmArzt	
Proll, Günter	9. 10. 1914	GM (Lw)	30. 9. 1971
Promies, Rudolf	6. 12. 1927–27. 10. 1980	BG	i. Dst. †
Ptak, Heinz Peter	24. 5. 1918	BG (Lw)	30. 9. 1975
Punzmann, Karl	23. 9. 1918	BG	30. 9. 1977
Pusch, Otto	13. 12. 1909–21. 4. 1982	BG (Lw)	31. 3. 1968
Queisner, Wolfgang	7. 2. 1906	BG (Lw)	31. 3. 1964
Radowitz, Joseph-Maria von	29. 7. 1899– 1. 6. 1956	GM	i. Dst. †
Raesfeld, Georg-Josef von	22. 2. 1921	BG	31. 3. 1981
Rahn, Walter	10. 7. 1920	GenAp	30. 9. 1980

NAME/VORNAME	LEBENSDATEN	DIENSTGRAD	PENSIONIERT
Rall, Günther	10. 3. 1918	GL (Lw)	30. 9. 1975
Ratza, Odo	26. 3. 1916	BG (Lw)	31. 3. 1976
Rau, Erwin	3. 1. 1918	KA	30. 9. 1977
Raulf, Günter	10. 4. 1928	GL (Lw)	31. 3. 1988
Rebentisch, Prof. Dr. Ernst	31. 1. 1920	GenOStArzt	31. 3. 1980
Recke, Adalbert Baron von der	4. 10. 1930	GM	
Reeder, Günther	2. 11. 1915	KA	31. 3. 1971
Rehder, Klaus	7. 8. 1933	VA	
Reichardt, Jürgen	16. 6. 1938	GM	
Reichel, Eckart	20. 3. 1913–31. 7. 1962	BG	i. Dst. †
Reichelt, Paul	29. 3. 1898–15. 7. 1981	GM	31. 3. 1962
Reichenberger, Rudolf	6. 7. 1919	GL	30. 9. 1979
Reichert, Rüdiger Ritter von	18. 8. 1917	GL	31. 3. 1978
Reidel, Herbert	10. 10. 1910	GM	30. 9. 1970
Reinhardt, Helmuth	27. 6. 1900–16. 9. 1989	GM	30. 9. 1962
Reinhardt, Dr. Klaus	15. 1. 1941	GM	
Reischle, Günther	4. 2. 1914–13. 3. 1976	GM	31. 3. 1971
Rekittke, Diether	17. 1. 1931	GM (Lw)	31. 3. 1990
Remberg, Josef-Friedrich	23. 6. 1918	GM (Lw)	30. 9. 1978
Remde, Friedrich	17. 7. 1928	FA	30. 9. 1988
Renner, Lothar	7. 11. 1918	GM	30. 6. 1976
Renner, Wilhelm	17. 4. 1915– 3. 6. 1982	BG	31. 3. 1972
Rensing, Joachim	6. 4. 1922	BG	30. 9. 1982
Repenning, Werner	16. 12. 1914–22. 1. 1967	BG (Lw)	i. Dst. †
Richardsen, Uwe	16. 6. 1936	BG	
Richarz, Dr. Albert	3. 11. 1923	AdmArzt	31. 3. 1984
Richter, Ekkehard	13. 2. 1937	BG	
Richter, Fritz	20. 10. 1918	GM (Lw)	31. 3. 1979
Rieben, Vico von	12. 5. 1910	BG	31. 3. 1968
Riedel, Dr. Klaus-Peter	2. 3. 1919	GenArzt	30. 9. 1973
Rimmek, Klaus-Wilhelm	9. 6. 1935	GM (Lw)	14. 9. 1988
Ritgen, Udo	22. 6. 1916	BG	30. 9. 1975
Ritz, Alfred	10. 3. 1914–12. 4. 1982	BG	30. 9. 1971
Robbers, Dr. Horst	26. 4. 1918	AdmArzt	30. 9. 1978
Rodde, Franz-Joachim Freiherr von	25. 11. 1922	GM	31. 3. 1983
Rode, Friedrich	20. 10. 1936	BG (Lw)	
Rode, Manfred	1. 9. 1934	BG	
Rödel, Gustav-Siegfried	24. 10. 1915	BG (Lw)	30. 9. 1971
Röder, Rolf	30. 11. 1931	BG	31. 3. 1989
Röder, Wilhelm von	3. 11. 1907–11. 6. 1974	BG	31. 3. 1965
Röhrs, Gerd	1. 5. 1930	GM	30. 9. 1987
Rösing, Hans-Rudolf	28. 9. 1905	KA	30. 9. 1965
Röttiger, Hans	16. 4. 1896–15. 4. 1960	GL	i. Dst. †
Rogge, Bernhard	4. 11. 1899–29. 6. 1982	VA	31. 3. 1962
Rogler, Dietrich	25. 5. 1936	BG	
Rohde, Dietrich	5. 3. 1919	BG	31. 3. 1979
Rohde, Peter	23. 2. 1934	GM	
Rohkamm, Jobst	15. 9. 1923	BG	30. 9. 1983
Rohwedder, Dr. Hermann	9. 4. 1925	AdmArzt	30. 9. 1985
Roos, Dr. Walter	10. 3. 1914– 2. 1. 1975	GM (Lw)	30. 9. 1973
Rose, Eckehard	14. 10 1917	BG	30. 9. 1976

NAME/VORNAME	LEBENSDATEN	DIENSTGRAD	PENSIONIERT
Rosen, Richard Freiherr von	28. 6. 1922	GM	30. 9. 1982
Rosenhauer, Friedrich	6. 9. 1913	BG	30. 9. 1973
Rosenthal, Wilfried Ritter und Edler von	25. 8. 1908– 6. 6. 1975	BG	15. 4. 1966
Rotberg, Ernst Arnold Freiherr von	6. 12. 1913	BG	31. 3. 1971
Roth, Franz-Günter	25. 12. 1923–28. 5. 1976	BG	i. Dst. †
Roth, Georg-Heinrich	17. 3. 1934	BG	
Roth, Dr. Günter	24. 3. 1935	BG	
Rothe, Günter-Joachim	24. 6. 1915	BG	30. 9. 1970
Rothenberger, Raimund-Max	5. 1. 1931	BG	31. 3. 1989
Rudat, Horst	3. 5. 1920–31. 8. 1982	GM (Lw)	30. 9. 1980
Rückbrodt, Peter	17. 8. 1938	BG	
Ruempler, Dr. Edgar	7. 6. 1914	GenArzt	30. 9. 1973
Ruge, Friedrich	24. 12. 1894– 3. 7. 1985	VA	30. 9. 1961
Rumohr, Detlev von	18. 1. 1908–17. 6. 1961	BG	i. Dst. †
Rutz, Rudolf	17. 4. 1912	BG	31. 3. 1970
Sandrart, Hans-Henning von	21. 7. 1933	Gen	
Sapauschke, Johannes	6. 10. 1906	BG	30. 4. 1965
Sasse, Karl	16. 8. 1934	GM (Lw)	
Sautter, Dr. Hans	30. 3. 1931	GenStArzt	
Schade, Wolfgang	30. 3. 1937	BG	
Schaeder, Christian	15. 5. 1909	GM	30. 9. 1969
Schäfer, Arno	10. 7. 1934	GM	
Schaefer, Ernst Otto	13. 2. 1902	GM	31. 3. 1962
Schäfer, Heinrich	5. 6. 1907– 3. 10. 1986	BG	30. 4. 1966
Schaefer, Dr. Reinhard	12. 4. 1928	GenArzt	30. 9. 1988
Schäfer, Dr. Werner	3. 12. 1925	GL	31. 3. 1986
Schall, Dr. Wolfgang	31. 3. 1916	BG	31. 3. 1971
Schanze, Ludwig	15. 8. 1896–28. 12. 1977	BG	30. 4. 1959
Scharkowski, Arnold	8. 1. 1927	BG	31. 3. 1987
Scheck, Herbert	30. 7. 1937	BG (Lw)	
Scheffer, Wilfried-Otto	25. 5. 1939	BG	
Scheibert, Horst	29. 9. 1918	BG	30. 9. 1977
Schell, Godehard	30. 3. 1935– 2. 8. 1990	BG	
Scherer, Paul Albert	23. 11. 1918	BG	30. 9. 1977
Scheuermann, Horst	1. 9. 1921	BG	30. 9. 1981
Scheunert, Dr. Wolfgang	19. 8. 1922	GenStArzt	30. 9. 1983
Scheven, Werner von	26. 1. 1937	GM	
Schild, Frank	30. 12. 1931	GM	
Schimmelpfennig, Max	6. 8. 1917	BG (Lw)	30. 9. 1977
Schimpf, Richard	16. 5. 1897–30. 12. 1972	GM (Lw)	30. 6. 1962
Schindler, Albert	19. 2. 1909– 7. 9. 1982	BG	31. 3. 1967
Schlabitz, Wolf-Hubertus	9. 4. 1913– 3. 12. 1982	BG	31. 3. 1971
Schleinitz, Wolf-Dietrich Freiherr von	18. 11. 1899–25. 4. 1963	BG	31. 3. 1962
Schlichting, Friedrich-Carl	8. 5. 1906–11. 10. 1984	GM (Lw)	31. 7. 1966
Schlieper, Andries-Rütger	19. 10. 1936	BG (Lw)	
Schlüter, Jürgen	5. 1. 1933	GM	31. 3. 1990
Schlüter, Jürgen	7. 1. 1937	GM (Lw)	
Schlüter, Dr. Werner	3. 4. 1920	BG	31. 3. 1980
Schmähling, Elmar	17. 2. 1937	FA	16. 1. 1990

NAME/VORNAME	LEBENSDATEN	DIENSTGRAD	PENSIONIERT
Schmelzer, Günther	3. 6. 1922	BG	30. 9. 1982
Schmidbauer, Werner	13. 7. 1933	BG (Lw)	
Schmidt, Gerhard	25. 1. 1914	BG	31. 3. 1971
Schmidt, Dr. Hans-Dieter	26. 7. 1940	GenArzt	
Schmidt, Otto	7. 3. 1911	BG	30. 9. 1969
Schmidt-Ebert, Heinz	26. 10. 1918	BG (Lw)	31. 3. 1979
Schmidt-Petri, Hartmut	28. 1. 1935	GM	
Schmitz, Walter	23. 9. 1934	GL (Lw)	
Schmitz, Werner	21. 5. 1921– 1. 10. 1977	GL (Lw)	30. 9. 1976
Schmückle, Gerd	1. 12. 1917	Gen	31. 3. 1980
Schneider, Ernst	9. 11. 1933	BG (Lw)	
Schneider, Ernst-Wilhelm	18. 1. 1924	BG	31. 3. 1984
Schneider, Günther	27. 11. 1921	GM	30. 6. 1981
Schneider, Joachim	2. 7. 1909– 5. 2. 1984	BG (Lw)	31. 3. 1966
Schneider-Pungs, Dr. Karl	31. 7. 1914	KA	30. 9. 1973
Schnell, Dr. Jürgen	12. 3. 1935	GL (Lw)	
Schnell, Dr. Karl	18. 12. 1916	Gen/Sts	31. 12. 1980
Schnez, Albert	30. 8. 1911	GL	30. 9. 1971
Schober, Dr. Wilhelm	1. 4. 1924	GenStArzt	30. 9. 1981
Schönbohm, Jörg	2. 9. 1937	GL	
Schönefeld, Dr. Helmut	27. 3. 1916	GL	31. 3. 1976
Schöner, Dr. Gerhard	8. 5. 1937	GenArzt	
Schönfeld, Dr. Günther-Klaus	20. 12. 1926	GenArzt	31. 3. 1987
Schönnenbeck, Günter-Matthias	12. 12. 1917	BG	30. 9. 1972
Schöppe, Wolfgang	22. 5. 1922	BG	30. 6. 1981
Schötensack, Klaus-Peter	17. 5. 1937	BG	
Scholz, Günther	15. 2. 1919– 3. 7. 1974	BG (Lw)	i. Dst. †
Schorn, Ernst-August	8. 9. 1924– 8. 4. 1989	BG	30. 9. 1984
Schott, Dieter	12. 7. 1939	BG	
Schrade, Wolfgang	2. 3. 1924	FA	31. 3. 1984
Schrader, Louis	8. 8. 1915	BG (Lw)	31. 3. 1974
Schreiber, Gerd	2. 4. 1912	FA	31. 3. 1971
Schreiber, Dr. Jürgen	29. 1. 1928	GM (Lw)	30. 9. 1986
Schröder, Gerwin	24. 2. 1923	GM	31. 3. 1983
Schröder, Jürgen	25. 4. 1916	BG	31. 3. 1974
Schröder, Rolf Helmut	22. 10. 1921	GM	31. 3. 1982
Schroeter, Horst von	10. 6. 1919	VA	30. 9. 1979
Schubert, Klaus	6. 6. 1914	GM	30. 9. 1974
Schüler, Helmut	11. 6. 1915	BG	31. 3. 1974
Schünemann, Christian	6. 1. 1923	GM	31. 3. 1983
Schünemann, Dr. Werner	9. 3. 1920	FA	31. 3. 1980
Schulte, Gerhard	10. 2. 1915	BG (Lw)	30. 9. 1969
Schulte, Joachim	29. 10. 1928	GM	31. 3. 1987
Schultze, Hellmut	3. 8. 1905	GM	30. 9. 1965
Schultze-Rhonhof, Gerd	26. 5. 1939	BG	
Schultzendorff Karl-Reinhard von	21. 4. 1915	BG	31. 3. 1970
Schulz, Dr. Claus-Dieter	9. 2. 1924	GenArzt	31. 3. 1984
Schulz, Fritz	9. 11. 1924	GM (Lw)	30. 9. 1985
Schulz, Harald	27. 8. 1933	GL	
Schulz, Siegfried	18. 11. 1914	GL	30. 9. 1974
Schulze, Franz-Joseph	18. 9. 1918	Gen	30. 9. 1979
Schulze, Dr. Klaus-Detlef	3. 5. 1914	GenArzt	30. 9. 1973

NAME/VORNAME	LEBENSDATEN	DIENSTGRAD	PENSIONIERT
Schumacher, Heinrich	9. 7. 1912	BG (Lw)	30. 9. 1970
Schumann, Alfred	16. 6. 1902–10. 5. 1985	FA	31. 3. 1963
Schumann, Hans	7. 4. 1906– ?. 9. 1983	BG (Lw)	31. 3. 1963
Schuur, Heinrich	23. 11. 1937	FA	
Schuwirth, Horst-Bodo	21. 6. 1919– 6. 8. 1983	GM	30. 9. 1979
Schwab, Dr. Michael	9. 5. 1927	GM	30. 9. 1987
Schwartz, Rainer	11. 10. 1915	GM	31. 12. 1971
Schwarz, Helmut	25. 10. 1919	BG (Lw)	31. 3. 1980
Schwatlo-Gesterding, Joachim	2. 3. 1903–27. 1. 1975	GL	31. 3. 1964
Schweinitz, Kurt Graf von	31. 8. 1930	BG	31. 3. 1986
Schwemmle, Erich	14. 10. 1930	BG	
Schwenke, Winfried	12. 4. 1935	GM (Lw)	
Schwerin, Joachim von	21. 3. 1922	BG	31. 3. 1982
Schwiethal, Heinrich	18. 7. 1918	GL	31. 3. 1979
Scotti, Michael von	31. 7. 1941	BG	
Scriba, Hans	11. 10. 1931	BG	31. 3. 1989
Seeliger, Heinrich	14. 12. 1907	BG (Lw)	15. 4. 1967
Seifert, Martin	11. 4. 1921	BG	31. 3. 1979
Seizinger, Kurt	7. 1. 1920	FA	31. 3. 1980
Selle, Otto	18. 7. 1910– 6. 11. 1987	BG	31. 3. 1968
Selmayr, Josef	7. 7. 1905	BG	31. 3. 1964
Senff, Hubertus	4. 1. 1935	GM	
Senger und Etterlin, Dr. Ferdinand von	8. 6. 1923–10. 1. 1987	Gen	30. 9. 1983
Sewing, Herbert	9. 8. 1913	BG (Lw)	30. 9. 1970
Seydlitz-Kurzbach, Joachim von	7. 12. 1911	BG	31. 3. 1972
Sieber, Wilhelm-Peter	20. 8. 1910	GM (Lw)	31. 3. 1970
Sievert, Klaus-Dieter	17. 5. 1935	FA	
Siewert, Curt	5. 4. 1899–13. 6. 1983	GM	30. 9. 1960
Smidt, Karl-Ernst	30. 8. 1903–10. 1. 1984	KA	30. 9. 1963
Sochaczewski, Joachim	17. 10. 1931	GL (Lw)	
Söder, Jörn	22. 10. 1934	GL	
Sörensen, Uwe	25. 2. 1920	FA	31. 3. 1979
Sommerhoff, Paul	27. 9. 1929	GL (Lw)	30. 9. 1987
Sommermeyer, Horst	12. 3. 1938	FA	
Sonneck, Hubert	1. 11. 1913–13. 2. 1984	GL	31. 3. 1974
Speidel, Prof. Dr. Hans	28. 10. 1897–28. 11. 1984	Gen	31. 3. 1964
Speigl, Matthäus	11. 10. 1918–17. 11. 1985	BG	16. 2. 1975
Spiegel, Dr. Hans	9. 11. 1921	GM	31. 3. 1982
Spiering, Joachim	7. 10. 1940	BG	
Spitzer, Curt	16. 12. 1903–14. 3. 1987	GM	30. 9. 1962
Staack, Dr. Kay	11. 7. 1922	GenArzt (Lw)	30. 9. 1982
Stadlhofer, Robert	11. 11. 1917	BG	30. 9. 1977
Stamm, Wolfgang	27. 1. 1911–22. 11. 1981	BG (Lw)	30. 9. 1968
Stammbach, Dr. Friedrich	16. 4. 1897–30. 6. 1970	GM	15. 10. 1958
Stangl, Dr. Konrad	18. 9. 1913	GL (Lw)	30. 9. 1973
Stauffenberg, Berthold Schenk Graf von	3. 7. 1934	BG	
Stechmann, Klaus	10. 8. 1935	BG	
Stecken, Albert	24. 1. 1915	GM (Lw)	31. 3. 1971
Steer, Anton	27. 6. 1935	GM	
Steffel, Aloys	31. 5. 1917	BG	31. 3. 1976
Steiff, Martin	12. 5. 1919	BG	30. 9. 1979

NAME/VORNAME	LEBENSDATEN	DIENSTGRAD	PENSIONIERT
Steinaecker, Dr. Günter Freiherr von	6. 2. 1938	BG	
Steindorf, Hans-Joachim	27. 12. 1926	BG (Lw)	31. 3. 1987
Steindorff, Klaus-Jürgen	17. 5. 1932	KA	31. 3. 1989
Steinhaus, Rolf	1. 4. 1916	VA	30. 6. 1976
Steinhoff, Johannes	15. 9. 1913	Gen (Lw)	31. 3. 1974
Steinkopff, Klaus-Christoph	14. 6. 1935	GM	
Steinseifer, Friedrich	15. 5. 1935	GM	
Stelter, Dr. Wilhelm	28. 7. 1915	GenArzt	30. 9. 1972
Stemann, Dr. Hans-Georg	19. 9. 1916	AdmOStArzt	30. 9. 1976
Stephani, Gerhard	29. 6. 1916	BG	30. 9. 1974
Stephanus, Konrad	14. 12. 1907–10. 5. 1987	BG	31. 3. 1965
Stöckmann, Dieter	29. 7. 1941	BG	
Stoffregen, Heinrich	19. 1. 1921	BG	31. 3. 1981
Storbeck, Siegfried	25. 11. 1932	GL	
Straden, Hans	29. 6. 1912	BG	31. 3. 1972
Strauß, Paul-Friedrich	16. 5. 1922	BG	30. 9. 1982
Streib, Werner	13. 6. 1911–15. 6. 1986	BG (Lw)	31. 3. 1966
Strümpell, Henning	28. 8. 1912	BG (Lw)	30. 9. 1968
Strzebniok, Hans-Joachim	18. 4. 1935	BG (Lw)	
Tägtmeyer, Adalbert	25. 10. 1915– 3. 12. 1982	GM (Lw)	31. 3. 1973
Tandecki, Hans-Peter	22. 2. 1932	GL (Lw)	31. 3. 1989
Tebbe, Wolfgang	11. 8. 1931	GL	30. 9. 1989
Technau, Helmut	18. 7. 1919	BG (Lw)	31. 3. 1978
Teipel, Alfons	30. 9. 1931	FA	30. 9. 1989
Tempelhoff, Hans-Georg von	18. 3. 1907–31. 5. 1985	GM	31. 3. 1967
Teske, Hermann	14. 3. 1934	BG	
Teusen, Hans	26. 7. 1917	GM	30. 9. 1977
Thäter, Klaus-Jürgen	27. 6. 1925	KA	31. 3. 1986
Thiel, Rainer	4. 7. 1937	BG	
Thiemann, Rolf	29. 11. 1934	GL (Lw)	
Thienemann, Ernst	7. 11. 1898–27. 6. 1964	FA	30. 9. 1960
Thierschmann, Claus	14. 2. 1920	GL (Lw)	31. 3. 1986
Thierschmann, Dr. Werner	19. 9. 1911–19. 1. 1986	GenArzt	31. 3. 1970
Thilo, Karl-Wilhelm	23. 2. 1911	GL	30. 9. 1970
Thomas, Wilhelm	5. 5. 1915	BG	30. 9. 1969
Thomsen, Rolf	6. 5. 1915	FA	31. 3. 1972
Thormeyer, Dr. Arndt-Diether	28. 8. 1920	BG	30. 9. 1980
Tiedgen, Dr. Harro	30. 7. 1925–27. 7. 1986	BG	30. 9. 1985
Timm, Karl Hartlef	29. 10. 1935	BG (Lw)	
Toepser, Wilfried	12. 2. 1919	FA	31. 3. 1979
Tolksdorf, Wilhem	13. 11. 1936	BG	
Topp, Erich	2. 7. 1914	KA	31. 12. 1969
Toppe, Dieter	14. 5. 1935	BG	
Trautloft, Johannes	3. 3. 1912	GL (Lw)	30. 6. 1970
Trebesch, Herbert	9. 11. 1915	VA	31. 3. 1978
Trentzsch, Dr. Karl-Christian	20. 5. 1919–31. 10. 1970	BG	i. Dst. †
Trettner, Heinz	19. 9. 1907	Gen	24. 8. 1966
Treuberg, Heinrich Graf von	9. 5. 1919	BG	30. 9. 1979
Trost, Edgar	30. 7. 1940	GM	
Tuschy, Dr. Dietrich	27. 12. 1918	AdmArzt	31. 3. 1979
Tzschaschel, Joachim	4. 12. 1917	BG	31. 3. 1979

NAME/VORNAME	LEBENSDATEN	DIENSTGRAD	PENSIONIERT
Übelhack, Friedrich	6. 7. 1907– 2. 11. 1979	GL	31. 3. 1968
Uechtritz, Otto	9. 9. 1910	GL	30. 9. 1970
Uhle-Wettler, Dr. Franz	30. 10. 1927	GL	30. 9. 1987
Uhle-Wettler, Reinhard	20. 10. 1932	BG	31. 3. 1990
Unger, Hermann	21. 9. 1920–18. 2. 1982	BG	30. 9. 1980
Uslar-Gleichen, Harald Freiherr von	7. 8. 1905	BG	31. 3. 1963
Uslar-Gleichen, Hasso Freiherr von	1. 5. 1935	BG	
Vangerow, Kurt von	11. 1. 1910	BG	31. 3. 1968
Varnbüler, Ulrich Freiherr von und zu Hemmingen	1. 5. 1907– ?. 2. 1986	BG	31. 5. 1963
Veeser, Kurt-Josef	2. 3. 1930	BG	30. 9. 1987
Verstl, Gert	22. 4. 1935	GL	
Viebig, Hasso	21. 5. 1914	BG	30. 9. 1970
Vieth, Uwe	15. 9. 1937	GM (Lw)	
Vogel, August-Wilhelm	25. 5. 1921–29. 11. 1978	BG	i. Dst. †
Vogel, Kurt	31. 10. 1908	BG	30. 9. 1966
Vogel, Uwe	8. 6. 1915	GL (Lw)	30. 9. 1975
Vogel, Winfried	21. 7. 1937	BG	
Vogelsang, Fritz	10. 3. 1915	BG	30. 9. 1972
Vogl, Hanns	2. 9. 1920	BG	30. 9. 1980
Vogler, Hans-Jürgen	14. 2. 1915–17. 10. 1988	GM	30. 9. 1974
Vogler, Peter	28. 11. 1941	BG (Lw)	
Vogt, Hermann	15. 12. 1922	GM	31. 3. 1983
Vohs, Hans-Hermann	4. 12. 1923	KA	31. 3. 1984
Vollmer, Günter	15. 5. 1917	GM	30. 9. 1977
Vollmer, Klaus	2. 4. 1930	BG	30. 9. 1987
Vorsteher, Karl-Heinz	1. 6. 1916–11. 6. 1988	FA	30. 9. 1974
Voß, Dr. Claus Günter	11. 4. 1929	GenOStArzt	30. 9. 1989
Voß, Hans-Werner	24. 9. 1916	BG	31. 3. 1974
Voß, Wilhelm	6. 8. 1907	BG	30. 9. 1965
Wachsmuth, Karl-Heinz	6. 9. 1918	BG	30. 9. 1978
Wachter, Dr. Gerhard	17. 8. 1929	GL	30. 11. 1986
Wackersreuther, Dr. Walter	19. 4. 1915	GenArzt	30. 9. 1975
Wätjen, Rudolf	9. 1. 1915	BG	30. 9. 1970
Wagemann, Dr. Eberhard	6. 9. 1918	GM	30. 9. 1977
Wagenknecht, Willi	22. 1. 1912	GM (Lw)	30. 9. 1972
Wagner, Gerhard	23. 11. 1898–26. 6. 1987	KA	31. 12. 1962
Waldhecker, Heinz	11. 4. 1916	BG (Lw)	30. 9. 1974
Walitschek, Hubert	24. 4. 1918	GM	31. 3. 1978
Wallmann, Horst	15. 8. 1933	GM	
Walter, Enno	13. 5. 1930	BG	31. 3. 1988
Walter, Eugen	25. 9. 1903– ?. 7. 1987	GM (Lw)	30. 9. 1963
Walter, Helmut	10. 5. 1921	BG	30. 9. 1981
Walter, Herbert	5. 3. 1919	BG	31. 3. 1979
Walther, Adolf	8. 6. 1918	BG	30. 9. 1977
Walther, Waldemar	30. 3. 1924	GenAp	31. 3. 1984
Wangenheim, Ernst-August Freiherr von	12. 5. 1911	BG	30. 9. 1969
Wangenheim, Hubert Freiherr von	4. 11. 1904– 3. 9. 1973	FA	31. 12. 1962
Weber, Albert	13. 9. 1934	GM (Lw)	

NAME/VORNAME	LEBENSDATEN	DIENSTGRAD	PENSIONIERT
Weber, Artur	10. 6. 1904–15. 1. 1985	GM	31. 12. 1964
Weber, Gottfried	31. 1. 1899–17. 8. 1958	GM	i. Dst. †
Weber, Günter	12. 6. 1916	BG (Lw)	30. 9. 1976
Weber, Hans-Jürgen	24. 3. 1935	BG (Lw)	
Weber-Höller, Dr. Claus-Harald	3. 11. 1924	GenArzt	31. 3. 1985
Wedel, Dr. Karl-Wilhelm	22. 5. 1925	AdmArzt	30. 9. 1985
Wegener, Edward	17. 12. 1904–30. 12. 1981	KA	31. 3. 1965
Wegner, Fritz	27. 8. 1922	GL (Lw)	31. 3. 1983
Wehnelt, Herbert	20. 9. 1918	GL (Lw)	30. 6. 1976
Weick, Winfried	7. 6. 1937	GM	
Weicksel, Dr. Joachim	2. 8. 1919	BG (Lw)	31. 3. 1974
Wellershoff, Dieter	16. 3. 1933	Adm	
Wellmann, Ernst	14. 1. 1904–17. 7. 1970	BG	25. 2. 1960
Welter, Dr. Erich	14. 2. 1911	GenArzt	30. 9. 1969
Wendland, Horst	17. 8. 1912– 8. 10. 1968	GM	i. Dst. †
Wenig, Horst	15. 12. 1919– 6. 2. 1986	FA	31. 3. 1980
Wenner, Horst	10. 1. 1923– 2. 3. 1987	GL	31. 3. 1983
Werner, Alfred	24. 10. 1925	FA	31. 3. 1986
Werner, Franz	14. 7. 1937	GM	
Werren, Otto Günther	7. 5. 1920–26. 2. 1984	BG	30. 9. 1980
Wessel, Gerhard	24. 12. 1913	GL	30. 4. 1968
Westerman, Fritz von	1. 6. 1921	GM	30. 9. 1981
Westphal, Günther	8. 12. 1923	GM (Lw)	31. 3. 1984
Wetter, Eberhard	13. 9. 1932	BG	30. 9. 1990
Weyher, Hein-Peter	22. 3. 1935	KA	
Wibel, Detlef	10. 10. 1936	GM (Lw)	
Wich, Rudolf	30. 6. 1913– 8. 5. 1988	BG	30. 6. 1970
Wicht, Adolf	19. 1. 1910	BGdR	
Wicker, Erwin	12. 10. 1911–22. 7. 1985	GM (Lw)	30. 9. 1968
Wiesmann, Klaus	13. 8. 1940	BG	
Wiesner, Franz-Josef	8. 1. 1926	BG	31. 3. 1986
Wietersheim, Sigvard von	16. 7. 1926	BG	30. 9. 1986
Wilcke, Henning	19. 9. 1907	GM (Lw)	30. 9. 1967
Wilde, Hans	6. 6. 1916	GM (Lw)	30. 9. 1976
Wilde, Heinz de	16. 1. 1914	BG (Lw)	30. 9. 1971
Wilhelm, Dr. Josef	28. 3. 1921	GM	31. 3. 1981
Wilhelmi, Hans-Jürgen	1. 6. 1936	BG	
Willemer, Wilhelm	13. 1. 1905–27. 1. 1967	BG	31. 3. 1964
Willert, Hans Joachim	5. 1. 1921	GM (Lw)	31. 3. 1981
Willikens, Dietrich	10. 9. 1915	GL	30. 9. 1975
Willmann, Helmut	10. 3. 1940	GM	
Wind, Horst	15. 8. 1927	FA	30. 9. 1985
Windisch, Walter	8. 12. 1924	GL (Lw)	31. 3. 1985
Winning, Dietloff von	8. 3. 1909	BG	30. 9. 1967
Wirsing, Karl-Heinz	5. 4. 1907	GM	15. 4. 1965
Wissing, Dr. Josef	16. 2. 1939	BG (Lw)	
Wittmann, Jürgen	27. 10. 1911	BG	31. 3. 1970
Wittmeyer, Heinz	29. 3. 1916	BG (Lw)	31. 3. 1975
Witzendorff, Curt von	26. 9. 1916	BG	30. 9. 1974
Wnuck, Harald	7. 11. 1907– ?. 9. 1986	BG	31. 3. 1967
Wörmann, Dr. Wilhelm	1. 12. 1919	BG	31. 3. 1980
Wolff, Max-Eckart	19. 12. 1902– 9. 11. 1988	FA	31. 3. 1963
Wolfien, Karl	3. 4. 1906– 4. 7. 1968	BG (Lw)	30. 9. 1963
Worgitzky, Hans Heinrich	9. 7. 1907–12. 12. 1969	BGdR	

NAME/VORNAME	LEBENSDATEN	DIENSTGRAD	PENSIONIERT
Wrede, Klaus	6. 10. 1921	BG (Lw)	31. 3. 1982
Wroblewski, Georg	28. 10. 1921	BG (Lw)	31. 3. 1982
Würfel, Manfred	28. 6. 1934	GM (Lw)	
Wulf, Dr. Hermann	25. 7. 1915–19. 5. 1990	BG	30. 9. 1971
Wust, Harald	14. 1. 1921	Gen (Lw)	11. 12. 1978
Zacher, Dr. Helmut	29. 3. 1934	GenArzt (Lw)	
Zawadzky, Wolf von	3. 11. 1907	BG	30. 9. 1965
Zedler, Roland	11. 5. 1931	BG	
Zenker, Karl-Adolf	19. 7. 1907	VA	30. 9. 1967
Zerbel, Alfred	8. 9. 1904–11. 12. 1987	GL	30. 9. 1964
Zerling, Rolf	12. 5. 1925	GM	30. 9. 1985
Zernial, Dr. Friedrich	1. 10. 1913–26. 5. 1973	GenAp	30. 9. 1972
Ziebis, Kurt	7. 3. 1935	FA	
Zimmer, Dr. Alfred	2. 3. 1923	GenArzt	28. 7. 1976
Zimmer, Karl	25. 11. 1930	GM	30. 9. 1989
Zimmermann, Armin	23. 12. 1917–30. 11. 1976	Adm	i. Dst. †
Zuber, Dr. Hans-Georg	1. 11. 1916	GM	30. 6. 1978

Literatur- und Quellenverzeichnis

Absolon Rudolf »Die Wehrmacht im Dritten Reich«, Bd. III, Boppard,
Alman, Karl »Mit Eichenlaub und Schwertern«, Rastatt, 1971
Bald, Detlef »Der deutsche Offizier«, München, 1982
Blank, Theodor »Vom künftigen deutschen Soldaten«, Bonn, 1955
Böhmler, Rudolf/Haupt, Werner »Fallschirmjäger – Bildband und Chronik 1939–1945«, Dorheim, 1971
Bradley, Dermot »Walther Wenck«, Osnabrück, 1981
Brill, Heinz »Bogislaw von Bonin – im Spannungsfeld zwischen Wiederbewaffnung, Westintegration, Wiedervereinigung«, Baden-Baden, 1987
Brütting, Georg »Das waren die deutschen Kampfflieger-Asse 1939 – 1945«, Stuttgart, 1975
Brütting, Georg »Das waren die deutschen Stuka-Asse 1939 – 1945«, Stuttgart, 1976
Buchbender, Ortwin/Bühl, Hartmut/Quaden, Heinrich »Sicherheit und Frieden«, Herford, 1987
Buchbender, Ortwin/Bühl, Hartmut/Quaden, Heinrich »Wörterbuch zur Sicherheitspolitik«, Herford, 1986
Bundesministerium der Verteidigung (Hrsg.) »Handbuch der Bundeswehr«, Bonn, 1973
Bundesministerium der Verteidigung (Hrsg.) »Adolf Heusinger – Ein deutscher Soladt im 20. Jahrhundert«, Bonn, 1987
Bundeszentrale für Heimatdienst (Hrsg.) »20. Juli 1944«, Freiburg, 1961
Carell, Paul »Unternehmen Barbarossa«, Berlin, 1968
Carell, Paul »Verbrannte Erde«, Berlin, 1967
Deutsche Liga für Völkerbund (Hrsg.) »Die Friedensforderungen der Entente«, Berlin
Dierich, Wolfgang »Kampfgeschwader 51 ›Edelweiß‹«, Stuttgart, 1973
Dierich, Wolfgang (Hrsg.) »Die Verbände der Luftwaffe 1939–1945«, Stuttgart, 1976
Douglas-Home, Charles »Rommel«, München, 1974
Drittes Korps (Hrsg.) »Soldat im III. Korps«, Koblenz, 1982
Fraschka, Günter »Mit Schwertern und Brillanten«, Wiesbaden, 1977
Galland, Adolf »Die Ersten und die Letzten«, München, 1953
Görlitz, Walter »Der deutsche Generalstab«, Frankfurt/Main
Görlitz, Walter »Model – der Feldmarschall und sein Endkampf an der Ruhr«, München, 1989
Gottberg, Hans von »Das große Buch der Bundeswehr«, Reutlingen, 1970
Grams, Rolf »14. Panzerdivision«, Bad Nauheim, 1957
Gruchmann, Lothar »Der Zweite Weltkrieg«, München, 1971
Harenberg, Bodo (Hrsg.) »Chronik des 20. Jahrhunderts«, Dortmund, 1984
Haupt, Werner »Kurland – Bildchronik der vergessenen Heeresgruppe«, Dorheim, 1970
Haupt, Werner »Das Ende im Westen 1945«, Dorheim, 1972
Haupt, Werner »Heeresgruppe Nord«, Bad Nauheim, 1966
Hausser, Paul »Waffen-SS im Einsatz«, Oldendorf, 1953
Hillgruber, Andreas »Deutsche Geschichte 1945–1986«, Stuttgart, 1987
Hillgruber, Andreas »Die Zerstörung Europas«, Berlin, 1988
Hornung, Klaus »Staat und Armee«, Mainz, 1975
Hubatschek, Gerhard/Farwick, Dieter »Entscheidung in Deutschland«, Berg am See, 1978
Irving, David »Die Tragödie der deutschen Luftwaffe«, Berlin, 1970
Jacobsen, Hans-Adolf »1939–1945 Der Zweite Weltkrieg in Chronik und Dokumenten«, Darmstadt, 1959
Keilig, Wolf »Das Deutsche Heer 1939–1945«, 3. Bde., Bad Nauheim, 1956
Keilig, Wolf »Die Rangliste des Heeres 1944/45«, Friedberg, 1970
Kielmansegg, Johann Adolf Graf von »Gedanken zur Führung der Streitkräfte«, in: Beiträge zur Konfliktforschung 4/1984, Köln

Kielmansegg, Johann-Adolf Graf von/Weggel, Oskar »Unbesiegbar? China als Militärmacht«, Stuttgart, 1985
Kießling, Günter »Neutralität ist kein Verrat«, Erlangen, 1989
Kobe, Gerd »Pflicht und Gewissen«, Mainz, 1988
Korpskommando I. Korps (Hrsg.) »25 Jahre I. Korps 1956–81«, Osnabrück, 1981
Kurowski, Franz »Deutsche Offiziere in Staat, Wirtschaft und Wissenschaft«, Herford, 1967
Kurowski, Franz »Der Kampf um Kreta«, Herford, 1965
Leber, Georg »Führen im Frieden, 20 Jahre Dienst für Bundeswehr und Staat«, München
Leber, Georg »Vom Frieden«,
Lehmann, Hans Georg »Chronik der Bundesrepublik Deutschland 1945/49 bis 1981«, München, 1981
Lenfeld, Erwin/Thomas, Franz »Die Eichenlaubträger 1940–1945«, Wiener Neustadt, 1983
Liddell, Hart/Basil, Henry »Gedanken zur Verteidigung Europas«, Coburg, 1951
Lohmann, Walter/Hildebrandt, Hans H. »Die Deutsche Kriegsmarine 1939–1945«, 3 Bde., Bad Nauheim, 1956
Lüdde-Neurath, Walter »Regierung Dönitz – die letzten Tage des Dritten Reiches«, Leoni, 1980
Maizière, Ulrich de »Bekenntnis zum Soldaten«, Hamburg, 1971
Maizière, Ulrich de »Verteidigung in Europa-Mitte«, München, 1975
Maizière, Ulrich de »In der Pflicht«, Herford, 1989
Manstein, Erich von »Verlorene Siege«, Bonn, 1956
Manstein, Erich von/Buxa, Werner/Hoppe, Harry »Die deutsche Infanterie 1939–1945«, Bad Nauheim, 1967
Michaelis, Herbert/Hubatsch, Walther/Ruge, Friedrich/Dahms, Günther/Schraepler, Ernst »Der 2. Weltkrieg«, Gütersloh
Militärgeschichtliches Forschungsamt (Hrsg.) »Verteidigung im Bündnis«, München, 1975
Militärgeschichtliches Forschungsamt (Hrsg.) »Aspekte der deutschen Wiederbewaffnung bis 1955«, Boppard, 1975
Militärgeschichtliches Forschungsamt (Hrsg.) »Deutsche Militärgeschichte 1648–1939«, 6 Bde., München, 1983
Model, Hansgeorg »Der deutsche Generalstabsoffizier«, Frankfurt/Main, 1968
Model, Hansgeorg/Prause, Jens »Generalstab im Wandel«, München, 1982
Möller-Witten, Hanns »Mit dem Eichenlaub zum Ritterkreuz«, Rastatt, 1962
Moll, Otto »Die deutschen Generalfeldmarschälle 1935–1945«, Rastatt, 1961
Murawski, Erich »Der deutsche Wehrmachtbericht 1939–1945«, Boppard, 1962
Nayhauß, Mainhardt Graf von »Bonn vertraulich«, Bergisch Gladbach, 1986
Nehring, Walther »Die Geschichte der deutschen Panzerwaffe 1916–1945«, Stuttgart, 1974
Obermaier, Ernst »Die Ritterkreuzträger der Luftwaffe 1939–1945, Bd. I Jagdflieger«, Mainz, 1966
Obermaier, Ernst »Die Ritterkreuzträger der Luftwaffe 1939–1945, Bd. II Stuka- und Schlachtflieger«, Mainz, 1976
Obermann, Emil (Hrsg.) »Verteidigung«, Stuttgart, 1970
Ploetz »Geschichte der Weltkriege«, Freiburg, 1981
Podzun, Hans-Henning (Hrsg.) »Das Deutsche Heer 1939 (Rangliste)«, Bad Nauheim, 1953
Podzun, Hans-Henning »Das Wehrarchiv – Handbuch des Wehrwesens der Gegenwart«, Bad Nauheim, 1956
Poppinga, Anneliese »Konrad Adenauer«, Stuttgart, 1975
Presse- und Informationsamt der Bundesregierung (Hrsg.) »Weißbuch« (Jahrgänge 1975/76, 1979, 1983, 1985), Bonn
Range, Clemens »Die Ritterkreuzträger der Kriegsmarine«, Stuttgart, 1974
Range, Clemens »Das Heer der Bundeswehr«, Stuttgart, 1978
Reichswehrministerium (Hrsg.) »Rangliste des Deutschen Reichsheeres – Stand: 1. Mai 1930«, Berlin, 1930
Rhades, Jürgen »Jahrbuch der deutschen Marine, Folge 7«, Bremen, 1971
Rohwer, Jürgen/Hümmelchen, Gerhard »Chronik des Seekrieges 1939–1945«, Oldenburg, 1968
Sadlowski, Manfred (Hrsg.) »Handbuch der Bundeswehr«, Koblenz, 1978

Sadlowski, Manfred (Hrsg.) »Handbuch der Bundeswehr und Verteidigungsindustrie« (Jahrgänge: 1983/84, 1985/86, 1987/88), Koblenz
Scheibert, Horst »Kampf und Untergang der deutschen Panzertruppe 1939–1945«, Dorheim, 1973
Scheibert, Horst »Entsatzversuch Stalingrad«, Neckargemünd, 1968
Scheibert, Horst »Die Träger des Deutschen Kreuz in Gold«, 2 Bde., Friedberg
Schmid, Carlo »Erinnerungen«, München, 1980
Schmückle, Gerd »Ohne Pauken und Trompeten«, Stuttgart, 1982
Schmückle, Gerd »Das Schwert am seidenen Faden«, Stuttgart, 1984
Schröter, Heinz »Stalingrad«, Wien
Seemen, Gerhard von »Die Ritterkreuzträger 1939–1945«, Friedberg, 1976
Senger und Etterlin, Ferdinand von »Die 24. Panzerdivision vormals 1. Kavalleriedivision 1939–1945«, Neckargemünd, 1962
Sims, Edward »Jagdflieger – Die großen Gegner von einst«, Stuttgart, 1970
Steinhoff, Johannes »Die Straße von Messina«, München, 1970
Steinhoff, Johannes »In letzter Stunde«, München, 1974
Steinhoff, Johannes »Wohin treibt die NATO?«, Hamburg, 1976
Strasser, Peter »Europäische Freiwillige – Die 5. SS-Panzerdivision ›Wiking‹«, Osnabrück, 1971
Studnitz, Hans-Georg von »Rettet die Bundeswehr«, Stuttgart, 1967
Speidel, Hans »Aus unserer Zeit – Erinnerungen«, Berlin, 1977
Tugwell, Maurice »Aus der Luft ins Gefecht«, Stuttgart, 1974
Tolmein, Horst Günter »Aufmarsch gegen die Bundesrepublik Deutschland«, Landshut, 1976
Uhle-Wettler, Franz »Höhe- und Wendepunkt deutscher Militärgeschichte«, Mainz, 1984
Walde, Karl J. »Guderian«, Berlin, 1976
Wehrstruktur-Kommission der Bundesregierung (Hrsg.) »Die Wehrstruktur in der Bundesrepublik Deutschland«, Bonn, 1972/73
Westphal, Friedrich »Der deutsche Generalstab auf der Anklagebank«, Mainz, 1978
Wiener, Friedrich »Die Armeen der NATO-Staaten«, München, 1974
Wiener, Friedrich »Die Armeen der Warschauer-Pakt-Staaten«, München, 1974
Wiener, Friedrich »Die Armeen der Neutralen und Blockfreien Staaten Europas«, München, 1978
Wiener, Friedrich »Soldaten im Ostblock«, München, 1972
Wohlfeil, Rainer/Dollinger, Hans »Die Deutsche Reichswehr«, Frankfurt/Main
Young, Peter/Zentner, Christian (Hrsg.) »Der große Atlas zum II. Weltkrieg«, München, 1974
Zehnte Panzerdivision (Hrsg.) »Treu zu dienen – 25 Jahre 10. Panzerdivision«, Sigmaringen, 1984
Zentner, Christian »Illustrierte Geschichte des Widerstandes in Deutschland und Europa 1933–1945«, München
Zentner, Christian »Die Kriege der Nachkriegszeit«, München
Zolling, Hermann/Hähne, Heinz »Pullach intern«, Hamburg, 1971

Denkschriften, Studien und unveröffentlichte Manuskripte

Führungsstab des Heeres »Studie, Gedanken zur Verbesserung der inneren Ordnung des Heeres«, Bonn, Juni 1969
Militärgeschichtliches Forschungsamt (Hrsg.) »Die ›Himmeroder Denkschrift‹ vom Oktober 1950«, G. Braun, Karlsruhe, 1977
Range, Clemens »Die Ritterkreuzträger in der Bundeswehr«, (unveröffentlichtes Manuskript)
Range, Clemens »Spitzenstellenbesetzung der Bundeswehr 1955 bis 1990« (unveröffentlichtes Manuskript)
»Niederschrift der Ergebnisse einer Arbeitstagung von Hauptleuten (KpChefs) 7. PzGrenDiv. im Dezember 1970«
»Bericht der Kommission für die Langzeitplanung der Bundeswehr«, Juni 1982

Zeitungen und Zeitschriften

Aachener Nachrichten; Aachener Volkszeitung; Abendzeitung; Afcent-Mirror; Allgemeines Sonntagsblatt; Badische Zeitung; Berliner Morgenpost; Bild am Sonntag; Bonner Rundschau; Bundeswehr aktuell; Bunte; Capital; Christ und Welt (auch Deutsche Zeitung); Daily Mail; Das Parlament; Das Ritterkreuz; Der Spiegel; Der Tagesspiegel; Deutschland-Magazin; Die Andere Zeitung; Die Bundeswehr; Die Welt; Die Zeit; Europäische Wehrkunde; Express; Frankfurter Allgemeine Zeitung; Frankfurter Rundschau; General Anzeiger (Bonn); Gränzbote/Schwäbische Zeitung; Hamburger Abendblatt; Hamburger Abendecho; Hamburger Morgenpost; Handelsblatt; Heer; Information für die Truppe; Kampftruppen/Kampfunterstützungstruppen; Kieler Nachrichten; Kölnische Rundschau; Loyal; Luftwaffe; Main Post; Marineforum/MOV-Nachrichten; Neue Zürcher Zeitung; Neues Deutschland; Rheinischer Merkur; Soldat und Technik; Stern; Süddeutsche Zeitung; Stuttgarter Zeitung; The Times; Truppendienst; Truppenpraxis; Welt am Sonntag.

Personenregister